Q&A

新 教職員の勤務時間

～改正労基法・改正給特法対応～

日本教職員組合　編

新版はしがき

　この本は、教職員の勤務時間制度について、「これは知っておきたい！」という重要な内容を整理したものです。組合活動における重要なポイントにも言及しています。

　教職員といっても、公務員と公務員以外では関係する法律が異なります。学校現場では様々な職種の人が働いているので、公務員である公立学校の教職員でも、職種により関係する法律が変わることがあります。この本では、公立学校の教職員に関する法制度を中心に説明します。

　2018年6月に働き方改革関連法が成立し、時間外労働の罰則付き上限規制等を定めた改正労働基準法が2019年4月から施行されました。また、2019年12月に給特法が改正され、2020年1月と7月に改正給特法に基づく指針（文科大臣告示）が公示されました。

　このような教職員の勤務時間制度の大きな変化を詳しく知るために、本書を是非活用してください。

2021年11月
日本教職員組合

教職員の働き方改革に関する日教組の考え方

　学校現場において、長時間労働が常態化するなか、教職員の命と健康を守ることは最重要課題です。過重労働により命を奪われる人がいることや心身の健康を害する人が増加するといったことは看過できません。教職員として働くことの前に、一人の人間として命や健康が守られること、ワーク・ライフ・バランスが取れた生活を送ることは、最低限の人権保障です。

　この間日教組は、教職員の命と健康を守り、働く者の権利に基づく適正な賃金の支払いを求めるため、学校における働き方改革やそのための法制度改革の必要性を訴えてきました。子どもたちのゆたかな学びの保障や持続可能な学校教育のため、また教職員の生活時間の確保のため、引き続き働き方改革をすすめる必要があります。

　学校現場における無定量の時間外勤務や休日勤務が放置されている実態を改善するために日教組が求めてきたのは次のことです。

　①年々増え続ける業務を削減することによる長時間労働の改善

　②複雑化・多様化する教育に対応するための教職員定数の改善

　③長時間労働の歯止め規定が機能せず、適正な賃金の支払いを阻む給特法の
　　廃止・抜本的見直し

　地道な社会運動に加えて、2015 年に起きた会社員の過労自殺等の影響もあり、社会全体に働き方改革を求める動きが加速しました。日教組も、この機を逃すことなく、「学校に働き方改革の風を」をキャッチフレーズに、強力に運動を展開しました。

　2018 年に働き方改革関連法が成立しました。事務職員、学校栄養職員、現業職員等に関して、2019 年 4 月に施行された改正労働基準法により、時間外労働・休日労働（法定休日労働）が罰則付きで上限規制（月 45 時間、年 360 時間）されています。教員に関しては、2019 年 12 月に給特法が改正され、2020 年 4 月より順次施行されています。

　教員の時間外勤務に対する上限規制を活用し、長時間労働に歯止めをかけることができるという点で、今次の給特法の改正は、学校における働き方改革にむけた第一歩です。一方で、学校現場からは、働き方改革が一向にすすまない

現状が訴えられています。長時間労働が常態化している学校現場の働き方改革を大きくすすめるには、改正法を活用した現場での継続的なとりくみとともに、さらなる抜本的な改革をすすめるための施策の実現が不可欠です。

　日教組が求めるのは、正規の勤務時間内に業務が終了することを原則とする働き方であり、例外的臨時的な時間外・休日勤務に対する賃金の支給です。この目的を達成するためには、時間内に終わらない業務の削減や業務量に見合った教職員定数改善を求めるとともに、給特法の廃止・抜本的見直しの運動を継続してすすめることが不可欠だと考えています。

NAVIGATION

　この本は、第 1 部「勤務時間制度」、第 2 部「改正給特法について」、第 3 部「36 協定について」の 3 部構成となっています。

　第 1 部「勤務時間制度」（1 ～ 65 頁）は、教職員の勤務時間制度の基本的な事項の解説が中心となっていますので、知識の整理や再確認に活用していただけたらと思います。

　第 2 部「改正給特法について」（67 ～ 105 頁）は、2019 年 12 月に改正された給特法（以下、この本では、2019 年 12 月に改正された給特法のことを「改正給特法」と表記することがあります）について、主に Q&A 形式で問題点の整理をしています。

　第 3 部「36 協定について」（107 ～ 128 頁）は、36 協定について押さえておきたいポイントを Q&A 形式で整理しています。

　この本をどのように読みすすめるかについては、読者にお任せします。教職員の勤務時間制度について詳しい方は、第 2 部から読み始めて必要に応じて第 1 部に戻るという読み方もあるでしょう。

　なお、第 3 部で扱う「36 協定」を締結しなければならないのは、現在のところ事務職員、学校栄養職員、現業職員等に限られています。しかし、「36協定」は学校ごとに職場全体で締結するものですし、仮に給特法が廃止された際には教員も「36 協定」を締結することになりますので、教員の方々も含めて理解を深めていただけたら幸いです。

目次

第一部

勤務時間制度

※教職員の勤務時間制度について詳しい方は、第2部から読み始めて必要
に応じて第1部に戻るという読み方もできます。

1. 勤務時間

（1）勤務時間とは

　勤務時間とは、「実際に労働力を提供する実労働時間」です。**労働時間**とは、「労働者が使用者の指揮命令下に置かれている時間」です。

　勤務時間は、その内容で、所定勤務時間とそれ以外の時間外勤務時間及び休日勤務時間に分けられます。

　所定勤務時間とは、条例で定められた正規の勤務時間のことです。1日7時間45分、1週間38時間45分と定められています。

　これに対し、労働基準法（以下「労基法」）で労働時間の限度として決められている時間を**法定労働時間**といいます。法定労働時間は、1日8時間、1週間40時間です。

　＜勤務と労働＞

　労基法では「労働」や「労働時間」という言葉が使われます。他方で、公務員法制上は「勤務」や「勤務時間」という言葉が使われます。国家公務員法（以下「国公法」）が制定された当時の内閣法制局長官の国会答弁によれば、公職の職務という面をクローズアップして「労働」ではなく「勤務」という言葉を用いたとのことですが、中身に大きな違いはありません。この本では、法律の文言に合わせながら、場面ごとに「労働」と「勤務」という用語を使い分けています。

（2）勤務条件条例主義

　教職員の給与、勤務時間その他の勤務条件は、各地方公共団体が条例で定めることになっています［地方公務員法（以下「地公法」）24条5項］。このことを**勤務条件条例主義**といいます。

　地方公共団体ごとに条例の名称や内容に多少の違いはありますが、所定勤務時間等については、一般には「勤務時間条例」と呼ばれている条例（「学校職員の勤務時間、休日、休暇等に関する条例」など）で定められています。

多くの地方公共団体では、一般職員用とは別に、教職員用の「勤務時間条例」を制定しています。詳細な事項は、教育委員会や人事委員会が規則で定めています。

（3）労使合意

教職員の勤務時間やその他の勤務条件に関する事項は、当局（教育委員会等）と職員団体との間の交渉事項となります（地公法55条1項）。人事委員会又は公平委員会の登録を受けた職員団体から、適法な交渉事項について適法な交渉の申入れがあったときは、当局はその申入れに応ずべき地位に立ちます（交渉応諾義務）。非登録職員団体からの交渉の申入れについては、当局に法的な交渉応諾義務はありませんが、当局は恣意的に交渉を拒否しないよう努めるべきであるとされています（1973年9月の第三次公務員制度審議会の答申参照）。

なお、労使間で法的拘束力を持つ団体協約の締結権はありません（地公法55条2項）。もっとも、法令、条例、規則等に抵触しない限りにおいて、当局と書面による協定を結ぶことはできます（同条9項）。当局との交渉の結果、合意した内容が書面で協定として締結されれば、その内容を労使双方とも誠意と責任をもって守らなければなりません（同条10項）。ただし、この書面協定は紳士協定であり、10項にいう「責任」は道義的責任にとどまるとされていますので、条例で定める勤務条件そのものを変更することはできません。

同じ学校職員でも現業職員の労働組合には、労働組合法上の労働協約締結権が認められており、勤務時間について労使で条例・規則の内容を変更することもできます。

＜管理運営事項も交渉対象になり得る＞

交渉の際、教育委員会に「管理運営事項」なので交渉の余地はないと言われた経験があるかもしれませんが、それは「地方公共団体の事務の管理及び運営に関する事項は、交渉の対象とすることができない」という法律上の規定（地公法55条3項）を教育委員会が述べているに過ぎません。

しかし、法律上の「事務の管理及び運営に関する事項」（以下「管理運

営事項」）の概念は曖昧ですし、教職員の勤務条件や地位向上等について何らかの関連性がある限り、管理運営事項の性質があったとしても、関連する範囲では義務的な交渉事項になると見るのが通常の考え方です。したがって、外見上「管理運営事項」に見える事項も、交渉の余地がないのではなく、交渉対象になり得ます。地公法では、義務的な交渉の対象を「職員の給与、勤務時間その他の勤務条件に関し、及びこれに附帯して、社交的又は厚生的活動を含む適法な活動に係る事項に関し」と規定しています（55条1項）。実際、公務員制度審議会答申によれば、「管理運営事項の処理によって影響を受ける勤務条件は、交渉の対象となる」とされています。

　例えば、公務員の給与は、国や地方公共団体の予算によって現実に支給が裏付けられますが、公務員の給与は勤務条件そのものであり、それは交渉の対象となります。その場合に、予算は管理運営事項であり、公務員の給与は予算の問題であるから交渉事項とすることができないということになれば、勤務条件法定主義の下ではほとんどの勤務条件は交渉事項にならないこととなってしまい、不合理であることは明らかです。

　また、福利厚生の施設を設置するかどうか自体は管理運営事項ですが、福利厚生は教職員の勤務条件にも関連しますので、その改善を求めることは交渉の対象になります。

　このように、公務員の勤務条件は多かれ少なかれ管理運営事項と関連している場合が多いのです。

　近年、勤務条件と関連する事項についても、管理運営事項だと一方的に断定して交渉を受け付けない傾向にある教育委員会があるようですが、勤務条件や地位向上等との関連性を具体的に指摘して、仮に管理運営事項の性質を含むとしても関連する範囲では交渉事項となることを述べて、粘り強く交渉することが重要です。

<職員会議を活性化しよう！>

　教職員の勤務条件の向上は、よりよい教育の実践にとって大切なことです。つまり、教職員の勤務条件は、労働条件でありますが、教育の環境整

備としても極めて重要な一面をもっています。学校現場において、教職員の勤務条件の向上は、労使問題として交渉の場面で取り上げられるとともに、教育条件整備の側面からは職員会議のテーマともなります。校長と分会組織は、ときとして考え方が相違することもあるでしょうが、労使それぞれの立場から双方が教職員の勤務条件の向上に努める任務を負っています。その意味で、同じ目的をめざすよきパートナーであるともいえます。職場交渉が、その共通認識をもって相互信頼の下で行われるならば建設的なものとなるはずです。

　職員会議が活発に機能し、教職員の意見が学校運営全般に十分反映されるならば、その学校は活き活きとした教育活動を行うことができ、教職員をとりまく職場環境も改善されていくことと思います。

2. 客観的な勤務時間管理の必要性

　教職員の勤務時間について、使用者（服務監督権者である教育委員会及び校長等の管理職）は、労働時間を適正に把握するため、教職員の労働日ごとの始業・終業時刻を客観的に把握・管理する必要があります。文科省も、教員の在校等時間について、次の要領で客観的に把握・管理するよう求めています。

①　客観的な把握・管理方法として、タイムカード等による記録を「基礎」として確認し、「適正」に記録すること。

　※タイムカード等の記録をそのまま記録するとされていないのは、タイムカード等の打刻時刻はタイムカード設置場所の入・退場時刻であり、実際の業務の始業・終業時刻と異なる場合があるからです。

　※具体的な方法としては、自己申告方式ではなく、ICTの活用やタイムカード等により客観的に把握・集計するシステムが適切です。

②　勤務日ごとに始業時刻や終業時刻を使用者が確認・記録し、これを基に何時間働いたかを把握・確定すること。

★客観的な勤務時間管理の必要性を示す法令や通知等は次のとおりです。

●労働安全衛生法66条の8の3
●労働安全衛生規則52条の7の3第1項、第2項
●厚労省ガイドライン（2017年1月20日策定）
　「労働時間の適正な把握のために使用者が講ずべき措置に関するガイドライン」
●文部科学事務次官通知（2019年3月18日発出）
　「学校における働き方改革に関する取組の徹底について（通知）」
●文科省指針（2020年1月17日公示、同年7月17日改正）
　「公立学校の教育職員の業務量の適切な管理その他教育職員の服務を監督する教育委員会が教育職員の健康及び福祉の確保を図るために講ずべき措置に関する指針」
●文科省通知（2021年4月9日発出）
　「令和元年度公立学校教職員の人事行政状況調査結果等に係る留意事項について（通知）」

＜教職員の任命権者と服務監督権者＞

　都道府県立学校の教職員については、都道府県教育委員会が任命権者・服務監督権者です［地方教育行政の組織及び運営に関する法律（以下「地教行法」）21条3号、37条1項］。

　政令市立学校の教職員については、政令市教育委員会が任命権者・服務監督権者です（地教行法21条3号）。

　政令市を除く市町村立学校の教職員については、次のようになります（地教行法2条、37条1項、43条1項、61条1項）。

①　市区町村立の小学校、中学校、義務教育学校、中等教育学校の前期課程及び特別支援学校、並びに市町村立の高等学校（中等教育学校の後期課程を含む）で定時制の課程を置くものの教職員のうち、(a)市町村立学校職員給与負担法第1条及び第2条に規定する職員（以下「県費負担教職員」）については都道府県教育委員会が任命権者・市（区）町村教育委員会が服務監督権者であり、(b)それ以外の職員につ

いては市（区）町村教育委員会が任命権者・服務監督権者です。

　なお、市区町村立の中等教育学校（後期課程に定時制の課程のみを置くものを除く）の県費負担教職員については、例外的に、市区町村教育委員会が任命権者・服務監督権者となります。

② 　上記①記載の学校以外の市区町村立学校の教職員については、市区町村教育委員会が任命権者・服務監督権者です。

3. 学校における労働安全衛生管理

　教職員の心身の健康と安全を保持するため、労働安全衛生の観点から必要な環境を整備する必要があります。

＜学校において必要な労働安全衛生管理体制＞
学校の労働安全衛生管理体制として以下の①〜④が最低限必要です。
① 　教職員50人以上の学校では、**衛生管理者**及び**産業医**を選任するとともに、**衛生委員会**を設置すること。
② 　教職員10〜49人の学校では、**衛生推進者**を選任すること。
③ 　学校における医師による**面接指導体制を整備**すること。
　※特に、以下の場合には、教職員の申出を受けて、遅滞なく医師による面接指導を行う必要があり、これ以外でも、健康への配慮が必要な者については、面接指導等を行うよう努める必要がある。
　　・法定労働時間（週40時間）を超えた実労働時間が月80時間を超え、かつ、疲労の蓄積が認められる場合
　　・心理的負担の程度が高く、面接指導を受ける必要があると、ストレスチェックを実施した医師等が認めた場合
④ 　**ストレスチェック**を年に１度実施すること。
　※教職員数50人未満の学校では努力義務とされているが、すべての学校において適切に実施されることが望ましい。

　教育委員会や校長との交渉の際、次のア〜カに記載した事項が未達成であれば要求事項とするとよいでしょう。

　ア　労働安全衛生管理体制の構築及び必要な措置

　イ　医師による面接指導体制の整備

　ウ　教員の健康確保、過労死防止の視点から、「時間外在校等時間」が月80時間を超える場合にも面接指導又はそれに準ずる措置の実施

　エ　すべての学校における適切なストレスチェックの実施

　オ　各教育委員会内の関係課等における勤務条件や健康障害に関する相談窓口の設置及び相談窓口について教職員への積極的な周知

　カ　各教育委員会における法務相談に係る体制の整備・充実

★労働安全衛生管理の必要性について参考となる通知は次のとおりです。

●文部科学事務次官通知（2019年3月18日発出）
「学校における働き方改革に関する取組の徹底について（通知）」
●文科省労働安全衛生通知（2019年3月29日発出）
「新しい時代の教育に向けた持続可能な学校指導・運営体制の構築のための学校における働き方改革に関する総合的な方策について（答申）を踏まえた学校における一層の労働安全衛生管理の充実等について（通知）」
●文科省通知（2021年4月9日発出）
「令和元年度公立学校教職員の人事行政状況調査結果等に係る留意事項について（通知）」

4. 労働基準法の適用関係

（1）職種による教職員の分類

　勤務条件条例主義（2頁参照）によって、教職員の勤務時間については、労働条件の最低基準等を定めた労基法とは無関係なのでしょうか。そうではありません。教職員にも労基法が原則として適用されます。ただ、職種ごとに適用

される規定が少し異なります。

　そこで、教職員を職種で分類するとどうなるか確認してみましょう。

<図表1>
職種による教職員の分類

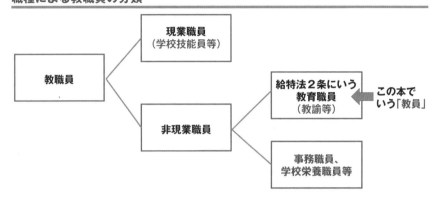

　図表1のとおり、教職員は、**現業職員**と**非現業職員**に分かれます。現業職員とは、学校技能員や農場職員、介助職員、給食調理員等をいいます。それ以外が非現業職員です。非現業職員は、給特法2条にいう「**教育職員**」※と**それ以外の職員**に分かれます。前者は教諭等（「教員」）であり、後者は事務職員、学校栄養職員等です。スタッフ職も一般的には後者に含まれます。

　※　給特法2条にいう「教育職員」とは、具体的には、義務教育諸学校等の校長（園長を含む）、副校長（副園長を含む）、教頭、主幹教諭、指導教諭、教諭、養護教諭、栄養教諭、助教諭、養護助教諭、講師［常時勤務の者及び再任用短時間勤務職員（2023年4月1日以降は定年前再任用短時間勤務職員）に限る］、実習教員（実習助手）及び寄宿舎教員（寄宿舎指導員）です。**この本では、「教育職員」のことを「教員」と書きます（ただし、条文を引用するとき等には「教育職員」と書くこともあります）。**

　　前記の「教育職員」に含まれる「栄養教諭」とは、栄養士又は管理栄養士の資格に加えて栄養教諭免許状を持ち、食育の推進役として児童の栄養の指導及び管理をつかさどる教諭職（教員）です（学校教育法37条13項等）。これに対し、「**学校栄養職員**」は、栄養士又は管理栄養士の資格を持って学校給食の管理等を行う非現業職員です。「**(学校)給食調理員**」は、学校給食の調理業務の担い手となる現業職員です。

　※　「**スタッフ職**」とは、スクールカウンセラー、スクールソーシャルワーカー、部活動指導員、医療的ケア看護職員、情報通信技術支援員（ICT支援員）、特別支援教育支援員、教員業務支援員（スクール・サポート・スタッフ）、学習指導員などです。

（2）職種ごとの労基法の適用関係

　職種ごとの労基法の適用関係をまとめると図表2から図表4のようになります（地公法58条3項から5項、給特法5条、地方公営企業法39条、地方公営企業等の労働関係に関する法律附則5項の他、労基法33条3項が「別表第一に掲げる事業を除く」と規定していることが法適用関係の根拠となります）。

＜図表2＞
労基法の適用関係①

教育職員 （教員＝教諭等）	事務職員、学校栄養職員等	現業職員 （学校技能員等）
原則として適用 【適用されない条項】	原則として適用 【適用されない条項】	ほぼ全面的に適用 【適用されない条項】
・2条(労働条件の決定)	・2条(労働条件の決定)	
・14条2項・3項(契約期間通知)	・14条2項・3項(契約期間通知)	・14条2項・3項(契約期間通知)
・24条1項(通貨・全額払い原則)	・24条1項(通貨・全額払い原則)	
・32条の3(フレックスタイム制)	・32条の3(フレックスタイム制)	
	・32条の4(一年単位の変形労働時間制)	
・32条の5(1週間単位の変形労働時間制)	・32条の5(1週間単位の変形労働時間制)	
	★33条3項(公務のために臨時の必要がある場合の時間外勤務命令・休日勤務命令)	★33条3項(公務のために臨時の必要がある場合の時間外勤務命令・休日勤務命令)
・37条(時間外等の割増賃金)		
・38条の2第2項・3項(事業場外みなし労働時間制)	・38条の2第2項・3項(事業場外みなし労働時間制)	
・38条の3、38条の4(裁量労働制)	・38条の3、38条の4(裁量労働制)	
・39条6項(計画年休)	・39条6項(計画年休)	
・39条7項・8項(年5日の年次有給休暇の確実な取得)	・39条7項・8項(年5日の年次有給休暇の確実な取得)	
・41条の2(高度プロフェッショナル制度)	・41条の2(高度プロフェッショナル制度)	
・75条から93条(災害補償及び就業規則)	・75条から93条(災害補償及び就業規則)	・75条から88条(災害補償)
・102条(監督官の司法警察権)	・102条(監督官の司法警察権)	

<図表3>
労基法の適用関係②

職種／労基法	教育職員（教員）	事務職員
32条（労働時間）	○	○
33条1項	○	○
33条3項に基づく超勤命令	○（給特法5条）	×
36条	○（事実上×）	○
37条（割増賃金）	×（給特法5条）	○
102条（労働基準監督官の司法警察権）	×（地公法58条3項）※地公法58条5項により労働基準監督機関は人事委員会（ない場合は市町村長）	×（地公法58条3項）※地公法58条5項により労働基準監督機関は人事委員会（ない場合は市町村長）

<図表4>
労基法の適用関係③

職種／労基法	学校だけに勤務する栄養教諭（労基法別表第一12号に該当）	学校と調理場の両方に勤務する栄養教諭（労基法別表第一号or12号に該当）	調理場だけに勤務する栄養教諭（労基法別表第一号に該当）	学校だけに勤務する学校栄養職員（労基法別表第一12号に該当）	学校と調理場の両方に勤務する学校栄養職員（労基法別表第一号or12号に該当）	調理場だけに勤務する学校栄養職員（労基法別表第一号に該当）
32条	○	○	○	○	○	○
33条1項	○	○	○	○	○	○
33条3項に基づく超勤命令	○（給特法5条）	個別判断※（1号なら×、12号なら○）	×	×	×	×
36条	○（事実上×）	○（但し12号なら事実上×）	○	○	○	○
37条（割増賃金）	×	×	×	○	○	○
102条（労働基準監督官の司法警察権）	×⇒人事委員会	個別判断※1号なら○⇒労基署12号なら⇒人事委員会	○（地公法58条3項但書）⇒労基署	×⇒人事委員会	個別判断※1号なら○⇒労基署12号なら×⇒人事委員会	○（地公法58条3項但書）⇒労基署

※まず人事委員会が個々のケースに応じて勤務内容・勤務時間・指揮命令系統等をふまえて個別判断。
　それが適切かどうかは労基署が確認。

（3）適用される規定（教員にも労基法が原則適用）

　教員にも、労基法が原則として適用されます（地公法58条3項参照）。適用される規定のうち、特に重要な内容について説明します。

ア　労基法32条（法定労働時間）、34条（休憩時間）、35条（休日）、119条（罰則）

　　　労基法32条は法定労働時間（1日8時間、1週間40時間）、34条・35条は休憩・休日付与義務を定めたものです。違反の罰則は119条で6か月以下の懲役又は30万円以下の罰金とされています。

イ　労基法108条（賃金台帳）、109条（記録の保管）、120条（罰則）

　　　労基法108条及び同法施行規則54条は、使用者※に対し、労働者ごとに、労働日数、労働時間数、休日労働（法定休日における労働）時間数、時間外労働時間数及び深夜労働時間数を賃金台帳に適正に記入する義務を定めています。労基法109条は、使用者※に対し、始業・終業時刻等を記録した書類を5年間（経過措置により当分の間は3年間）保管する義務を定めています。同法108条・109条違反の罰則は120条で30万円以下の罰金とされています。

　　※「使用者」とは、学校の場合は、服務監督権者である教育委員会及び校長等の管理職です。

ウ　労基法36条（36協定）

　　　時間外労働・休日労働（法定休日における労働）を命じる前提条件として労使協定が必要であることを定めた36条も、教員に適用されます。

　　　しかし他方で、給特法5条により、教員のうち別表第一12号に掲げる事業に従事する者については、地公法58条3項と労基法33条3項が読み替えて適用されます。そのため、校長は、36協定なしに、33条3項・給特法6条・政令に基づく時間外勤務命令・休日勤務命令をすることができます。この点は、この後、第1部の「11. 給特法の概要」で詳しく説明します。

　　　なお、災害その他避けることのできない場合には、教員に対し、労基法33条1項に基づく時間外勤務命令・休日勤務命令をすることができます。

　　　事務職員等に対する時間外勤務命令については、第3部の「2. 学校に

おける36協定に関するQ&A」Q1で詳しく説明します。

時間外勤務命令・休日勤務命令の根拠をまとめると図表5・6のように

なります。

<図表5>
教員に対する時間外勤務命令・休日勤務命令の根拠

※教員のうち、別表第一12
号に該当しない者は除く。
除かれるのは・・・
①調理場だけに勤務する栄
養教諭
②学校と調理場の両方に勤
務する栄養教諭のうち、人
事委員会が、個々のケース
に応じて勤務内容・勤務時
間・指揮命令系統等をふま
えて、別表第一1号に該当
すると判断した者
→上記①②の者は、理論上は
36協定を締結できる。

労基法33条1項

給特法5条、労基法33条3項＋給特法6条、政令
※教員も労基法別表第一に掲げる事業に従事する公務員として労基法33
条3項は適用されないと考えられそうだが、給特法5条により、教員のう
ち別表第一12号に掲げる事業に従事する者については、地公法58条3項
と労基法33条3項が読み替えて適用され、労基法33条3項に基づく時間
外勤務命令・休日勤務命令ができる。
※時間外勤務命令ができるのは、「超勤限定4項目」に該当し、かつ、臨時又は
緊急のやむを得ない必要があるときに限られる。
※「超勤限定4項目」は、公立の義務教育諸学校等の教育職員を正規の勤務時間
を超えて勤務させる場合等の基準を定める政令第2号に規定されている。

労基法36条
※給特法5条により、使用者にとって手続きの容易な、労基法33条3項に基
づく超過勤務命令が出せるため、手続きの煩雑な36条は事実上空文化

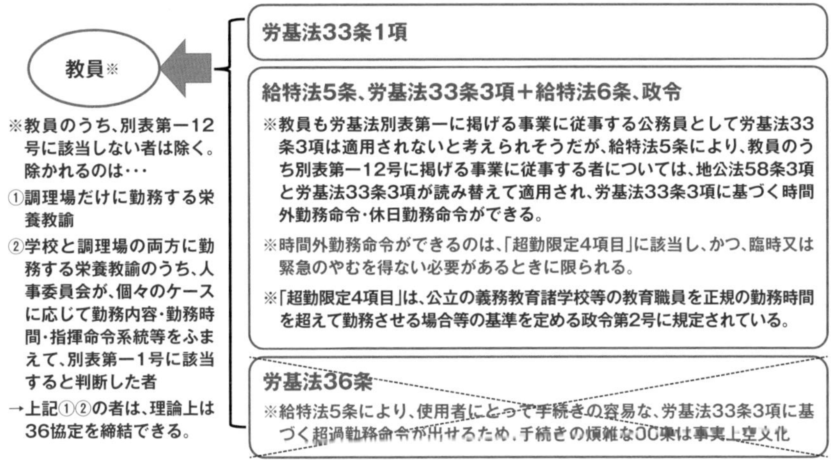

<図表6>
事務職員等に対する時間外勤務命令・休日勤務命令の根拠

事務職員等

別表第一に掲げる
事業に従事

労基法33条1項
<要件>
①災害その他避けることのできない事由によって
②臨時の必要がある場合において
③行政官庁の許可(ただし、事態急迫のために許可を受ける暇がない場
合には、遅滞なく事後届出)

労基法33条3項
<要件>
公務のため臨時の必要がある場合
※労基法別表第一に掲げる事業に従事する公務員には適用されない。

労基法36条

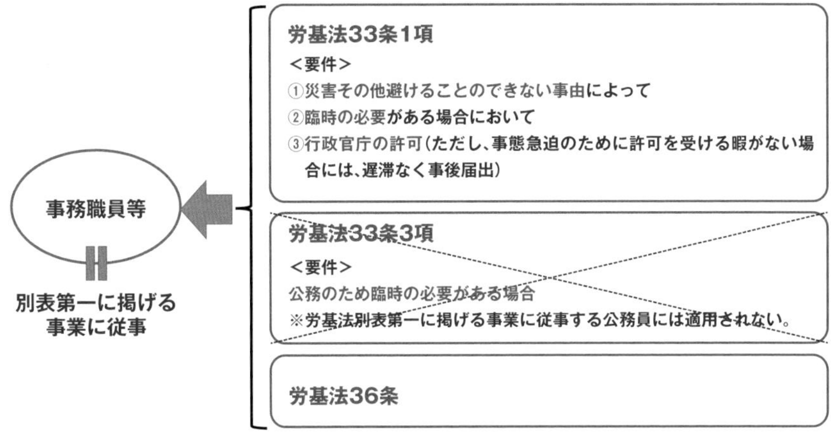

エ　労基法32条の２（１か月単位の変形労働時間制、職種を問わず適用）

労基法では、

①１か月単位の変形労働時間制（32条の２）

②一年単位の変形労働時間制（32条の４）

③１週間単位の非定型的変形労働時間制（32条の５）

の３種類が設けられています。

①の１か月単位の変形労働時間制（32条の２）は、職種を問わず適用されますので、教職員にも適用されます。この制度を導入するには、「勤務時間条例」で明記し、単位となる期間とその起算日を定めることや、各週各日の正規の勤務時間や始業・終業時刻を具体的に定めて、予め各該当者に周知することが必要です。変形労働時間制は、使用者が業務の都合によって勝手に勤務時間を変更するための制度ではないからです。

実際に、「勤務時間条例」で１か月単位の変形労働時間制を採用している地方公共団体もあります。１か月単位の変形労働時間制を導入していれば、正規の勤務時間の割振りとして、ある日の勤務時間が７時間45分を超えた場合、１か月の範囲（対象期間）内で、その超過分を別の日の勤務時間から減らすことができます。

なお、②については、以下のオで説明します。③は、教職員に適用されません。

オ　労基法32条の４（一年単位の変形労働時間制、教員及び現業職員にのみ適用）

一年単位の変形労働時間制（32条の４）は、教員及び現業職員にのみ適用されます。

教員については、給特法５条により読み替えられた地公法58条３項による読み替えにより労基法32条の４の規定が適用されていますので、民間企業の一年単位の変形労働時間制とはかなり異なった制度となっています。詳しくは第２部の２.（5）～（9）を確認してください。

カ　労基法37条（割増賃金、教員以外の非現業職員及び現業職員に適用）

教員以外の非現業職員及び現業職員には労基法37条が適用されますので、時間外勤務や休日勤務を行った場合には、割増賃金が支払われます。

（4）適用されない規定

ア　教員について

教員に適用されない労基法の規定のうち、特に重要な内容は、37条と102条です。

（ア）労基法37条（割増賃金）

民間企業であれば、時間外勤務や休日勤務をした場合に割増賃金を支給しなければならないことを定めた労基法37条が適用されるので、残業したら割増賃金（いわゆる残業代）が支払われます。

しかし、教員には、37条が適用されません。37条の特例として教職調整額を支給する給特法が制定されているからです。したがって、時間外、休日又は深夜に勤務をしたとしても割増賃金は支払われません。

（イ）労基法102条（労働基準監督官の司法警察権）

教員には、労働基準監督官が司法警察権（捜索・差押、検証、逮捕及び送検をする権限）を有することを定めた労基法102条が適用されません。これは、人事委員会又は市町村長に部内の問題について司法警察権を行使させることは適当でなく、それぞれの本来の職権で適切に処置することができると想定されたからです。

イ　事務職員、学校栄養職員等について

事務職員、学校栄養職員等には適用されない労基法の規定のうち、特に重要な内容は、33条3項と102条です。

（ア）労基法33条3項（公務のために臨時の必要がある場合の時間外勤務命令・休日勤務命令）

労基法33条3項は、公務のために臨時の必要がある場合に時間外勤務命令・休日勤務命令を出すことができる旨を規定していますが、条文中で「別表第一に掲げる事業を除く」としています。事務職員は労基法別表第一12号に、学校栄養職員は労基法別表第一1号又は12号にそれぞれ

該当しますので、33条3項が適用されません。

（イ）労基法102条（労働基準監督官の司法警察権）

　教員同様、事務職員にも労基法102条が適用されません。

ウ　現業職員について

　学校技能員等の現業職員には、労基法がほぼ全面的に適用されます。これは、民間の労働者と職務内容が実質的に同じだからです。

　適用されないのは、14条2項・3項、33条3項及び75条から88条のみです。14条2項・3項は、公務員であるがゆえに適用余地がないこと、33条3項は、学校技能員等が労基法別表第一12号に該当するため適用対象から除外されること、75条から88条は、地方公務員災害補償法の適用があるために労基法を適用する必要がないことが理由です。

＜労基法を学習し、活かそう！＞

　教育委員会や管理職には教職員の勤務時間を適正に把握・管理する義務があるにもかかわらず（第1部2.参照）、教育委員会や管理職が勤務時間を把握しておらず、違法状態になっている学校現場が多いのが実情です。

　ワークルールの最も基本である勤務時間の把握がされていない理由の一つには、教育委員会や管理職の間で、教職員、特に教員には、給特法があるから労基法は適用されないという誤った認識が広がっていることがあげられます。教員に関するこの誤った認識のせいで、事務職員や学校栄養職員、現業職員等の勤務時間の把握も不十分になっているという現実もあります。

　2019年3月18日に発出された文部科学事務次官通知においても、各教育委員会に対し、管理職の育成に当たって、教職員の勤務時間（教員については在校等時間）の管理、労働安全衛生管理等をはじめとしたマネジメント能力をこれまで以上に重視すること等が示されています。

　長時間労働是正のためには、教育委員会や管理職に、教員の勤務時間の実情をしっかりと把握・管理させることが最初の一歩です。

　「学校の先生は忙しすぎる」という批判が巻き起こるほど、教職員の長時間労働は社会問題化しています。教育委員会や管理職、そして教職員も、憲

法27条2項を根拠とした労基法が原則として適用されるという基本的な認識が不十分な状態であり、学校では労働者に関わる憲法の理念が空洞化していると言っても過言ではありません。憲法の理念の具体化を教育活動の原点に置いている私たちは、憲法の理念を法律で定めた労基法を学習し、活かすことが、教職員の役割と使命であることを自覚する必要があります。

<私立学校や国立大学法人等の教職員の勤務条件>

　私立学校や国立大学法人等に勤務する教職員は公務員ではありません。そのため、これらの教職員の勤務条件は、条例ではなく、その学校法人等が定める就業規則と個別の労働契約によって決まります。したがって、各教職員の勤務条件の内容に違いが出てくることもあります。

　これらの教職員には労基法がそのまま適用されますので、就業規則の内容は、労基法の基準（最低基準）に適したものでなければなりません。学校法人が労基法を下回る内容を就業規則で決めている場合は、労基法が優先します。逆に、労働組合が学校法人に労基法を超える条件を求めて労働協約を締結することも可能です。

　なお、私立学校や国立大学法人等に勤務する教職員には労基法102条も適用されますので、労働基準監督官が司法警察権を行使します。

※　国立大学法人等に勤務する教職員は、かつては国立大学等に勤務する国家公務員でしたので、その勤務条件は国家公務員法や人事院規則等で定められていました。しかし、2004年4月から、国立大学及びその附属学校等は、国ではなく、各国立大学法人が設置する学校になりました。また国立の高等専門学校は、独立行政法人国立高等専門学校機構がすべての学校の設置者となって運営されることとなりました。

　このような法人移行により、勤務する教職員は、国家公務員ではなくなり、各法人に雇用される労働者となりました。その結果、給特法の対象から外れ、国立大学法人等の教職員の勤務条件は、私立学校と同様に、就業規則と個別の労働契約により定められることになりました。

5. 勤務時間の割振り

（1）勤務時間の割振りとは

勤務時間の割振りとは、勤務時間を具体的に決めることです。

勤務時間条例（2頁参照）では、教職員の所定勤務時間（正規の勤務時間）は1週間38時間45分となっています。このように、所定勤務時間が1週間当たり38時間45分と決まっていても、実際の勤務日と勤務時間が特定されていません。そのため、例えば、月曜日から金曜日の5日間を勤務日とし、その5日間についてそれぞれ8時から16時30分を勤務時間とする（なお、12時から12時45分は休憩時間）というように決める必要があります。

このように、勤務時間条例で定められた勤務時間を、日ごと、時間ごと、教職員ごとに特定することを**「勤務時間の割振り」**といいます。

（2）勤務時間の割振りの基本原則

ア　勤務時間の割振りの内容

勤務時間の割振りによって主に決めることは次のとおりです。

> ① **勤務日と週休日**
> ② **勤務日の勤務時間数**
> ③ **勤務時間の始業時刻と終業時刻**
> ④ **休憩時間の配置**

この割振りの内容は、すべて勤務時間条例・規則や労基法で定めた基準に合致したものでなければなりません。

なお、①の**「勤務日」**とは勤務時間が割り振られている日です。**「週休日」**とは、勤務時間が割り振られない日です。

イ　勤務時間条例での定め方

勤務時間条例では、一般的には次のように割り振るとされています。

> ① 土曜日・日曜日は週休日とし、勤務時間を割り振らない。
> ② 月曜日から金曜日までの5日間に割り振る。
> ③ 1日につき7時間45分を割り振る。

　土曜日・日曜日は公立学校の休業日（原則として子どもたちの授業のない日）ですが、この学校の休業日が当然に教職員の週休日になるわけではありません。土曜日・日曜日に勤務時間を割り振らないことによってはじめて週休日となります。

　また、1日の勤務時間数についても、1週間当たり38時間45分の所定勤務時間を月曜日から金曜日の5日間に、1日につき7時間45分を割り振ることによってはじめて決まります。

　なお、勤務時間の割振りは教職員の具体的・現実的な勤務条件なので、必ず、その内容をすべての教職員に明示しなければなりません。

ウ　留意点

　割振り権者が、1日につき7時間45分を超えて勤務時間を割り振ることは、変形労働時間制をとらなければできません。

　なお、変形労働時間制とは、単位となる期間内における所定勤務時間のばらつきを認める制度で、期間内の所定勤務時間を平均して週法定労働時間を超えなければ、期間内の一部の日又は週において所定勤務時間が1日又は1週間の法定労働時間を超えても、所定勤務時間の限度で、法定労働時間を超えたとの取扱いをしないという制度です。

(3) 割振り権者

　勤務時間の割振り権限は、市区町村立学校の場合は市区町村教育委員会、都道府県立学校の場合は都道府県教育委員会にあります（地教行法2条、43条1項、21条3号参照）。

　そして、教育長（教育委員会）は、その権限に属する事務を校長等に委任することができます（25条4項）。そのため、条例やその委任規則で、「職員の勤務時間の割振りに関すること」について教育長から校長に委任すると定められていれば、割振り権限は教育長から校長に完全に移ります。権限に伴って責任

も移ります。教育長には割振り権限がなくなり、校長のみが権限と責任を持つことになります。

　なお、行政法上の「委任」といえるためには法令や条例の根拠が必要になります。そこで、行政機関の内部規定（訓令）である学校管理規則等に「割振りは校長が定める」と規定されているだけでは権限は移譲せず、「委任する」ことが条例等に明記される必要があります。

　条例等の委任規定がある場合の交渉相手は校長です。組合支部・分会は、校長との間で、割振りの具体的方法や個別的な割振り上の問題について、勤務時間法制への違反や不適切な割振りがないか、公平が図られているか、という観点から交渉・協議します。なお、委任規定がない場合には、権限は校長には移っておらず教育委員会（教育長）にありますので、交渉相手は教育委員会（教育長）です。

　ご自身が勤務する地域の地方公共団体の条例を確認してみてください。

6. 週休日・休日・休暇

（1）週休日・休日・休暇の違い

　週休日、休日、休暇には、通常、勤務をせずに学校を休むことになりますが、なぜ勤務をしなくてよいのかについて、図表7のような区別がされています。公務員特有の扱いもありますので、注意してください。

（2）週休日とは

　教職員の「**週休日**」とは、教職員に休みを与えなくてはならない日です。通常、土曜日・日曜日がこれに当たります。そのため、勤務時間が割り振られていません。教職員に適用される勤務時間条例により「週休日」が特定され、勤務時間を月曜日から金曜日に割り振る関係で、「週休日」は土曜日・日曜日となっています。

　「週休日」は暦上の1日（24時間）を単位とし、週休2日制のもとでは定期的（毎週決まった曜日）で連続した日を「週休日」とすることが原則です。

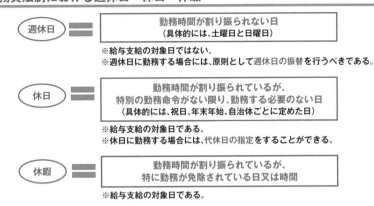

＜図表7＞

公務員法制における週休日・休日・休暇

週休日	＝	**勤務時間が割り振られない日** **（具体的には、土曜日と日曜日）**

※給与支給の対象日ではない。
※週休日に勤務する場合には、原則として週休日の振替を行うべきである。

休日	＝	**勤務時間が割り振られているが、** **特別の勤務命令がない限り、勤務する必要のない日** **（具体的には、祝日、年末年始、自治体ごとに定めた日）**

※給与支給の対象日である。
※休日に勤務する場合には、代休日の指定をすることができる。

休暇	＝	**勤務時間が割り振られているが、** **特に勤務が免除されている日又は時間**

※給与支給の対象日である。

　労基法は「使用者は、労働者に対して、毎週少くとも一回の休日を与えなければならない」と週休制の原則を定めています（35条１項）。この「労基法上の休日」は法律が義務づけている休日として、法定休日といいます。この法定休日が教員では、「法定週休日」に当たります。法定週休日以外の週休日を法定外週休日といいます。何曜日が法定週休日かは地方公共団体により異なります。地方公共団体は日曜日を法定週休日として規定しておくことがオーソドックスな考え方のようですが（小川友次・澤田千秋編著『地方公務員の〈新〉勤務時間・休日・休暇（第３次改訂版）』学陽書房、168頁参照）、ご自身が勤務する地域の地方公共団体の場合はどうか確認してみてください。

（3）休日とは

ア　休日の定義等

　　教職員の「**休日**」とは、勤務時間条例によって、働かなくてもよいとされている日です。通常、国民の祝日や年末年始の休日などがこれに当たります。「休日」には勤務時間が割り振られていますが、特別の勤務命令がない限り、職務専念義務が免除され労働義務を負いませんので、勤務する必要はありません。勤務時間が割り振られていますので、給与の支給上は勤務日として扱われます。

「休日」が土曜日・日曜日（週休日）と重なった場合、当日は週休日で、「休日」ではない扱いになります。ただし、国民の祝日が日曜日と重なった場合に翌日の月曜日が休日扱い（いわゆる振替休日）になる場合には、月曜日が「休日」になります。

なお、子どもたちの授業日でない夏季・冬季等の休業日や臨時休業日（インフルエンザによる休業日等）は、条例で「休日」とされていなければ、教職員の勤務を要しない日にはなりません。勤務時間は、教職員について定められた勤務条件であり、学校の休業日（子どもたちの授業のない日）と必ずしも一致しません。

イ　勤務時間条例による休日

勤務時間条例では、一般に、次の日が休日とされています。

（ア）国民の祝日に関する法律による休日

「国民の祝日」、「国民の祝日と日曜日が重なったときの翌日（振替休日）」及び「前日及び翌日が国民の祝日である祝日でない日」があります。

①　国民の祝日（国民の祝日に関する法律2条による16日）

1月1日	元日
1月の第2月曜日	成人の日
2月11日	建国記念の日
2月23日	天皇誕生日
春分日	春分の日
4月29日	昭和の日
5月3日	憲法記念日
5月4日	みどりの日
5月5日	こどもの日
7月の第3月曜日	海の日
8月11日	山の日
9月の第3月曜日	敬老の日
秋分日	秋分の日

10月の第2月曜日　スポーツの日

11月3日　　　　　　文化の日

11月23日　　　　　　勤労感謝の日

②　国民の祝日が日曜日のときの翌日（振替休日）

③　前日及び翌日が国民の祝日である祝日でない日

（イ）　年末年始の休日

12月29日から1月3日までの期間（国民の祝日に関する法律による休日は除く）。

（ウ）　その他

特定の地方公共団体が条例で休日とする特別な日（開校記念日等）や、国の行事が行われる日で、教育委員会規則で定める日。その他に、特別に制定された法律で臨時に休日とされたり祝日移動がされたりすることもあります。

（4）休暇とは

年次有給休暇や特別休暇等の**休暇**は、勤務時間につき、教職員が職務以外の事由に利用することができる制度です。休暇の日時は、勤務時間が割り振られている日（勤務日）のうち、特に勤務が免除されている日又は時間に当たります。

＜私立学校や国立大学法人等の場合の"休日"＞

私立学校や国立大学法人等の場合、就業規則によって、日曜日（週休2日制の場合は土曜日も）と国民の祝日・年末年始等をあわせて"休日"として定めているのが一般的です。"休日"は、正規の勤務日（所定労働日）には含まれません。したがって、"休日"に出勤した場合は休日勤務とされ、日曜日に出勤しても、祝日に出勤しても、「割増賃金」の対象となります。

ただし、「割増賃金」の割増率（労基法37条1項）は、"休日"のうち、「法定休日」（労基法35条1項の週1回の休日として就業規則で定めた曜日）における労働か、「法定休日以外の休日」における労働かによって異なります。すなわち、前者の場合、「（法定）休日労働」として割増率が3割5分以上となります。他方、後者の、法定休日以外の所定休日労働の場

合は、「（法定）休日労働」ではないので、通常の「時間外労働」の２割５分以上の割増率とすることも可能です。

7. 週休日の勤務

（1）週休日に勤務を行う場合

ア　週休日の振替が原則

　　学校行事等の教育の実施上特別の必要がある場合に、条例等の定めに基づき、週休日に勤務を行うことがあります。

　　土曜日・日曜日の週休日に教職員を勤務させる場合の方法としては、次の４通りがあります。

> ①　年度初めの時点で週休日の振替をする。
>
> ②　年度の途中で週休日の振替をする。
>
> ③　半日勤務時間の割振り変更をする。
>
> ④　時間外勤務命令を出す。

　　このうち、①や②の「**週休日の振替**」とは、勤務が必要となった週休日を勤務日とする代わりに、他の勤務日を週休日にすることです。適切な週休日確保の観点から、時間的に余裕のある時点で週休日の振替が検討できる①の方法が最も望ましい方法です。例えば、運動会や授業参観等は学校の年間計画で決まるはずですから、土曜日・日曜日に特別の勤務が必要となる場合には、校長は年度初めの時点で、同一週の他の曜日を週休日とする週休日の振替を行うべきです。①の方法をとることができない場合には、②の方法で行われるべきです。

　　③の方法は、以下の（4）で詳述しますが、週休日を含む２日間が勤務日になる結果、週休日を減らすことになります。そのため、小規模校等で振替・割振り変更のできる勤務日が前後12週間（又は20週間）のうちに存在しないとか、週休日に勤務を要する時間がごく短時間である場合など、極めて例外的な特別の事情のときに限られるべきです。

　　④の方法は、時間外勤務命令は例外的な臨時的措置とすべきですから、

適切ではありません。教員の場合は、「給特法の超勤限定4項目に該当し、かつ、臨時又は緊急のやむを得ない必要があり、さらに当該週休日に行わなければならない業務」という要件をすべて充たさなければ命令できないので、現実的にもほとんど考えられません。考えられるのは、災害時の対応や緊急の生徒指導等の極めて限られた場合だけです。

イ　週休日の振替に関する留意点

週休日の勤務日への変更を検討する場合、次の点に留意することが必要です。

① 週休日勤務の事由となる学校行事・特別授業・職員会議・家庭訪問等が計画的・合理的に行われているかどうか。
② 週休日の勤務が教育上の特別の必要性に基づくものかどうか。
③ 週休日の振替によって、教職員の勤務条件の低下が生じないかどうか。
④ 振替後の週休日が近接した日となっているか。
⑤ 条例・規則上の振替要件に合っているかどうか。
⑥ 本人・関係教職員の意向を考慮しているかどうか。

（2）週休日の振替日の設定

週休日の振替をできる期間は、各条例・規則で定められています。一般的には、週休日という趣旨からすると、同一週のできるだけ接近した日を振替後の週休日とするのが好ましく、原則として同一週内に振り替えるように努めるという取扱いにしている地方公共団体もあります。

もし、同一週を超えて週休日を振り替えると、週休日が勤務日になった週の勤務時間は46時間30分、すなわち7時間45分の超過勤務となってしまいます。そして、超過勤務になった場合、教員には労基法37条が適用されないため、時間外勤務手当は支払われません。この点では、例えば、1か月単位の変形労働時間制をとり、他の週の勤務時間をその分減らして4週平均で週38時間45分とすれば超過勤務になりません。このような工夫をしている地方公共団体もあります。

以上から、週休日の振替は、週38時間45分制や週休2日制の例外となったり、短期間の超過勤務を誘発したりする可能性があるため、やむを得ず行う必要がある場合でも次のことが重要となります。

> ① 振替期間が条例等で明示されていること。
> ② 週休日の振替は事前に行わなければならないこと。
> ③ 振替・変更をしても週休日が4週で4日以上あること。
> ④ 連続する勤務日が一定日数を超えないこと。
> ⑤ 週休日の振替を行った場合には、本人に対して速やかにその内容を通知すること。

上記のうち、①は、4週間前の日から8週間後の日までの期間、又は4週間前の日から16週間後の日までの期間に振り替えるとしている地方公共団体が多いようですが、原則的に同一週内で行うことが好ましいことは既に指摘したとおりです。

②に関し、事前に振替を行わないものは週休日の振替とはいえません。

また、③④に関し、④は「24日を超えないこと」とする地方公共団体が多いようですが、④の枠を緩めすぎると、週休日の振替の濫用につながりますので、連続する勤務日数は原則10日程度にすべきです。

（3）再振替の禁止

週休日の振替後、新しく週休日となった日について、さらに振替（再振替）を行うことはできません。週休日を確保するためです。運動会等の学校行事や授業参観等、教職員全員について週休日を振り替える場合には、振替後の週休日を原則として全職員の業務のない日にする等、慎重に設定する必要があります。

（4）半日勤務時間の割振り変更

月曜日から金曜日までの、7時間45分の勤務時間が割り振られている日のうち、ある1日の4時間の勤務時間を外し、外した4時間の勤務時間を週休日に割り振るというものです。この制度は、週休日の振替と違って、週休日をなくし割振り変更に関係した半日勤務日を2日作るものです。勤務時間数は同じで

も週休日の数が減ることになるので、週休日の確保と週休２日制の趣旨に反します。

半日勤務時間の割振り変更をする場合は、次のように行います。

> ① 勤務日から外すことのできる４時間の勤務は、始業時刻から、又は終業時刻までの連続した時間であること。
> ② 週休日の振替と半日勤務時間の割振りの変更との両方が可能な場合は、週休日の振替で行うこと。

8. 休日の勤務

（1）休日勤務を命じられる場合

教職員が「休日」に勤務することを、「**休日勤務**」といいます。「休日」とは、勤務時間条例の定めによりますが、通常、祝日法による休日（国民の祝日と振替休日等）と年末年始の休日（12月29日から翌年の１月３日）等が該当します。

教員に対して休日勤務を命じることができるのは、時間外勤務と同様に、給特法の超勤限定４項目に該当し、かつ、臨時又は緊急のやむを得ない必要がある場合に限られます。休日勤務は、もともと勤務時間が割り振られている正規の勤務時間における勤務の扱いになりますし、教員の場合、休日勤務手当は支払われません。

なお、教員が週休日の勤務を、週休日の振替をせずに行うと「時間外勤務」となります。この場合、週休日の勤務が「時間外勤務」となるのは、勤務時間が割り振られていなかった日に勤務するからです。このような週休日の時間外勤務命令が不適切であることは既に指摘したとおりです（24頁参照）。

（2）代休日の指定

休日に勤務させる場合、教育委員会は「**代休日の指定**」をすることができます。なお、代休日の指定に関する権限は、実際には校長に委任されていることが多いようです。

　代休日の指定ができるのは、次の場合に限られています（地方公務員勤務時間制度研究会編『Ｑ＆Ａ　地方公務員の勤務時間・休日・休暇』ぎょうせい、615頁参照）。

> ①　休日に割り振られている勤務時間（通常 7 時間45分）の全部を勤務した場合で、かつ
> ②　休日の勤務時間数と代休日の勤務時間数が同じ場合

　したがって、休日に例えば 4 時間の勤務を命じられたり、一部しか勤務しなかったりしたときは、代休日は指定されません。休日に勤務した時間数だけ他の勤務日の勤務時間数を代休にすることもできません。

（3）代休日の指定方法

　代休日の指定には、次のような条件があります。

> ①　代休日の指定は、勤務する休日より前に予め行う。
> ②　一定の期間内の日を代休日に指定する。
> ③　勤務する休日に割り振られている勤務時間と同じ勤務時間数の勤務日を代休日とする。ただし、勤務時間帯がずれていてもよい。

　①の条件から、代休日の指定のないまま休日に勤務した後では代休日は指定できません。②については、代休日に指定できる日を 8 週間後の日までとしている地方公共団体が多いようです。この場合、 8 週間後までの日のうちに代休日とすべき日がない等の理由で、代休日が指定されないこともあり得ます。

（4）事務職員等の場合

　事務職員、学校栄養職員、現業職員等の休日勤務については、特別の行事や緊急のやむを得ない事情がある場合に限られます（地方公務員勤務時間制度研究会編・前掲書、206頁）。そして、代休日の指定のないまま休日勤務となったときは、休日勤務をした時間分の休日勤務手当が支払われます。

9. 週休日の勤務と休日の勤務との関係

　週休日に勤務する必要が生じた際に、週休日と休日が重なる場合を考えてみます。

　週休日（土曜日・日曜日）と休日が重なる場合、その日は週休日となります。そのため、その日に勤務するには「週休日の振替」が必要です。休日勤務に対応する「代休日の指定」ではありませんので、注意してください。

　このうち、週休日の日曜日が祝日と重なった場合は、日曜日は週休日のままで、翌日の月曜日が振替「休日」となります。そこで、日曜日に勤務する場合には「週休日の振替」が、月曜日に勤務する場合には「代休日の指定」が必要になります。

　※週休日（土曜日・日曜日）と重なった休日の扱いは、次のとおりです。

①	重なった日が日曜日の場合	日曜日は週休日のまま
		祝日法で翌月曜日が振替休日
②	重なった日が土曜日の場合	土曜日は週休日のまま
		休日の振替はなし（休日は１日減）

　例えば、図表8のように、文化の日（11月3日）が日曜日であれば、11月2日（土）から4日（月・振替休日）まで勤務する場合、週休日である2日（土）と3日（日）の「週休日の振替」をし、休日である4日（月）の「代休日の指定」をすることが考えられます。この場合、11月3日（日）から11月9日（土）までの週の勤務時間は31時間ですが、10月27日（日）から11月2日（土）までの週の勤務時間は46時間30分で、7時間45分の超過勤務となります。

＜図表8＞
週休日と重なる場合の休日の扱い

本来の勤務日・休日・週休日	11月								...	12月
	2日	3日	4日	5日	6日	7日	8日	9日	...	27日
	土	日 文化の日	月 振替休日	火	水	木	金	土	...	金
	◎	◎	○	●	●	●	●	◎	...	●

代休日の指定
週休日の振替
週休日の振替

振替・代休日

振替等をした後の勤務日・休日・週休日	11月								...	12月
	2日	3日	4日	5日	6日	7日	8日	9日	...	27日
	土	日 文化の日	月 振替休日	火	水	木	金	土	...	金
	●	●	●	◎	◎	●	●	◎	...	○

（●：勤務日、◎：週休日、○：休日）

10. 休憩時間

（1）休憩時間とは

　「**休憩時間**」とは、「勤務時間の途中で、勤務から完全に解放されることが保障される時間」です。教職員は、休憩時間を自由に利用することができ、休憩時間の間、職務専念義務を負いません。そのため、休憩時間は、正規の勤務時間に含まれず、給与の支払いの対象にもなりません。

　勤務時間と休憩時間の違いを図表9にまとめました。

勤務時間・休憩時間とは？

| 勤務時間 | ＝ | 実際に労働力を提供する実労働時間 |

| 休憩時間 | ＝ | 勤務時間の途中で勤務から解放されることが保障される時間 |

　休憩時間の意義は、勤務時間の途中に心身を休める時間を確保し、疲労の回復を図って労働者の健康を維持することにあります。労働が長時間継続すると、疲労の度合いが倍加され、肉体的疲労、精神的疲労及び慢性的疲労の原因となるからです。そのため、休憩時間といえるためには、勤務時間の途中に、使用者の指揮監督（仕事）から完全に離れて、個々人による自由利用が保障されている時間でなければいけません。

　なお、「手待時間」は休憩時間ではありません。「手待時間」は、勤務時間中に現実に職務執行していない時間で、使用者の求めに応じ直ちに業務開始できる態勢で待機している時間を指しますが、自由利用が保障されている休憩時間ではないからです。

　多忙化のなかで、教職員は休憩時間を適切にとれていないのが実態です。教職員の健康のために、速やかに改善する必要があります。教育委員会や管理職には、休憩時間を付与する義務がありますので、労基法違反の状況を改善するため、教職員が休憩を実際に取得できる体制をつくることが強く求められます。また、組合としても、休憩時間の確実な取得を求めていく必要があります。

（2）休憩時間についての労基法と条例等の定め

　休憩時間は、労基法34条によって保障されています。

　労基法34条では、休憩時間について次の3つの原則を定めています。

　　①　労働時間の途中に所定の休憩時間を与えること　**（途中付与の原則）**

　　②　原則として一斉に与えなければならないこと　**（一斉付与の原則）**

　　③　休憩時間を自由に利用させなければならないこと　**（自由利用の原則）**

　教職員にも労基法34条が適用されます。

（3）休憩時間の長さと取り方

ア 休憩時間の長さ

　　労基法34条１項は、「使用者は、労働時間が６時間を超える場合においては少くとも45分、８時間を超える場合においては少くとも１時間の休憩時間を労働時間の途中に与えなければならない」と定めています。ここでいう「労働時間」は、一勤務の実労働時間の総計のことで、その実労働時間によって休憩時間の長さが決まることになります。

イ 休憩時間の付与の仕方

　　労基法34条１項は、休憩時間の付与の仕方についても「労働時間の途中に与えなければならない」と定めています。そこで、労働時間の途中に付与する必要がありますので、勤務の最初や最後を休憩時間とする事実上の遅出や早帰りはできません。一方、途中であれば午前午後いつでもよく、休憩は１回でも複数回に分割しても差支えないとされています。

（4）休憩時間の自由利用と一斉付与

ア 休憩時間の自由利用

　　教職員は、休憩時間を自由に利用することができます。休憩時間が労働から離れて肉体的、精神的な疲労を回復させることが目的である以上、その時間を自由に使うことは、当然の定めといえます。

イ 休憩時間の一斉付与

　　労基法34条２項は、原則として休憩時間を一斉に与えなければならないと定めています。同じ職場の者が一斉に休憩することで、同僚に遠慮したり邪魔されたりすることなく、また共に食事、スポーツをする等、実のある休憩を実現させることが趣旨です。

　　なお、一斉付与の原則の例外に関する労基法34条２項但書は、地公法58条４項で、「条例に特別の定めがある場合は、この限りでない」という読み替えがされています。そのため、各地方公共団体は、条例で定めれば、休憩時間を一斉に付与せず、交代制で別々の休憩時間とすることができます。

(5) 休憩施設の設置義務

　教職員の疲労回復のため、教育委員会は、施設の面でも休憩のために必要な措置を行う義務があります。その内容につき、労働安全衛生法23条が「事業者は、労働者を就業させる建設物その他の作業場について、通路、床面、階段等の保全並びに換気、採光、照明、保温、防湿、休養、避難及び清潔に必要な措置その他労働者の健康、風紀及び生命の保持のため必要な措置を講じなければならない」と定め、同27条1項の規定に基づく労働安全衛生規則613条が「事業者は、労働者が有効に利用することができる休憩の設備を設けるように努めなければならない」、同618条が「事業者は、常時50人以上又は常時女性30人以上の労働者を使用するときは、労働者がが床（臥床：編著者注）することのできる休養室又は休養所を、男性用と女性用に区別して設けなければならない」と定めています。

　現在の学校施設の状況からすると、教職員が職務から完全に離れて自由に休憩を取ることができる適切な休憩室が確保されている職場は多くありません。教職員が勤務時間内に実質的に休憩を自由に取れるようにするためには、設備面の充実を含め、条件整備が早急になされなければなりません。

11. 給特法の概要

(1) 給特法とは

　公立の義務教育諸学校等の教育職員の給与等に関する特別措置法、いわゆる「給特法」は、名称からわかるように、教育職員だけに適用される給与等に関する法律です。1972年に施行された法律で、詳しい制定過程は第12節で説明します。

　給特法は、「教育職員の職務と勤務態様の特殊性に基づき、その給与その他の勤務条件について特例を定める」（1条）としています。

　主たる内容は、次のとおりです。

　▶ **「教職調整額」として給料月額の4％に相当する金額を一律に支給する（給特法3条1項）**

▶給料の額に「教職調整額」の額を加えた額を、退職手当、期末手当、勤勉
手当等の算定の基礎にする（給特法 3 条 3 項）

▶労基法33条 3 項（公務のために臨時の必要がある場合の時間外労働を許容
する規定）を適用した上で（給特法 5 条、地公法58条 3 項）、時間外勤
務・休日勤務を命じる場合につき、一般の地方公務員より狭めて、政令で
定める基準に従い条例で定める場合に限定する（給特法 6 条 1 項、 3 項）。
時間外勤務等に関する政令を定める際には、教育職員の健康と福祉を害し
ないように勤務の実情について十分な配慮を求める（同条 2 項）

→ 「公立の義務教育諸学校等の教育職員を正規の勤務時間を超えて勤
務させる場合等の基準を定める政令」（平成15年政令第484号、以下こ
の項目では「政令」）は、正規の勤務時間の割振りを適正に行い、原
則として時間外勤務・休日勤務を命じないとした上で、時間外勤務等
を命じる場合の基準について、①以下のイ～ニの 4 項目（以下「超勤
限定 4 項目」）の場合で、かつ、②臨時又は緊急のやむを得ない必要
があるときに限るもの、と定めている。

イ 校外実習その他生徒の実習に関する業務

ロ 修学旅行その他学校の行事に関する業務

ハ 職員会議（設置者の定めるところにより学校に置かれるものをい
う）に関する業務

ニ 非常災害の場合、児童又は生徒の指導に関し緊急の措置を必要と
する場合その他やむを得ない場合に必要な業務

▶労基法37条（時間外、休日及び深夜の割増賃金を支給する規定）を適用せ
ず、時間外勤務・休日勤務に対し、時間外勤務手当及び休日勤務手当を支
給しない（給特法 3 条 2 項）

（2）給特法の構造

給特法の構造を示したのが、図表10です。

給特法は、原則として時間外勤務命令・休日勤務命令をすることはできない
という考え方に立っており、例外的に命令ができるのは、政令で定める基準に
従い条例で定める場合に限られます（給特法 6 条 1 項、 3 項）。すなわち、「超

<図表10>
給特法の構造

<原則>　　　　　　　　<例外>

政令で定める基準に従い条例で定める場合に限り、
例外的に時間外勤務命令できる。
（給特法6条1項、3項）

時間外勤務
命令できない

超勤限定4項目

①校外実習その他生徒の実習**に関する業務**
②修学旅行その他学校の行事**に関する業務**
③職員会議**に関する業務**
④非常災害の場合、児童又は生徒の指導に関し緊急の措置を必要と
する場合その他やむを得ない場合**に必要な業務**

のいずれかであって、臨時又は緊急のやむを得ない必要があるときに限る。

勤限定4項目」のいずれかに該当し、かつ、臨時又は緊急のやむを得ない必要
があるときに限るという歯止めがかけられています。時間外勤務を命じ得る事
項が、4項目に限定されたのは、第12節で後述するように日教組による当時の
交渉の大きな成果でした。

　また、原則として時間外勤務命令・休日勤務命令ができないことをふまえ、
時間外勤務手当・休日勤務手当は支給しないことになっています※。その代わ
りとして、教職調整額（給料月額の4％）が支給されます。

※　教員には、時間外、休日及び深夜の割増賃金について規定した労基法37条が適用され
ず、給特法3条2項で時間外勤務手当及び休日勤務手当は支給しないことが定められて
います。ただし、夜間勤務手当は、規定がありません。

そのため、夜間勤務手当の支給を定める条例があれば、教員が午後10時から午前5時
までの間に勤務した場合には、夜間勤務手当を支給できることになります。実際に、夜
間勤務手当が支払われている地方公共団体もあります。夜間勤務手当に加えて、一定の
要件を充たした場合には教員特殊勤務手当も併給される地方公共団体もあります。

他方、修学旅行中につき、午後10時から午前5時の間は勤務していないとみなすこと
等により、夜間勤務手当を支払わずにすむようにしている地方公共団体もあるようで
す。しかし、修学旅行のような宿泊行事の際は、深夜であっても子どもたちに何かあっ
た場合には対応しなければならないのが実態です。したがって、指揮命令下に置かれて
いる「手待時間」として勤務時間と認め、夜間勤務手当や教員特殊勤務手当を支払うよ
う交渉すべきです。

（3）教職調整額とは

　教員には、教職調整額が支給されています。一方、時間外勤務手当・休日勤務手当は支給されません。これが給特法適用の特徴です。

　教職調整額とは、正規の勤務時間の内外を問わず、教員の勤務を包括的に評価して支給される給与であるとされています。教職調整額は、時間外勤務の有無にかかわらず、給料月額の４％に相当する額を基準として、条例で定められた額が一律に支給される点が特徴的です。教職調整額は、期末・勤勉手当や退職手当の額の算定に際しては、本給とみなし、算定の基礎に含めます。

　４％となったのは、給特法制定前の1966年度の教員勤務実態調査の結果が関係しています。同調査で教員の１か月平均の残業時間が約８時間であり、約８時間の超過勤務手当に要する金額が、超過勤務手当の算定の基礎となる給与の約４％に相当したため、４％とされました。

　以上のことをまとめると図表11のようになります。

<図表11>
教職調整額の意義

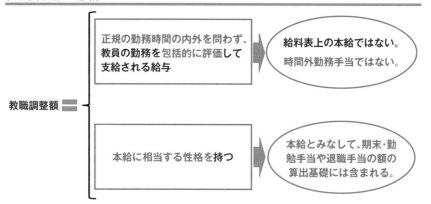

12. 給特法の制定過程

（1）給特法の制定過程の概要

　なぜ教員について、超過勤務手当制度の適用をやめて、教職調整額を支給す

る給特法が制定されたのか、その経過を簡単にまとめると図表12のようになります。以下、詳しく説明します。

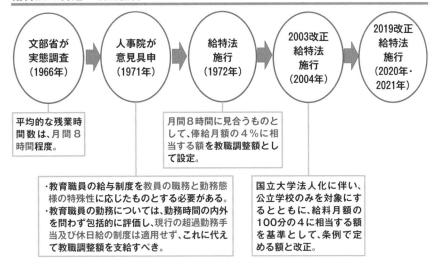

<図表12>
給特法の制定・改正経緯

文部省が実態調査（1966年）→ 人事院が意見具申（1971年）→ 給特法施行（1972年）→ 2003改正給特法施行（2004年）→ 2019改正給特法施行（2020年・2021年）

平均的な残業時間数は、月間8時間程度。

月間8時間に見合うものとして、俸給月額の4％に相当する額を教職調整額として設定。

・教育職員の給与制度を教員の職務と勤務態様の特殊性に応じたものとする必要がある。
・教育職員の勤務については、勤務時間の内外を問わず包括的に評価し、現行の超過勤務手当及び休日給の制度は適用せず、これに代えて教職調整額を支給すべき。

国立大学法人化に伴い、公立学校のみを対象にするとともに、給料月額の100分の4に相当する額を基準として、条例で定める額と改正。

（2）時間外勤務手当等請求訴訟の提起と文部省による勤務実態調査

　給特法制定以前は、教員（国立学校は除く）にも労基法37条が適用され、校長は36協定がなければ時間外勤務・休日勤務をさせることはできず、時間外勤務・休日勤務をさせた場合には時間外勤務手当等が支給されるはずでした。

　しかし、現実には、36協定もないままで、長時間の時間外勤務・休日勤務が行われ、しかも時間外勤務手当等の支給もされていませんでした。そこで日教組は、1966年から職員会議、修学旅行等の時間外勤務・休日勤務に関し、教育委員会に対して時間外勤務手当等請求訴訟（超勤訴訟）を各地で起こしました。

　超勤訴訟の提起等が継続するなかで、日教組による文部省に対する勤務実態調査の要求に対し、文部大臣が実態調査と善処を回答し、1966年に文部省による教員の勤務状況の実態調査が行われ、翌1967年に調査結果が公表されました。

　一方、各単組による超勤訴訟は、勝訴判決が相次ぎ、最高裁でも、職員会議

については1972年4月6日［『最高裁判所民事判例集（以下「民集」）』26巻3号397頁］に、修学旅行・遠足については1972年12月26日（「民集」26巻10号2096頁）に、それぞれ勝訴しました。

（3）人事院による意見の申出

　人事院は、地裁・高裁の判決が相次ぐなかで、1971年2月8日、「国立の義務教育諸学校等の教員に対する教職調整額の支給等に関する法律の制定」について、国公法23条に基づき国会及び内閣に対し、意見の申出を行いました。

　具体的には、教育が特に教員の自発性、創造性に基づく勤務に期待する面が大きいこと及び夏休みのように長期の学校休業期間があること等を考慮すると、勤務時間の管理について運用上適切な配慮を加えるとともに、教員の超過勤務とこれに対する給与等に関する制度を改め、**教員の職務と勤務態様の特殊性**に応じたものとする必要があるとしました。

　そして、①正規の勤務時間内であっても、業務の種類・性質によっては、承認の下に、学校外における勤務により処理し得るよう運用上配慮を加え、また、いわゆる夏休み等の学校休業期間については教育公務員特例法19条（現21条）及び20条（現22条）の規定の趣旨に沿った活用を図ることが適当であるとし、②教員の勤務は、勤務時間の内外を問わず、包括的に評価し、現行の超過勤務手当及び休日給の制度は適用せず、これに代えて教職調整額（俸給月額の4％）を支給するとしました。

（4）給特法の成立・施行

　人事院の意見の申出を受けて、文部省は、1971年2月16日、教員の勤務を勤務時間の内外で区別せず、包括的に再評価する教職調整額を支給し、超過勤務手当制度を適用しないこととする「国立及び公立の義務教育諸学校等の教育職員の給与等に関する特別措置法案」（給特法案）を国会へ提出しました。

　日教組は、給特法案が一定の教職調整額の支給とひきかえに無定量の時間外勤務・休日勤務を強要するおそれがあるとして制定に反対しました。しかし、当時の文部大臣は、給特法案の国会審議において、「教職員の特殊性あるいは特殊の勤務…だからといって私たちは無定量の超勤をしいるという気持ちは毛

頭ございません…むしろ真に創造的自発性に基づいた教育をやっていただくために、どうやって先生方を守っていくかという立場にあるのが私どもでございます」「この法案が通ったからといって、それによっていままで以上にぎゅうぎゅうと先生方の労働をしいていくというようなことにはつながっていかない」等と答弁しました（第65回国会　衆議院文教委員会会議録13号　1971年4月14日）。そして、同法案は1971年5月24日に成立し、同年5月28日に給特法として公布されました。

　給特法の制定趣旨は、1条にあるように、教員の職務と勤務態様の特殊性に基づき、新たに教職調整額を支給する制度を設け、超過勤務手当制度は適用しないこととする等、その給与その他の勤務条件について特例を定めることです。この「職務の特殊性」と「勤務態様の特殊性」について、『教育職員の給与特別措置法解説』（文部省初等中等教育局内　教員給与研究会編著、第一法規出版、1971年）では次のように解説されています。

<職務の特殊性>

　「教育の仕事に従事する教員の職務はきわめて複雑、困難、かつ、高度な問題を取り扱うものであり、従って専門的な知識、技能はもとより、哲学的な理念と確たる信念、責任感を必要とし、また、その困難な勤務に対応できるほどに教育に関する研修、専門的水準の向上を図ることが要求される。このように教員の職務は一般の労働者や一般の公務員とは異なる特殊性をもつ職務である」（教員給与研究会編・前掲書、100頁）。

<勤務態様の特殊性>

　「通常の教科授業のように学校内で行われるもののほか、野外観察等や修学旅行、遠足等の学校行事のように学校外で行なわれるものもある。また、家庭訪問のように教員個人の独得の勤務があり、さらに自己の研修においても必要に応じて学校外で行なわれるものがある。このように、勤務の場所からみても学校内のほか、学校を離れて行なわれる場合も少なくないが、このような場合は管理・監督者が教員の勤務の実態を直接把握することが困難である。さらに夏休みのように長期の学校休業期間中の勤務は児童・生徒の直接指導よりも研修その他の勤務が多い等一般の公務員とは違った勤務態様の特殊性があるものである」（教員給与研究会編・前掲書、100頁）。

（5）給特法成立後の日教組の対応

　給特法成立後、日教組は、同法による無定量の時間外勤務・休日勤務に歯止めをかけるために、文部省と交渉を行いました※。

　その結果、1971年7月1日に日教組と文部省の間で、教職員に対し時間外勤務を命じ得る場合を超勤限定4項目（国立大学附属学校の学生の教育実習指導を別途含む。以下、同じ）に限定する「給特法実施についての日教組と文部省との確認事項」が合意され、その内容は文部政務次官と日教組書記長との間で「給特法の実施について（議事録）」として確認されました。

　この日教組との合意を受け、文部省は、時間外勤務を命じる場合につき、①超勤限定4項目、かつ、②臨時又は緊急にやむを得ない必要があるときに限るとすることを定める文部大臣訓令「教育職員に対し時間外勤務を命じる場合に関する規程」（昭和46年文部省訓令第28号）を1971年7月5日に発し、同年7月9日に文部事務次官通達を発出しました。そして、給特法は翌1972年1月1日から施行されました。

※　文部省は、当初、時間外勤務・休日勤務を命じる範囲の試案として、①児童又は生徒の実習に関する業務、②修学旅行、遠足、運動会、学芸会、文化祭等の学校行事に関する業務、③学生の教育実習の指導に関する業務、④教職員会議に関する業務、⑤身体検査に関する業務、⑥入学試験に関する業務、⑦学校が計画し、実施するクラブ活動に関する業務、⑧学校図書館に関する業務、⑨非常災害等やむを得ない場合に必要な業務、の9項目を示しました。

　日教組は、文部省試案では授業以外の日常業務すべてが含まれてしまうとして、ⅰ生徒の実習（農林、水産）に関する業務、ⅱ学校行事のうち修学旅行行事に関する業務、ⅲ非常災害等やむを得ない場合に必要な業務、の3項目に限るべきである、と主張しました。

　そして、交渉が積み重ねられた結果、超勤限定4項目（国立大学附属学校の学生の教育実習指導を別途含む）に絞られ、しかも臨時又は緊急にやむを得ない必要があるときしか命令できないことになりました。

（6）2003年の給特法改正

　2003年2月28日、国立学校設置法で設置されている国立大学等を法人化する法案の施行に伴い必要となる関係法律の整備を行うために、国立大学法人法等の施行に伴う関係法律の整備等に関する法律案が提出されました。これによ

り、給特法も改正され、2004年4月1日から施行されました。

　2003年の給特法改正により、給特法の名称から「国立及び」が削除され、公立学校のみが対象となるとともに、教職調整額についても、「給料月額の100分の4に相当する額を基準として、条例で定めるところにより、教職調整額を支給しなければならない」と規定されました。

(7) 2019年の給特法改正

ア　2019年に給特法改正法案が提出された経緯

　日教組は教育インターナショナル（EI）の加盟組織として、労働組合諮問委員会（TUAC）の場で経済協力開発機構（OECD）の諸活動に対し助言を行っています。日教組は国際教員指導環境調査（TALIS）の制度設計、結果分析等についても意見反映をしてきましたが、OECDが実施したTALIS2013により、日本の教員の1週間当たりの勤務時間（53.9時間）は参加国（平均38.3時間）の中で最長であることが判明しました（国立教育政策研究所編『教員環境の国際比較　OECD国際教員指導環境調査（TALIS）2013年調査結果報告書』明石書店、173頁）。

　TALIS2013の結果を受け、日教組は、（公財）連合総合生活開発研究所（連合総研）に対して教職員の働き方・労働時間の実態に関する研究を委託しました。2016年12月に公表された連合総研の研究報告によると、週60時間以上の勤務（つまり過労死ラインである月80時間以上の時間外勤務）は、小学校教員は72.9％、中学校教員は86.9％となっており、小・中学校教員の異常な勤務実態が明らかになりました（連合総合生活開発研究所編『とりもどせ！教職員の「生活時間」―日本における教職員の働き方・労働時間の実態に関する研究委員会報告書―』（2016年12月、36頁）。ちなみに同じく過重労働が社会問題化している医師においては40％でした。

　日教組は、2017年2月、教職員の過重労働や超過勤務を解消するための15の緊急政策提言を公表し、連合や教育関係団体等への要請など様々な働きかけを行いました。

　他方で、2015年に起きた会社員の過労自殺等の影響もあり、社会全体で働き方改革を求める動きが加速していました。

　このような状況のなかで、2017年4月に文科省が公表した**教員勤務実態調査（2016年度）の速報値の深刻**さもあいまって、学校における働き方改革に関する総合的な方策の審議が**中教審に諮問**され、2019年1月、中教審は文科大臣に答申を出しました。中教審答申では、給特法については中長期的な検討課題とされたにとどまり、抜本的な改革には至りませんでした。その一方で、文科省は、働き方改革をすすめるための総合的なとりくみの一環として、従来、教員が自主的・自発的に行っていると整理されてきた時間外業務に従事した時間も含めて「在校等時間」とした上で、時間外勤務の上限の目安を示す「公立学校の教師の勤務時間の上限に関するガイドライン」（以下「上限ガイドライン」）を策定しました。**この上限ガイドラインを法的拘束力のある「指針」に格上げするとともに、休日のまとめ取りのために、一年単位の変形労働時間制を各地方公共団体の判断により条例を整備し、選択的に活用できるようにする**ために、2019年10月に給特法改正法案が国会に提出されました。

イ　改正給特法の成立と主な改正点

　2019年12月4日、「公立の義務教育諸学校等の教育職員の給与等に関する特別措置法の一部を改正する法律」が成立し、同月11日に公布されました。改正給特法には、衆議院文部科学委員会において9項目、参議院文教科学委員会で12項目の附帯決議が付されています。

　改正給特法の主な改正点は次の2つです。なお、改正給特法については、第2部でQ&A形式で問題となる事項の整理をしますので、詳しくは第2部をみてください。

> ①　時間外勤務の縮減にむけ、超勤限定4項目以外の業務を行う時間も含め、教育職員が学校教育活動に関する業務を行っている時間として外形的に把握することができる時間を「在校等時間」として位置付けたこと。「在校等時間」のうち正規の勤務時間を除いた「時間外在校等時間」について、月45時間、年360時間の上限を設け、教育職員の健康及び福祉の確保を図ることを法的根拠のある「指針」として定めたこと（改正給特法7条。2020年4月1日施行）。

②　休日のまとめ取りのため、一年単位の変形労働時間制を各地方公共団体の判断により条例を整備し、選択的に活用できるようにしたこと（改正給特法5条。2021年4月1日施行）。

ウ　改正給特法成立後の動向
（ア）指針の公示及び指針に係る文科省Ｑ＆Ａの発出（2020年1月17日）

　　2020年1月17日、文科省は、改正給特法に基づき、「公立学校の教育職員の業務量の適切な管理その他教育職員の服務を監督する教育委員会が教育職員の健康及び福祉の確保を図るために講ずべき措置に関する指針」を告示（いわゆる大臣告示。令和2年文部科学省告示第1号）として公示しました。

　　また、同日、文科省は、指針に関して「公立学校の教育職員の業務量の適切な管理その他教育職員の服務を監督する教育委員会が教育職員の健康及び福祉の確保を図るために講ずべき措置に関する指針に係るＱ＆Ａ」を発出しました。

（イ）給特法施行規則の公布、指針の改正及び指針に係る文科省Ｑ＆Ａの更新（2020年7月17日）

　　2020年7月17日、「休日のまとめ取り」のための一年単位の変形労働時間制の活用に当たっての労働日数及び労働時間の限度等の詳細事項を定めるものとして、「公立の義務教育諸学校等の教育職員の給与等に関する特別措置法施行規則」（令和2年文部科学省令第26号。以下「省令」）が公布されました。

　　さらに、同日、文科省は、省令6条1項の規定に基づき、2020年1月公示の指針に「休日のまとめ取り」のための一年単位の変形労働時間制に係る内容を追記する改正を行い、改めて告示（令和2年文部科学省告示第101号）として公示しました。以下、この本では、2020年7月公示の指針を「指針」と表記します。

　　また、同日、文科省は、2020年1月発出の文科省Ｑ＆Ａを更新しました。

（ウ）指針に係る文科省Ｑ＆Ａの更新（2021年6月21日）

　2021年6月21日、文科省は、2020年1月に発出し、同年7月に更新した文科省Q＆Aをさらに更新しました。

　以下、この本では、2021年6月更新の文科省Q＆Aを「文科省Q＆A」と表記します。

　以上に記載した改正給特法成立後の動向をまとめると図表13のようになります。

<図表13>
改正給特法をふまえた文科省の対応

> **1. 2020年1月17日**
> ①改正給特法に基づく指針（いわゆる大臣告示）を公示
> ②指針に係るQ&Aを発出

> **2. 2020年7月17日**
> ①給特法施行規則（省令）を公布
> 　※休日のまとめ取りのための一年単位の変形労働時間制に関する詳細事項を定めるもの。
> ②改正給特法に基づく指針（1.①）を改正して、改めて公示←この本では「指針」と表記
> ③指針に係るQ&A（1.②）を更新

> **3. 2021年6月21日**
> ①指針に係るQ&A（2.③）を更新←この本では「文科省Q&A」と表記

13. 給特法の問題点

（1）教員の長時間労働の実情と給特法の問題点

　現在、長時間労働に拍車がかかり、過重勤務のため心身の健康を害する教員の数も高止まりする等、学校現場は厳しい状況に追い込まれています。また、「定額（低額！）働かせ放題の状態」等とも揶揄されているように、教員には長時間の時間外労働に見合った賃金の支給が行われていません。いま日教組が

求めているのは、正規の勤務時間内に業務が終了することを原則とする働き方であり、例外的臨時的な時間外勤務・休日勤務に対する賃金の支給にむけた法改正です。

　さて、このような看過しがたい状況になっている大きな要因として**給特法の形骸化**があります。

　給特法では、原則として時間外勤務命令・休日勤務命令をすることはできず、例外的に、それらを命令できるのは、政令で定める基準に従い条例で定める場合に限られます。すなわち、「超勤限定4項目」のいずれかに該当し、かつ、臨時又は緊急のやむを得ない必要があるときに限るという歯止めがかけられているのです。

　したがって、給特法が適正に機能していれば、現在ほどの長時間労働の状況にはならなかったはずです。

　しかし、実際には、給特法及び政令による時間外勤務の限定に著しく反する実態が横行しています。つまり、放課後や土曜日・日曜日や休日の部活動が象徴するように、超勤が4項目に厳しく限定されておらず、4項目に関しても超勤が常態化している面があり、臨時又は緊急にやむを得ない必要があるときに限られていません。このように無定量の時間外勤務・休日勤務が放置されているのが実態であり、給特法の歯止め規定は全く機能していません。

　反対に、給特法があるがゆえに、いくら時間外勤務や休日勤務が多くなっても時間外勤務手当等が発生しないため、時間外勤務・休日勤務を減らそうという財政的な動機付けが文科省・教育委員会・管理職に働かなくなっています。また、勤務時間外に行った授業準備やテスト問題の作成等は学校教育活動に関する必須業務であり、本来は労基法上の「時間外労働」とされるべきものを、給特法があるがゆえに、最高裁判決2011年7月12日（『最高裁判所裁判集民事』237号179頁）も黙示の時間外勤務命令の存在を認めず、自発的に行った自主的作業と認定しています。そのため、「教職員の自発的、自主的勤務まで止めるわけにはいかない」という詭弁を管理職に許してしまうことが大きな要因です。

　例えば、大府市事件［名古屋地裁判決1999年10月29日（『判例タイムズ』判例タイムズ社、1055号142頁）］では、「①進学に必要な調書や願書等を作成す

る教師に校長職印を手渡したのは『激励』である、②校長は期末テストの日程
を作成・掲示しただけで、問題の作成、テストの実施、採点を命じてはいな
い、③卒業修了認定会議・生徒指導会議等を案内はしたが、出席を命じてはい
ない、いずれも教師が『自発的、自主的な意思に基づいて遂行』したもので、
『労働』にはあたらない」（萬井隆令「なぜ公立学校教員に残業手当がつかない
のか」『日本労働研究雑誌』労働政策研究・研修機構、2009年、585号52頁）と
していますが、「教師の自発的な行為で、『労働』ではないとする評価は適切で
はない」（萬井・前掲書、52頁）ことは明らかです。

　民間労働者の場合は、時間外勤務につき業務関連性がある場合には、裁判所
も柔軟な実質的判断をして「労働時間」と認定をするにもかかわらず、公立学
校の教員の場合に上記のような常識と乖離した硬直的な形式的判断をしている
原因は、給特法が存在しているからです。

（2）制定根拠である「教員の職務と勤務態様の特殊性」の希薄化

　給特法は**「教員の職務と勤務態様の特殊性」**を根拠に制定されました（1条）。
　確かに、今日でも一定の「職務の特殊性」はあります。時代の変遷ととも
に、職務の複雑性、困難性が高まり、専門的な知識、技能が必要とされ、教育
に対する研修、専門的水準の向上を図ることが求められるようになっているか
らです。
　**しかし結論からいうと、給特法の制定根拠とされた「教員の職務と勤務態様
の特殊性」は、今日では根拠としては十分ではありません。**
　その主な理由は以下のとおりです。

①　私立学校及び国立大学法人の教員との比較

　　同じ教員でも私立学校の教員はそもそも給特法の適用対象外です。ま
た、国立学校の教員については、もともと給特法が適用されていました
が、国立大学が法人化された途端、教員の職務内容や勤務態様には何ら変
化がないにもかかわらず、給特法の適用対象外となりました。
　　これらは、教員には「職務と勤務態様の特殊性」があるから給特法が必
要であるというロジックがフィクションでしかないことを顕著に物語って
います。

② 　長期の学校休業期間の勤務態様の変化

　教員の「勤務態様の特殊性」の最たるものは、夏休みのような長期の学校休業期間があることでした。

　だからこそ1971年2月の人事院の意見の申出においても、夏休み等の学校休業期間については教育公務員特例法の趣旨に沿った研修の機会としての活用を図ることが適当であると指摘され、それをふまえて、教員は夏季休業中に自宅等での自主的・自発的な研修を行うことができていました。

　しかし、その後、自宅研修を認めない指導が強化されたことから、夏季休業中の自主的・自発的な研修に制約が設けられるようになりました。

　加えて、現在では、学期中に行政が開催する官製研修の時間を確保しにくくなったことから、長期休業中に官製研修が多く組まれたり、授業時間数の確保等のため夏季休業中の授業実施や長期休業の短縮等がされたりしています。さらに、改定学習指導要領では、小学校5・6年生の外国語教育を長期休業中に実施することも例示されています。

　このように、<u>夏休み等の長期学校休業期間は、給特法制定時とは状況が大きく変わっており、勤務態様に関する他の職種との最大の違いがなくなった状況にあります。</u>

（3）改正給特法の成立を受けて

　改正給特法の成立により、自主的・自発的に行っているとされてきた、超勤限定4項目以外の業務を行う時間も含め、「在校等時間」として位置付けて把握されるようになるとともに、そのうちの正規の勤務時間を除いた「時間外在校等時間」について、月45時間、年360時間の上限時間が設けられました。この改正自体は一歩前進であり、<u>改正給特法存置の現状においては、「自発的行為」について従来のように完全放置状態としないために、当面、上記上限時間を活用し、長時間労働に歯止めをかけることが必要です。</u>しかし、勤務時間外に行った授業準備やテスト問題の作成などが労基法上の「時間外労働」に該当せず、「自発的行為」とされてしまうことに変わりはなく、<u>給特法の根本の問題点は解決されていません。</u>

　改正給特法の国会審議の中で、文科大臣も、「今回の法改正で働き方改革は

終わりではなく、むしろ始まりであります。この応急処置の実効性を高めつつ、これから省内でも検討チームを設けて、しっかり教師にふさわしい処遇の在り方の検討を重ね、三年後に実施される教師の勤務実態状況調査を踏まえて、給特法などの法制的な枠組みについて根本から見直しをします」（第200回国会参議院文教科学委員会会議録第6号　2019年12月3日）と答弁しています。

本節の冒頭にも記載しましたが、日教組が求めるのは、正規の勤務時間内に業務が終了することを原則とする働き方であり、例外的臨時的な時間外勤務・休日勤務に対する賃金の支給です。

長時間労働を抜本的に是正するためには、業務削減、教職員定数改善を求めるとともに、給特法の廃止・抜本的見直しをして時間外勤務手当制度に戻すことが必要です。

14. 勤務時間制度に関するQ＆A

（1）教育委員会・管理職の各種義務

Q1 教育委員会や管理職は、私たち教職員が何時から何時まで働いているのか把握していません。問題ないのでしょうか。

A 　大いに問題があります。**管理職には法律上の義務違反があります。**

労基法が労働時間、休日、深夜業等についての時間制限等の規定（32条、35条等）を設けていることから、使用者は、労働時間を適正に把握するなど労働者の労働時間を適切に管理する責務があります。勤務時間の「適正」な把握・管理といえるためには、単に1日何時間働いたかを把握するのではなく、勤務日ごとに始業時刻や終業時刻を使用者が確認・記録し、これを基に何時間働いたかを把握・確定する必要があります。すなわち、使用者には、労働者ごとに、労働時間数等を適正に賃金台帳に記入しなければならない義務があり（労基法108条及び同法施行規則54条）、この義務に違反した場合に

は、労基法120条に基づき、30万円以下の罰金が科されます。

　また、使用者には、始業・終業時刻等を記録した書類を５年間（経過措置により当分の間は３年間）保管しなければならない義務があり（労基法109条）、この義務に違反した場合には30万円以下の罰金が科されます（120条）。

　さらに、労働安全衛生法の改正により、タイムカード等の客観的な方法により、労働者の労働時間の状況を把握することが使用者の義務となりました（労働安全衛生法66条の８の３、労働安全衛生規則52条の７の３第１項）。罰則はありません。

　公立学校の教職員にも上記の労基法や労働安全衛生法の規定は適用されます。したがって、教職員の勤務時間について、使用者である教育委員会及び管理職は、労働時間を適正に把握するため、教職員の労働日ごとの始業・終業時刻を客観的に把握・管理する必要があります。教職員が何時から何時まで働いているのかを教育委員会や管理職が把握していない場合には、勤務時間の把握・管理義務違反であり、労基法や労働安全衛生法に違反しています。

　教職員が何時間働いているのかを客観的数字で明らかにし、使用者と教職員との間で超勤実態について共通認識を持つことが長時間労働是正のための最初の一歩です。教育委員会や管理職には、勤務時間の記録を基に長時間労働を解消する手立てを講ずる責任があります。教育委員会や管理職に対して、教職員の勤務時間を適正に把握するよう交渉してください。交渉の際、教育委員会等から根拠を聞かれた際には、上記の法律等を示すとよいでしょう。

> ≪ポイント≫
> ➢教職員の具体的な勤務時間を教育委員会や管理職が把握していないのは、労基法や労働安全衛生法上の勤務時間の把握・管理義務違反

☞*第１部の２「客観的な勤務時間管理の必要性」参照*

Q2 私の学校には出勤簿はありますが、タイムカード等の客観的方法で勤務時間を記録していません。問題ないのでしょうか。

A 大いに問題があります。公立学校の教職員にも適用される労働安全衛生法違反です。

　今般の労働安全衛生法の改正により、タイムカード等の客観的な方法により、労働者の労働時間の状況を把握することが使用者の義務となりました（労働安全衛生法66条の8の3、労働安全衛生規則52条の7の3第1項）。罰則はありません。

　また、2021年4月9日に発出された文科省通知でも、確認及び記録の具体的な方法としては、教職員の事務負担が生じないよう、自己申告方式ではなく、ICTの活用やタイムカード等により客観的に把握・集計するシステムを直ちに構築するよう努めることとされました。

　出勤簿では何時に出勤して何時に退勤したかがわかりませんし、客観的な方法ともいえません。したがって、タイムカード等の客観的方法で記録していないことは労働安全衛生法違反に当たります。

　タイムカード等の客観的記録は重要です。教育委員会・管理職や人事委員会との間で、長時間労働是正を求める交渉を行う際にも、客観的な時間外勤務時間の記録があるか否かで全く交渉成果が違っています。単に「現場は忙しいので解決すべきだ」という主張より、「1か月の時間外勤務は○○時間に達している」という主張の方が、はるかに説得力があるからです。また、公務災害認定請求の場面でも、タイムカード等の客観的な記録が極めて重要な証拠となります。

　したがって、組合としては、タイムカード等の客観的に始業・終業時刻を記録できるシステムを速やかに導入するよう教育委員会に求める必要があります。

≪ポイント≫
➢勤務時間を客観的方法で記録していないことは労働安全衛生法違反

☞第1部の2「客観的な勤務時間管理の必要性」、13（1）「教員の長時間労働の実情と給特法の問題点」参照

（2）勤務時間の割振り等

Q3 私の学校では月曜日から金曜日の 8 時15分から16時45分（なお、12時から12時45分は休憩時間）に正規の勤務時間が割り振られています。校長に来週月曜日以降、7 時45分から 8 時15分の30分間、登校指導を行うよう言われました。私は教員ですが、校長に対して何か言えますか。

A 校長に対し、**勤務時間の割振りを適正に変更すべきであると指摘する**とよいでしょう。

　校長は、正規の勤務時間の割振りを適正に行い、原則として教員に時間外勤務が生じないようにする必要があり、時間外勤務命令を出せるのは、①超勤限定 4 項目のいずれかに該当し、かつ、②臨時又は緊急のやむを得ない必要があるときに限られます（公立の義務教育諸学校等の教育職員を正規の勤務時間を超えて勤務させる場合等の基準を定める政令参照）。

　登校指導は、超勤限定 4 項目に該当しませんので、原則として「自発的行為」となってしまいますが、校長が勤務時間の割振りを適正に変更すれば、それを回避できます。

　質問の場合の校長がすべき勤務時間の割振りの適正な変更とは、正規の勤務時間の開始を30分早めて 7 時45分とし、正規の勤務時間の終了時間も30分早めて、16時15分とすることです。

　中教審答申を受けた2019年 3 月18日発出の文部科学事務次官通知「学校における働き方改革に関する取組の徹底について（通知)」の中でも、服務監督権者は早朝等の超勤限定 4 項目以外の業務について正規の勤務時間の割振りを適正に行うことを徹底するよう明記されています。

　したがって、校長が登校指導を求める場合には、校長に対し、勤務時間の割振りを適正に変更すべきであると指摘するとよいでしょう。

　なお、「勤務時間条例」で 1 か月単位の変形労働時間制を採用し、登校指導がその対象業務に含まれている地方公共団体の場合は、 1 か月単位の変形労働時間制を活用する方法もあります。

≪ポイント≫

➤校長が適正な勤務時間の割振りを行えば「自発的行為」とはならず、正規の勤務時間中の業務となる

☞第1部の4「労働基準法の適用関係」(3) エ「労基法32条の2」、5「勤務時間の割振り」、11「給特法の概要」、14「勤務時間制度に関するQ&A」Q10参照

Q4 校長から、子どもの交通事故防止のために、勤務時間前に出勤して、登校指導にあたるようにしたいと提案がありました。そこで、校長に対し、登校指導をする時間について勤務時間の割振りで対応してほしいと言ったところ、校長から、「私の一存では決められないので、教育委員会に相談する」と言われました。勤務時間の割振りについては、校長だけで決められないのですか。

A 校長だけで割振りを決められる場合もあります。

　勤務時間の割振り権限は、市区町村立学校の場合は市区町村教育委員会、都道府県立学校の場合は都道府県教育委員会にあります（地教行法2条、43条1項、21条3号参照）。このとき、教育長（教育委員会）は、その権限に属する事務を校長等に委任することができます（地教行法25条4項）。そこで、条例や条例の委任規則で、「職員の勤務時間の割振りに関すること」について教育長から「校長に委任」すると定められていれば、割振り権限は教育長から校長に移ることになります。この場合、権限が校長に完全に移譲されるので、教育長は割振り権限を失います。

　なお、行政法上の「委任」といえるためには条例等の根拠が必要になります。学校管理規則等の内部規則に「割振りは校長が定める」と規定されているだけでは足りず、条例等で「委任する」ということが決められていなければ、行政法上、校長には割振り権限が移りません。

　したがって、組合としては、まず、教育委員会に対して、勤務時間の割振

り権限を規定した文書の提示を求めてください。

　上記文書を確認して、校長に割振り権限が委任されている場合には、校長だけで決められます。

　反対に、委任されていない場合には、権限は教育長にあるので、校長だけでは決められないことになります。教育長が交渉相手となりますが、最初の窓口として、校長との間で当該校の事情を整理し、割振り案を協議しておくことも有用でしょう。

≪ポイント≫
➤割振り権限が条例等で校長に委任されているかどうかを確認
➤委任されている場合は校長に権限があるので、校長だけで決定
➤委任されていない場合は校長だけでは決められず、教育長が最終決定

☞第1部の5（3）「割振り権者」参照

Q5 土曜日・日曜日やスポーツの日などの祝日に運動会を行うことは、問題ありませんか。

A やり方次第ではありますが、問題はありません。

　週休日（土曜日・日曜日）に運動会を行う場合には、予め週休日の振替を行って、土曜日・日曜日を勤務日とし、その代わりに他の日を週休日としておけば、問題はありません。

　これに対し、休日（スポーツの日などの祝日等）は、勤務時間が割り振られているものの、休養日として認知されていますので、休日に授業や運動会などの学校行事を行うのは例外的であり、できるだけ避けるべきです。もし仮に、休日に運動会を行う場合には、代休日の指定制度を活用します。代休日の指定は事前に行わなければならず、その指定は教育委員会（権限が委任されている場合は校長）の判断のもとに行われます。代休日の指定制度は、総勤務時間の短縮と教職員の健康・福祉の観点から導入されたものです。したがって、特定の教職員だけが休日に勤務を命じられたときであれば、いつ

を代休日にするかは、単に業務上の都合だけでなく、当該教職員の意向も汲んで決められるべきです。他方、運動会等で教職員全体が休日勤務する場合には、その翌日を学校の休業日とし、なおかつ全員について代休日に指定するのが通常であり、合理的でもあります。この場合、個々の教職員の希望を汲み取らなかったからといって、不当とはいえません。

もしも代休日に指定された日に別途勤務を命じられた場合には、代休日の代休日はないので、その場合は、運動会の代休日が結局ないこととなります。なお、勤務を命じることができる事項は、教員の場合、給特法の超勤限定4項目に限られます。

≪ポイント≫

➤土曜日・日曜日に学校行事を行う場合は週休日の振替を行う

➤休日（例えば、スポーツの日などの祝日）に学校行事を行うことはできるだけ避けるべきで、やむを得ず実施するときは代休日の指定を行う

☞第1部の6（1）「週休日・休日・休暇の違い」、7「週休日の勤務」、8「休日の勤務」参照

Q6 修学旅行が土曜日・日曜日や休日を含む日程になる場合、引率する教職員の勤務時間の扱いはどうなるのですか。

A 土曜日・日曜日は**週休日の振替**、休日は**代休日の指定**で対応し、**休養日が減る**などの教職員の負担が生じないようにするのが基本です。

まず、準備計画段階で土曜日・日曜日や休日を含む日程はできるだけ避けるようにします。それでも、それらを含む日程にせざるを得ない場合は、年度当初の勤務時間の割振りによって週休日を予めずらしておくことが必要です。

なお、年度開始後のやむを得ない事情で、土曜日・日曜日や休日を含む日程に決まった場合は、その時点で週休日の振替や休日の代休日の指定を行います。

≪ポイント≫
➤土曜日・日曜日は週休日の振替、休日は代休日の指定での対応が基本
➤年度当初の勤務時間の割振り等で対処することが望ましい

☞第1部の5（1）「勤務時間の割振りとは」、6（1）「週休日・休日・休暇の違い」参照

Q7 休日勤務が命じられ代休日が指定されていましたが、休日勤務のうち午前中しか勤務しなかった場合には、指定された代休日はどうなりますか。

A 代休日の指定は無効になります。

　代休日を指定できるのは休日の全勤務時間を勤務した場合です。そのため、半日出勤しても半日代休が認められることにはなりません。したがって、代休日がいったん指定されていても、午前中しか勤務しなかった場合には、代休日の指定は当然効力がなくなります。

≪ポイント≫
➤代休日の指定ができるのは、休日の勤務時間の全体を勤務する場合のみ

☞第1部の8（2）「代休日の指定」参照

Q8 代休日が指定されて休日勤務を命じられましたが、その日は法事でどうしても出勤できません。出勤しなかった場合、その日は年休扱いとなるのでしょうか。

A 年休を届ければ、年休扱いになりますが、休日勤務命令の撤回を求めることも可能です。

　休日とは、勤務時間が割り振られている日ですが、「特に命じられなければ勤務をしなくてもよい日」なので、やむを得ない理由で休日勤務に応じられない場合の扱いとしては、年休ではなく、休日勤務命令の撤回を求めて、

本来の「休日」扱いとするように交渉することも選択肢の一つとなります。休日勤務命令が撤回されれば、代休日の指定は、はじめからなかったことになります。

　なお、休日は勤務時間が割り振られている日ですので、休日勤務命令の撤回がされなかった場合に年休の届出をしなかったときは欠勤となってしまいます。勤務していない以上、代休日は指定されません。

≪ポイント≫

➤休日勤務できない場合は、休日勤務命令の撤回を求めることも可能

☞第1部の6（1）「週休日・休日・休暇の違い」、8（2）「代休日の指定」参照

（3）時間外勤務命令と教職員の意向

Q9 校長から「超勤限定4項目」に該当する事項で時間外勤務を命じられました。従わないといけませんか。

A 臨時又は緊急のやむを得ない必要があるときは、時間外勤務命令に従う必要があります。

　まず、勤務の内容が、超勤限定4項目に実際に該当するかどうかを具体的に検討する必要があります。

　その結果、超勤限定4項目に該当する内容の勤務だとしても、超勤を行うのは「臨時又は緊急のやむを得ない必要があるとき」に限られますので、命じられた際に、臨時又は緊急のやむを得ない必要があるのかを検討する必要があります。

　さらに、給特法が施行された際に、「教育職員に対して時間外勤務を命ずる場合は、学校の運営が円滑に行われるよう関係教職員の繁忙の度合い、健康状況等を勘案し、その意向を十分尊重して行うようにすること」という時間外勤務に対する基本的態度が示されています（1971年7月9日文部事務次官通達「国立及び公立の義務教育諸学校等の教育職員の給与等に関する特別

措置法の施行について」)。したがって、当該教員はもちろんのこと、関係教員の意向を十分に尊重する必要がありますので、時間外勤務命令を出す際には、教員の意向の確認が必要です。校長による意向確認の際には、組合が対応することが望ましいでしょう。

　これらのことをすべて充たした時間外勤務命令の場合には、命令どおり時間外勤務を行わなければなりません。

> ≪ポイント≫
> ➤時間外勤務は、超勤限定4項目に該当し、かつ、臨時又は緊急のやむを得ない必要があるときに限られる

☞ *第1部の11「給特法の概要」参照*

（4）修学旅行後の勤務時間軽減

Q10 修学旅行で時間外勤務が数日間連続します。他の日の勤務時間を軽減することはできませんか。

A 1か月単位の変形労働時間制によれば可能です。

　1か月単位の変形労働時間制は、一定の期間内において、特定の日又は週につき通常よりも勤務時間を長くする一方で、その長くした時間に見合う時間分だけ、別の日又は週の勤務時間を短くする制度です。

　修学旅行の日程・計画内容は通常は相当期間前に確定するので、1か月単位の変形労働時間制の適用の下で、予想される計画時間を鑑みて、例えば修学旅行の日程を含む1か月の期間内において、修学旅行期間中の勤務時間を長くし、長くした分の時間だけそれ以外の期間で勤務時間を短くして、週法定労働時間を超えないようにできれば望ましいことになります。

　しかし、条例等で、1か月単位の変形労働時間制を取り入れていなければ、1日7時間45分を超えた部分については超過勤務となります。そして、修学旅行は超勤限定4項目に該当しますので、臨時又は緊急のやむを得ない必要

があるとなれば、時間外勤務命令を出すことができますし、超過勤務となっても他の日の短縮勤務を認めることを定めた規定はありませんので、他の日の勤務時間を軽減することはできません。

≪ポイント≫

➢ 1か月単位の変形労働時間制では、修学旅行時の勤務時間延長に、他の日又は週の勤務時間短縮で対応できる

➢ 1か月単位の変形労働時間制でなければ、1日7時間45分を超えた部分については超過勤務となるが、他の日の短縮勤務を求めることはできない

☞第1部の5（2）「勤務時間の割振りの基本原則」、11「給特法の概要」参照

（5）勤務時間外の職員会議

Q11 私の学校は多忙で、職員会議はいつも勤務時間外になってしまいます。このような職員会議の開催は問題ではありませんか。

A 勤務時間外に及ぶ職員会議が開催されることは問題ですから、組合から管理職に問題提起すべきです。

職員会議は、時間外勤務を命じることができる超勤限定4項目の一つです。しかし、職員会議であれば時間外勤務命令が即座に認められるわけではなく、臨時又は緊急のやむを得ない必要がある場合に限られます。

したがって、勤務が多忙という理由だけでは、臨時又は緊急のやむを得ない必要があるとはいえませんので、時間外の職員会議は給特法に違反しています。管理職には、予め必要な会議時間を設定したり、短時間で終了できるよう議事等を調整したりするなど、職員会議を正規の勤務時間内に行うための工夫が求められています。

この点では、組合から問題提起をして、職員会議の正規の勤務時間内の実施を強く求めるべきです。その際、多忙な状況下であっても、正規の勤務時

間内に職員会議を行う工夫をしている事例は同じ地方公共団体内を広く見渡せばあるはずですし、仮に見つからなくとも全国各地では幾らでもありますので、組合のネットワークを使って参考事例を示しつつ実現にむけた交渉をすることが有効です。

≪ポイント≫

➢業務の多忙を理由に職員会議を勤務時間外に行うことは給特法違反

☞第1部の5（2）「勤務時間の割振りの基本原則」、11「給特法の概要」参照

（6）休日の部活動による生徒引率

Q12 休日に部活動の対外試合に生徒を引率した場合、代休は取れますか。

A 教員が自主的・自発的に行った「自発的行為」とされてしまうため、代休は取れません。

　部活動指導による時間外勤務が教員にとってかなりの負担となり、長時間労働の大きな原因の一つになっていることは改めて言うまでもありません。

　しかし、休日の部活動は、教育課程外の学校教育の一環としての活動とされています。休日に部活動の対外試合のために生徒を引率することは、教員が自主的・自発的に行った「自発的行為」とされてしまい、代休は取れません。

≪ポイント≫

➢「自発的行為」となって、代休は取れない

☞第1部の11「給特法の概要」、13（1）「教員の長時間労働の実情と給特法の問題点」参照

（7）勤務時間外の公開授業の準備

Q13 研究指定校としての研究や公開授業の準備で残業が増えています。これも正式な時間外勤務にはならないのでしょうか。

A 正式な時間外勤務にはなりません。

　時間外勤務を命じることができるのは、超勤限定４項目に限られています。教員の授業準備や指定研究活動は、４項目のいずれにも当たりません。したがって、校長は、時間外勤務命令を出すことはできませんので、教員も時間外勤務を命じられない反面、仮に時間外に当該業務を行っていたとしても、正式な時間外勤務にはならないのです。いわば教員の自主的・自発的活動という位置付けになります。

　しかし、研究指定校としての研究や公開授業は、学校教育活動の一環として実施するものですから、教員の授業準備や指定研究活動も本来的な業務に該当します。このような本来的な業務活動を学校内で行っているにもかかわらず、教員の自主的・自発的活動と位置付けられてしまうのは、明らかに論理矛盾であり不合理です。

　したがって、この矛盾や不合理を解消するためには、授業準備や指定研究活動を正規の勤務時間内に終わらせるしかありません。勤務時間外に行わざるを得ない現状があるとすれば、研究対象の精選、他の業務の軽減等により、正規の勤務時間内に研究や公開授業の準備を行うことができる業務態勢や分掌の整備、時程表の工夫等を行うように、校長と交渉することになります。

> ≪ポイント≫
> ➢正式な時間外勤務は超勤限定４項目のみ。その他の時間外業務については、校長と、正規の勤務時間中に終えるための交渉をする

☞*第１部の11「給特法の概要」、13（1）「教員の長時間労働の実情と給特法の問題点」参照*

（8）教職員対象の宿泊研修での時間外行事

Q14 教職員対象の宿泊研修に参加した場合は、勤務時間終了後に行われる研修会講師との懇談会などの行事にも参加しなければいけないのでしょうか。

A **勤務時間終了後の行事参加は義務ではありません。**

　教育公務員は「絶えず研究と修養」に努めることとされており、学校の内外、正規の勤務時間の内外を問わず、研修に努めることが求められています（教育公務員特例法21条１項）。

　しかし、勤務時間外の研修や研修後の行事は、あくまでも自主的な研修や行事の位置付けになります。超勤限定４項目には研修は含まれていませんので、時間外勤務としての研修を命じることはできません。このことは校内での研修であっても、校外の宿泊研修の場合であっても、同じです。

　したがって、勤務時間終了後の行事への参加は、個人の自由・任意であり、自分の意に反して参加する必要はありません。

> **≪ポイント≫**
> ➤勤務時間外の研修・行事への参加は、参加者の自由・任意である

☞*第１部の11「給特法の概要」、13（1）「教員の長時間労働の実情と給特法の問題点」参照*

（9）休憩時間は分割できるか

Q15 休憩時間を分割して設けることはできるのでしょうか。

A **分割して設けることもできます。**

　休憩時間の設定の仕方については、労基法等に規定がありませんので、分

割することは可能です。

しかし、授業間の短い休み時間に分割するという方法、例えば、1回につき10分とか15分程度の休憩を繰り返すというやり方は適切とはいえません。教職員の心身の疲労回復のためにある休憩時間に、勤務からの解放と現場からの解放がなされなければ、疲労回復を図れません。したがって、勤務からの完全な解放といえる程度の継続的時間をもって休憩しなければ、制度の趣旨に反します。また、教職員の勤務の現場は教室と職員室が主たる場所なので、教室や職員室から離れることができない短時間の休憩も、制度の趣旨に反することになります。

なお、管理職には、休憩時間を取得できるようにする責任があります。学校現場で休憩時間が取れないことをあたりまえと考え、この責務を放棄することは、法令遵守の観点から許されません。

≪ポイント≫

➤休憩時間の分割は可能だが、教職員の心身の疲労回復が可能な長さの時間と場所の確保が必要

☞第1部の10（3）「休憩時間の長さと取り方」参照

（10）休憩時間は勤務の最後に取れるか

Q16 昼休みに休憩時間を取ろうとしても、給食指導等で実際には取れません。勤務時間の最後に取ってもいいのでしょうか。

A **休憩時間を勤務時間の終わりに取ることはできません。**

使用者は、休憩時間を勤務の途中に与えることが法令上求められています（労基法34条1項）。勤務の途中に与えることによって、それまでの勤務で蓄積された労働者の心身の疲労を回復させることにより、勤務の能率を高め、公務災害を防ぎ、疲労の蓄積を避けることができるからです。

公務員の勤務時間の使い方は、法令に従う必要があります。また、条例等

によって制度化されていない、勤務時間に関する「慣行」を認めることはできません。

> ≪ポイント≫
> ➤休憩時間を勤務時間の最後に取ることはできない

☞*第1部の10（3）「休憩時間の長さと取り方」参照*

（11）休憩時間は自由に利用できるか

Q17 休憩時間は、学校から外出して、銀行手続や買物等に自由に使ってよいのでしょうか。

A **可能**です。

　休憩時間は自由に利用できます（労基法34条3項）。疲労回復するに足りる休憩であるためには、勤務から完全に解放されることと、職場から解放されることが最低限の要件です。そのため休憩時間に職場から出て自由に利用することもできます。

> ≪ポイント≫
> ➤休憩時間は、職場からの外出も含め、自由に使うことができる

☞*第1部の10（4）「休憩時間の自由利用と一斉付与」参照*

Q18 業務の分量が多く、業務対応に精一杯で、休憩を取得できません。管理職は、休憩時間を与えているのに取得しないのだから、与えていないことにはならないと言いますが、正しいのでしょうか。

A **誤り**です。

　実際に休憩できる時間を保障するのは、使用者の義務です。業務量が多

く、業務対応に精一杯で休憩できない状況ならば、管理職が「休憩時間」として与えている時間に就労しないことが保障されているとはいえないため、その時間は実質的には休憩時間とはいえません。

　したがって、休憩時間を与えていないことにはならない、という管理職の言い分は間違っています。組合を通じて、管理職に対して、実質的に労働から解放され自由に利用できる休憩時間を確保するよう求めましょう。

≪ポイント≫
➢仕事から解放され自由に利用できない場合は、休憩時間とはいえない

☞第1部の10（1）「休憩時間とは」、（4）「休憩時間の自由利用と一斉付与」
　参照

（12）休憩時間に勤務したとき賃金請求できるか

Q19 休憩時間とされている時間帯には、毎日、ほとんど休憩を取れません。実質的には時間外勤務となると思いますので、休憩が取れない時間分の賃金請求はできますか。

A 教員の場合、できないと考えてください。

　休憩時間が取れないのであれば、時間外勤務しているのと同じだから、せめて働いた分のお金が欲しいという気持ちはわかります。しかし、教員の場合は、給特法が適用される反面、労基法37条が適用されないため、時間外勤務をしたとしても、時間外勤務手当の請求をすることはできません。

　なお、事務職員や現業職員等の場合は、労基法37条が適用されます。休憩時間は、勤務時間に含まないと位置付けられているので、原則として、賃金請求の対象にはなりません。しかし、休憩時間中の勤務が、職務命令に基づく勤務と評価されれば、時間外勤務手当を請求することができます。

≪ポイント≫

➢教員は、休憩時間に勤務しても、時間外勤務手当の請求はできない

➢事務職員、現業職員等は、休憩時間中の勤務が、職務命令に基づく勤
務と評価されれば、時間外勤務手当を請求できる

☞第1部の4「労働基準法の適用関係」、10（1）「休憩時間とは」参照

第二部

改正給特法について

1. 改正給特法の概要

2019年の改正給特法の概要は、次のようにまとめることができます。

1）教員の「時間外在校等時間」の上限時間（月45時間、年360時間）が法的拘束力のある指針として定められることになりました（2020年4月1日施行）。

　　都道府県立学校・政令市立学校の場合は、都道府県・政令市が、指針（43頁で定義したとおり、文科省が2020年1月に公示し、同年7月に改正の上で改めて公示した指針を指します）をふまえた条例等の整備を行い、都道府県教育委員会・政令市教育委員会が、指針を参考に、在校等時間の上限時間及び上限等に関する方針（以下「上限方針」）を教育委員会規則等で規定します。市区町村立学校の場合は、都道府県が条例等の整備を行い、市区町村教育委員会が指針を参考に、在校等時間の上限時間及び上限方針を教育委員会規則等で規定します。

※「在校等時間」とは、指針において服務監督教育委員会（市区町村立学校は市区町村教育委員会、都道府県立学校は都道府県教育委員会）が時間管理すべき対象となる時間のことです。労基法上の労働時間とは異なる、文科省が作り出した新しい時間概念です。

※業務内容や正規の勤務時間か否かを問題にせず、教員が「学校にいる時間」を把握するというのが「在校等時間」の基本的な考え方です。

※時間外在校等時間
　　＝ 学校にいる時間 − 正規の勤務時間 − 取得できた休憩時間
　　　　− 正規の勤務時間外において自分が業務外だと思う時間（自己申告）
　　　　＋ 正規の勤務時間外に校外で職務を行った時間

※指針によれば、自宅での持ち帰りは時間外在校等時間に含まれません。

※地方公共団体が定める方法によるテレワーク等の時間は含まれます。

2）「休日のまとめ取り」のための一年単位の変形労働時間制が自治体判断で導入可能となりました（2021年4月1日施行）。

　導入する場合、①「時間外在校等時間」の上限時間や部活動ガイドラインの遵守、②長期休業期間等における業務量の縮減、③所定勤務時間の延長部分に新たな業務付加をしないこと等が必要条件となります。

　勤務時間に関することは組合との交渉事項となっており、改正給特法による一年単位の変形労働時間制の導入はその対象なので、導入する場合には、都道府県教育委員会、市区町村教育委員会、校長と組合がそれぞれ交渉・協議を行うことになります。

※改正給特法による一年単位の変形労働時間制は、労基法32条の4の規定（一年単位の変形労働時間制）を読み替えた上で教員に適用していますが、民間の一年単位の変形労働時間制と同じではありません。

具体的には、次のような限定がされている点が異なります。

◇長期休業期間中等に何日休めるかを先に考慮した上で、その休める日数分だけ正規の勤務時間を延長することになっていること。

◇正規の勤務時間を延長する日は、年度初めや諸行事が行われる等、業務量が多い一部の時期に限定されていること。

◇正規の勤務時間を短縮する日は、勤務時間を短くするのではなく、正規の勤務時間を割り振らずに終日休む日とすること。

※文科省が一年単位の変形労働時間制につき使用している「休日のまとめ取り」という用語では、「休日」は、本書の第1部の6（1）「週休日・休日・休暇の違い」に記載している休日（祝日や年末年始等）とは異なり、「正規の勤務時間を全く割り振らない日で、出勤・勤務をしない日」を指しています。注意してください。

3）文科大臣は、今回の改正法は「応急処置」であるとした上で、勤務時間かどうかにかかわらず、校務に従事している時間を「在校等時間」として位置付け、まずは「時間外在校等時間」を月45時間、年360時間という上限を

ターゲットに縮減する仕組みである旨を国会審議で答弁しています（第200回国会　参議院文教科学委員会会議録6号　2019年12月3日）。

4）改正法成立3年後（2022年）を目途に勤務実態調査を行った上で、給特法の抜本的な見直しにむけた検討を行い、その結果に基づき所要の措置を講ずることとされています。

2. 改正給特法に関するQ＆A

（1）「在校等時間」「時間外在校等時間」とその上限時間

Q1 指針には「在校等時間」「時間外在校等時間」という言葉が出てきますが、それぞれ何のことですか。

A **「在校等時間」や「時間外在校等時間」は、指針において服務監督教育委員会（市区町村立学校は市区町村教育委員会、都道府県立学校は都道府県教育委員会。以下同じ）が時間管理すべき対象となる時間のことです。文科省が作り出した新しい時間概念で、労基法上の労働時間とは異なります。**

業務内容にかかわらず、教員が「学校にいる時間」を把握するというのが「在校等時間」の基本的な考え方です。まずはこの点を押さえてください。

「在校等時間」「時間外在校等時間」を理解しやすくまとめたものが図表14です。

Aは、教員が「学校にいる時間」で、帯の左端を出勤時刻、右端を退勤時刻とします。これを把握するのが「在校等時間」の基本的な考え方です。

Bを見てください。帯のピンク枠で囲った部分は、労基法上付与されなければならない休憩時間（労働時間が6時間を超える場合は少なくとも45分、労働時間が8時間を超える場合は少なくとも1時間）を、そのうちの①は、実際に取得できた休憩時間を示しています。Aから除くのは、形式上の休憩

<図表14>
「在校等時間」「時間外在校等時間」のイメージ

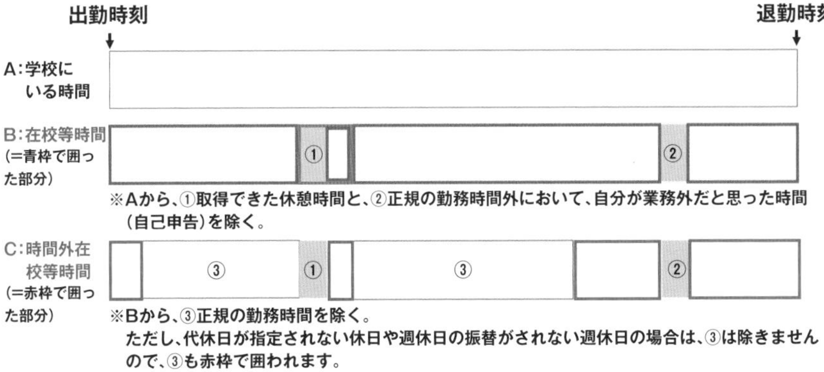

時間ではなく実際に取得できた休憩時間（①）です。また、②は、正規の勤務時間外において自分が業務外だと思う時間（自己申告による）で、これもAから除きます。Aから①②を除いた残り（青枠で囲った部分）がその日の「在校等時間」となります。

Cを見てください。帯の途中に2箇所ある③は、正規の勤務時間（合計7時間45分）のことです。この③をBから除いた残り（赤枠で囲った部分）がその日の「時間外在校等時間」となります。「時間外在校等時間」は、「正規の勤務時間開始までの業務時間」「取れなかった休憩時間」「正規の勤務時間終了後の業務時間」を含みます。

なお、代休日が指定されない休日や週休日の振替がされない週休日の場合は、③も赤枠で囲われることになります。

また、正規の勤務時間の内外を問わず、部活動を含む校外で業務に従事している時間や、各地方公共団体が定める方法によるテレワーク等の時間も「在校等時間」に含まれます。そのうち、正規の勤務時間外に行った時間は「時間外在校等時間」に含まれます。これに対し、自宅等で持ち帰り業務をした時間は、指針によれば、「時間外在校等時間」には含まれません。

以上に記載した「時間外在校等時間」を1か月間足し合わせた合計を45時間以内、1年間足し合わせた合計を360時間以内にしなければならないと指

針は定めています。これが「時間外在校等時間」の上限時間です（指針、文科省Ｑ＆Ａ　問４、問８、問14、問15、問20、問21参照）。

> ≪ポイント≫
> ➤教員が「学校にいる時間」を把握するのが「在校等時間」の考え方の原則
> なお、「在校等時間」には、正規の勤務時間の内外を問わず、部活動を含む業務に校外で従事している時間も含む
> ➤時間外在校等時間
> ＝ 学校にいる時間 － 正規の勤務時間 － 取得できた休憩時間
> 　　－ 正規の勤務時間外において自分が業務外だと思う時間（自己申告）
> 　　＋ 正規の勤務時間外に校外で職務を行った時間
> ※各自治体が定める方法によるテレワーク等の時間は含む
> 自宅等で持ち帰り業務をした時間は、指針によれば、含まない

Q2 超勤限定４項目以外の業務のための超勤時間も、「時間外在校等時間」に含まれますか。

A 含まれます。

　給特法では、校長は教員に対し、原則、時間外勤務命令・休日勤務命令を出すことができません。例外的に時間外勤務命令・休日勤務命令を出せるのは、①超勤限定４項目のいずれかに該当し、かつ、②臨時又は緊急のやむを得ない必要があるときに限られます（詳しくは第１部の11「給特法の概要」参照）。そのため、所定の勤務時間外に行われる超勤限定４項目以外の業務は教員が自発的に行っているものとみなされ、労基法上の労働時間には含まれませんし、遺憾ながら時間外勤務手当も発生しません。

　これに対し、「在校等時間」は、超勤限定４項目か否かに関わらず、教員が「学校にいる時間」を把握するというのが基本的な考え方ですから、超勤の業務内容は問いません。したがって、超勤限定４項目以外の業務のための超勤

時間についても「在校等時間」に含みます（指針、文科省Ｑ＆Ａ　問１参照）。

> ≪ポイント≫
> ➢超勤時間は、その業務内容を問わず、時間外在校等時間に含まれる

Q3 自宅等で持ち帰り業務をした時間は「在校等時間」「時間外在校等時間」に含まれますか。

A **指針によれば、自宅等で持ち帰り業務をした時間は「在校等時間」にも「時間外在校等時間」にも含まれません。**

　持ち帰り業務も、教員が業務を行うという実態には変わりがないため、本来は持ち帰り業務の実態を正確に把握した上で、教育委員会・管理職が速やかに業務削減をすべきです。指針では、教育委員会に対して「持ち帰り業務について実態把握に努めるとともに、業務の持ち帰りの縮減に向けた取組を進める」とするものの、「在校等時間」等の対象とはしていません。

　そこで、教員としては、残業を行うやむを得ない事情があるにせよ、超勤の実態が見えにくく、今回の給特法改正に伴う「時間外在校等時間」の計測や超過勤務の上限管理の直接の対象となっていない持ち帰り業務は、極力避けるべきです。

　一方、持ち帰り業務をした時間と内容はきちんと記録する必要があります。過去の公務災害事案では、持ち帰り業務の多さが過労の大きな要因となった例も少なくありませんが、災害認定の場面では持ち帰り業務の業務時間の証明が困難なため公務災害認定されない可能性すらあるのです。

　そして、実際に持ち帰り業務をした時間を、「時間外在校等時間」と合わせて集計し、組合とも共有して、教育委員会・管理職との間で、超勤及び業務削減にむけた交渉・協議を強く推しすすめることが重要です。

　なお、自宅等で行う業務であっても、自治体の条例・規則等でテレワーク、在宅勤務等として認められている場合には、例外的に「在校等時間」「時間外在校等時間」に含まれます（指針、文科省Ｑ＆Ａ　問13参照）。

≪ポイント≫

➢持ち帰り業務は、教員にもたらす弊害が大きい

➢自宅等で持ち帰り業務をした時間は、指針によれば、在校等時間・時間外在校等時間に含まれない

➢やむを得ない事情で持ち帰り業務をした場合には、業務時間と内容を正確に記録し、業務削減運動につなげることが重要

Q4 祝日（月曜日）に運動会があり、翌日の火曜日に代休日の指定がされました。また、日曜日に授業参観があり、翌日の月曜日に週休日の振替がされました。運動会の日・授業参観の日の「時間外在校等時間」はどのようになりますか。

A 考え方は、通常の勤務日と同じです。

代休日の指定がされた場合の当初の祝日（運動会の日）については、通常の勤務日と同様に扱われます。したがって、「在校等時間」のうち正規の勤務時間外に業務を行った時間（図表14のCに示した赤枠で囲った部分）が「時間外在校等時間」となります。

週休日の振替がされた場合も、当初の週休日は通常の勤務日となります。したがって、上記と同様、図表14のCに示した赤枠で囲った部分が「時間外在校等時間」となります（指針、文科省Q＆A　問20参照）。

≪ポイント≫

➢代休日の指定や週休日の振替をした場合、勤務した祝日や週休日の時間外在校等時間の考え方は、通常の勤務日と同じ

➢在校等時間のうち正規の勤務時間外に業務を行った時間（図表14のCに示した赤枠で囲った部分）が時間外在校等時間となる

Q5 週休日（土曜日・日曜日）や休日（祝日、年末年始等）に、勤務命令によらずに自主的に校内・校外で部活動等に関する業務を行った時間は「在校等時間」「時間外在校等時間」に含まれますか。

A 「**在校等時間**」「**時間外在校等時間**」**に含まれます。**

　週休日（土曜日・日曜日）や休日（祝日、年末年始等）に、勤務命令によらずに自主的に校内で業務（部活動指導、教材研究、事務処理、採点等）を行った場合は、「在校等時間」「時間外在校等時間」に含まれます。

　また、自主的に校外で業務（部活動の練習試合の引率、家庭訪問、関係機関・団体等との打合せ等）を行った場合でも、業務に従事している時間は「在校等時間」「時間外在校等時間」に含まれます。ただし、指針によれば、自宅での持ち帰り業務は含めることができません（指針、文科省Ｑ＆Ａ　問13、問14参照）。

　Ｑ５の場合、週休日や休日に業務を行った時間のすべてが「在校等時間」「時間外在校等時間」となります（指針、文科省Ｑ＆Ａ　問20参照）。

≪ポイント≫
➢週休日や休日に、自主的に校内で業務を行った時間は、すべて在校等時間・時間外在校等時間に含まれる
➢週休日や休日に、自主的に校外で業務をした時間は、在校等時間・時間外在校等時間に含まれる。ただし、自宅への持ち帰り業務は、指針によれば、含まれない

Q6 祝日や土曜日・日曜日に学校に行って部活動指導や教材研究・テスト採点をしました。また、夕方には家庭訪問を行いました。これらの時間は「時間外在校等時間」に含まれますか。

A それらはすべて「**時間外在校等時間**」に含まれます（指針、文科省Ｑ＆Ａ　問14、問20参照）。

祝日（休日）や土曜日・日曜日（週休日）に校内で業務を行った時間はすべて「時間外在校等時間」となります。

また、部活動指導や家庭訪問など、校外で業務を行った時間についても「時間外在校等時間」となります。

ただし、昼食等を取る際、業務を完全に中断した場合は、その時間を除きます。

以上のことを図示すると図表15のようになります（なお、図表15に記載の時刻は例です）。

<図表15>
自主的に祝日（休日）や土曜日・日曜日（週休日）に業務を行った場合の「時間外在校等時間」

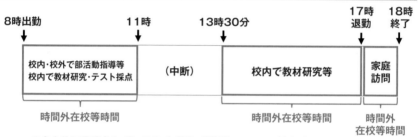

※自主的に業務をしているので、勤務時間帯についての決まりはない。

≪ポイント≫

➢自主的に祝日（休日）や土曜日・日曜日（週休日）に業務を行った場合、校内で業務を行った時間や校外で業務に従事した時間は、時間外在校等時間に含まれる。ただし、昼食等を取る際、業務を完全に中断した場合は、その時間を除く。

Q7 年休を取得しました。年休を取得した時間は、「在校等時間」になりますか。また、年休を取得した時間は、他の日の「在校等時間」や「時間外在校等時間」から引き算したり相殺したりすることになりますか。

A いずれも「ならない」が回答となります。

まず、年休を取得した時間は、「在校等時間」に含まれません。年休（時間年休を含む）を取得した時間に業務を行うわけではありませんので、「在校等時間」には含まれません。

また、年休の取得は権利であり、不利益に扱うことができませんので、年休を取得した時間の分だけ、他の日の「在校等時間」や「時間外在校等時間」から引いたり相殺したりすることはありません（文科省Q＆A　問20参照）。

≪ポイント≫
➢年休（時間年休を含む）を取得した時間は、在校等時間には含まれない
➢年休（時間年休を含む）を取得した時間の分だけ他の日の在校等時間や時間外在校等時間から差し引かれることはない

Q8 正規の勤務時間中に職務専念義務の免除（研修や健康診断、組合交渉等）を取得しました。この時間は「在校等時間」になりますか。他の日の「在校等時間」や「時間外在校等時間」から引き算したり相殺したりすることになりますか。

A いずれも「ならない」が回答となります。

まず、職務専念義務の免除をされた時間には、業務を行うわけではありませんので、「在校等時間」には含まれません。

また、職務専念義務の免除を受けた時間の分だけ、他の日の「在校等時間」や「時間外在校等時間」から引いたり相殺したりすることもありません。

≪ポイント≫
➢正規の勤務時間中に職務専念義務の免除を受けた時間は、在校等時間には含まれない
➢職務専念義務の免除を受けた時間の分だけ他の日の在校等時間や時間外在校等時間から差し引かれることはない

Q9 指針では、学校内で勤務時間外に行った自己研鑽の時間や業務外活動の時間は、各教員の自己申告によって「時間外在校等時間」から除くとなっていますが、どのように考えたらよいでしょうか。

A **学校内での自己研鑽等の時間を「時間外在校等時間」から除外することは極めて稀と考えられます。**

指針では、教員が勤務時間外に在校していた場合の自己研鑽の時間や業務外活動の時間は、教員の自己申告により「時間外在校等時間」から除くことになっています（指針、文科省Ｑ＆Ａ　問12参照）。しかし、実際には、もともと多忙な教員が在校中にあえて業務外のことをするのは極めて稀だと想定されます。そこで、教員の在校中の時間は、概ねすべて「在校等時間」に当たると判断してよいでしょう。

> ≪ポイント≫
> ➢教員の在校中の時間は、原則として、すべて在校等時間に当たると判断してよい

Q10 指針で、時間外在校等時間から、自己研鑽の時間や業務外の時間を自己申告により除くとなっていますが、なぜ自己申告となっているのでしょうか。

A **給特法の建前からです。**

給特法では、校長が教員に対して時間外勤務命令を出せるのは超勤限定4項目に限られ、それ以外の業務を命じることはできません。仮に、超勤限定4項目以外の業務について、校長がそれらを自己研鑽や業務外活動に該当するか否かを判断・指示できるとするならば、正規の勤務時間外における、超勤限定4項目以外の業務についても指揮命令下に置くことに等しくなり、給特法と相容れません。そのため、自己申告となっています。

Q11 管理職から、勤務時間外に校内で教材研究を行う時間については、自己研鑽の時間として申告し、「時間外在校等時間」から除くように言われましたが、正しいのでしょうか。

A 間違いです。

第一に、校内で教材研究を行う時間は、「在校等時間」「時間外在校等時間」に含まれます。文科省Q&Aにも、授業準備のために必要な教材研究は学校教育活動に関する業務に含まれると明記されています（文科省Q&A問1参照）。したがって、校内で教材研究を行う時間を「時間外在校等時間」から除く必要は全くありません。

第二に、管理職には、教員の超過勤務中の業務につき、自己研鑽と判断し業務外時間として申告するように指示する権限はありません。業務外か否かの判断は教員自身が行った上で、業務外の場合は教員が自己申告することになっています。

Q12 学校の出退勤管理システムを確認したところ、始業開始前の勤務時間につき、一律に「自己研鑽の時間」として在校等時間から除外される設定になっているのですが、問題ありませんか。

A その設定には**問題があります。**

　教員の在校中の時間は、原則としてすべて「在校等時間」に当たると判断してよいほどです。始業開始前であることをもって一律に在校等時間から除外されるようなシステム設定は指針にも反し、明らかな誤りです。

　また、自己研鑽の時間は、教員の自己申告となっていますので、この点も指針に反しています。組合を通じて教育委員会や管理職に是正するよう求めましょう。

≪ポイント≫
➢始業開始前の時間を、在校等時間から一律に除外するシステムは、実際の勤務実態を反映せず、虚偽の申告に当たり、指針に反する
➢在校等時間から除外する自己研鑽の時間は、教員の自己申告に基づく

Q13 時間外業務の上限時間を定めても、結局「持ち帰り業務」が増えるだけではありませんか。

A 「**持ち帰り業務」が増えては意味がないばかりか、逆に弊害が大きくなります。ですから、持ち帰り業務が生じないようにする必要があります。**

　指針には、上限時間を遵守することのみを目的として持ち帰り業務が増えることは厳に避けなければならないこと、仮に業務の持ち帰りが行われている実態がある場合には、その実態把握に努めるとともに、業務の持ち帰り縮減にむけたとりくみをすすめることが明記されています（指針、文科省Ｑ＆Ａ　問13参照）。

　指針が絵に描いた餅とならないように、組合としても上限時間の遵守のみが目的となっていないかのチェックが必要です。また、持ち帰り業務の実態の把握をして速やかな業務削減につなげることが重要です。

> 第二部

≪ポイント≫
➢持ち帰り業務は弊害が大きいので避ける必要がある
➢上限時間を定めた結果、持ち帰り業務が増えるのは本末転倒
➢指針に業務の持ち帰り縮減の必要性が明記されている

Q14 「臨時的な特別の事情がある場合」の時間外在校等時間の上限時間が、1か月100時間未満、1年720時間とされていますが、どのような場合が「臨時的な特別の事情がある場合」なのでしょうか。

A 子どもたち等に係る通常予見することのできない業務量の大幅な増加等に伴い、一時的又は突発的に所定の勤務時間外に業務を行わざるを得ない場合が「臨時的な特別の事情がある場合」とされています。

　具体的には、例えば、学校事故等が生じて対応を要する場合や、いじめや学級崩壊等の指導上の重大事案が発生し子どもたち等に深刻な影響が生じている、生じるおそれのある場合などが想定されています（指針、文科省Ｑ＆Ａ　問22参照）。

　これは、あくまでも特例的な扱いとして、「臨時的」に認められるものです。通常ではあり得ない一時的・突発的な場合に限定されており、特別の事情が数か月続いたり何回も発生したりすることは通常想定されていません。安易にこの特例が使われないよう組合としてもチェックすることが重要です。

≪ポイント≫
➢臨時的な特別の事情がある場合の時間外在校等時間の上限時間は、学校事故等が生じて対応を要するなどの、通常ではあり得ない一時的・突発的な場合に限定されている

(2)「時間外在校等時間」の記録

Q15 「時間外在校等時間」はどのような方法で記録されますか。

A 教育委員会及び校長は、タイムカードやICTなどの客観的手段により「時間外在校等時間」を記録することが求められています。

このうち、校外の業務は、出張復命書や行程表、活動記録など可能な限り客観的な方法により把握することとなっています。

なお、虚偽の記録等（実際の時間より短い時間を記録したり、させたりすること）はあってはならず、状況によっては、記録の作成管理者である管理職は、懲戒処分の対象となり得ます（指針、文科省Ｑ＆Ａ　問7、問19参照）。

> ≪ポイント≫
> ➢時間外在校等時間の記録は、タイムカード等の客観的手段により行うことが求められている
> ➢管理職が虚偽の記録等をさせた場合は懲戒処分の対象となり得る

Q16 「時間外在校等時間」の記録はどのように保存されますか。

A 公務災害が生じた場合などに重要な記録となることから、公文書として管理・保存を適切に行うこととされています。

保存期間については、各地方公共団体の公文書管理に関する条例等において規定されるとされています。しかし、2020年3月に改正された労基法により賃金台帳等の保存期間が5年に延長されたこと（109条。ただし、143条1項による経過措置により当分の間は3年）や障害補償及び遺族補償請求の時効が5年間とされていることなどからすれば、組合として、5年以上は保存するよう議会や教育委員会に求める必要があります（指針、文科省Ｑ＆Ａ問18参照）。

Q17 管理職が、勤務時間外の業務はいったんタイムカードを押してから行うように言ってきました。従う必要はありますか。

A 管理職の指示には従う必要はありません。

　勤務時間外の業務の必要性があれば、業務を継続することはやむを得ません。この場合、勤務時間外の業務時間も「時間外在校等時間」として時間管理の対象として正確に記録するのが指針の考え方です。したがって、虚偽の記録等（実際の時間より短い時間を記録したり、させたりすること）は許されません。管理職の指示は、虚偽の記録を求めることになりますので、誤りです。状況によっては、その管理職は懲戒処分の対象となり得ます（指針、文科省Ｑ＆Ａ　問19参照）。このような指示を受けた場合や指示を拒否しても再度求めてくるような場合には、組合に相談するといいでしょう。組合としては、そのような事例があったことをふまえて、管理職への対応や今後の再発防止を求めて教育委員会と協議することになります。

　他方で、管理職に対しては、勤務時間外の業務の必要性をなくすための業務削減を強く求める必要もあります。そもそも、このような問題が発生するのは、教員の日常的な業務量が過大だからです。

Q18 忙しくてタイムカードを押す余裕もありません。タイムカードを押していないことを理由に教職員が過少申告や虚偽記載として懲戒処分されることはありませんか。

A **勤務時間を記録する責務は教育委員会や管理職にあります。ですから、教職員がタイムカードを押していないことの一事をもって直ちに懲戒処分されることはないでしょう。しかし、教育委員会や管理職から繰り返しタイムカードで正確に記録するよう指示されたのに改善しない場合には、職務命令違反とされる可能性があります。**

正確な記録をしておけば、教職員にとっても、自分の業務時間を把握した上での時間管理や健康管理が可能になりますし、万が一、公務災害認定請求をする必要が生じた場合に重要な証拠となるものです。したがって、自分のためにもタイムカードをきちんと押すことが必要です。

タイムカードを押す等の時間もないくらい忙しいのであれば、組合に相談して、教育委員会や管理職に対し、早急な業務削減を求めることが重要です。使用者には適切な勤務時間管理の結果をふまえて、教職員の健康を管理し健康被害から守る義務があります。

> ≪ポイント≫
> ➢教育委員会や管理職には教職員の勤務時間を適正に管理し、教職員の健康や福祉を守る義務がある
> ➢教育委員会や管理職から繰り返し正確に記録するよう指示されたのに適切な記録をしない場合には職務命令違反とされる可能性がある
> ➢教職員自らの時間管理・健康管理等のためにも正確な記録は必要

（3）上限時間に関する教育委員会や校長の責任等

Q19 管理職は「時間外在校等時間」の上限時間を遵守する必要がありますか。

| A | 管理職は厳に守る必要があります。 |

　「時間外在校等時間」の上限時間（月45時間、年360時間以内）は法的根拠のある指針で定められ、法的拘束力がありますので、管理職は遵守する必要があります（指針、文科省Ｑ＆Ａ　問２参照）。もちろん、上限時間は、その時間までの時間外勤務を推奨するものではありません。

　指針を参考に、各教育委員会（市区町村立学校は市区町村教育委員会、都道府県立学校は都道府県教育委員会）は、在校等時間の上限時間及び上限方針を教育委員会規則等で規定することになっています。

> ≪ポイント≫
> ➤上限時間には法的拘束力があるため、管理職は遵守する必要がある
> ➤上限時間は、上限までの時間外勤務を推奨するものではない

Q20 教育委員会や校長には、「時間外在校等時間」の上限時間を守るためにどのような責任がありますか。

| A | 教育委員会や校長には、「時間外在校等時間」の上限時間を守るために、業務分担の見直しや適正化、必要な執務環境の整備等に加えて、教職員の勤務時間管理及び健康管理の責任があります。 |

　教育委員会や校長には、限られた時間の中で、どの教育活動を優先するかを見定め、適正な業務量の設定と校務分掌を図ることが求められています。

　万一、上限時間を超えた場合には、各学校における業務や環境整備等の状況について事後的に検証を行う責任があるとされています。

　業務縮減にむけた努力を行わないまま、引き続き「時間外在校等時間」が上限を大幅に超えるような場合には、学校の管理運営に係る責任を果たしているとはいえず、条例・規則違反に問われます（指針、文科省Ｑ＆Ａ　問３、問19参照）。

　組合としても、「時間外在校等時間」が減少しない、又は増加する場合には、その背景や構造を分析して校長等と交渉・協議したり、分析をふまえた

改善方策を提案したりする等、改善にむけて共にとりくむことが必要です。

≪ポイント≫
➢指針で、教育委員会や校長には業務削減をする責任が定められている

（4）労働安全衛生法との関係

Q21 労働安全衛生法による産業医等による面接指導の対象は、どのように決まるのでしょうか。

A 労働安全衛生法の改正により面接指導の要件が拡充され、教員の場合も、①１週間当たり40時間を超えて業務をした、正規の勤務時間及び超勤限定４項目の超過勤務時間の合計が月80時間を超え、かつ、疲労の蓄積が認められる場合、又は②心理的負担の程度が高く面接指導を受ける必要があるとストレスチェックを実施した医師等が認めた場合に、医師による面接指導の対象になります（66条の８第１項）。

労働安全衛生法は、民間労働者と同様に、教員にも適用されます。

なお、文科省は、より一層、教員の健康を確保する観点から、各教育委員会には、「在校等時間」もふまえ、面接指導又は面接指導に準ずる措置を講ずるよう努めることを求めています（文科省Ｑ＆Ａ　問５参照）。忙しすぎて面接指導を受ける時間がもったいないという声もあるようですが、少なくとも時間外在校等時間が月80時間を超える場合には、心身ともに明らかに過重な負担がかかっている状態ですので、速やかに面接指導を受けるのが望ましいです。

≪ポイント≫
➢時間外在校等時間が月80時間を超える場合は、産業医等による面接指導を受けるのが望ましい

（5）改正給特法による一年単位の変形労働時間制の制度趣旨

Q22 改正給特法による一年単位の変形労働時間制の導入目的は何ですか。

A 改正給特法による一年単位の変形労働時間制の導入目的は、「休日」を集中して確保することにより教員のリフレッシュの時間等を確保することです。

　指針において文科省は、便宜的に「休日のまとめ取り」のための一年単位の変形労働時間制という用語を使用しています。ここでいう「休日」は、「勤務時間を全く割り振らない日で、出勤・勤務をしない日」を指しています。第1部の6（1）「週休日・休日・休暇の違い」に記載している「休日」（勤務時間が割り振られているが、特別の勤務命令がない限り、勤務する必要がない日。具体的には祝日や年末年始等）とは異なるので、注意してください。

　なお、実際に学校に導入するためには、指針に定める上限時間を遵守することを含め、服務監督教育委員会及び校長が指針で求められている措置を全部行うことが前提となります。

　また、勤務時間に関することは組合との交渉事項となっており（地公法55条）、改正給特法による一年単位の変形労働時間制の導入はその対象です（国会答弁、附帯決議、文科省Q&A　問48参照）。したがって導入する場合には、都道府県教育委員会、市区町村教育委員会、校長と組合がそれぞれ交渉・協議を行うことになります。

> ≪ポイント≫
> ➤改正給特法による一年単位の変形労働時間制の導入目的は、休日を集中して確保することにより教員のリフレッシュの時間等を確保すること

Q23 改正給特法による一年単位の変形労働時間制は長時間労働の是正策ですか。

| A | 休日のまとめ取りをするための策であって、長時間労働是正策ではありません（国会答弁）。

　長時間労働是正のためには、定数増や業務削減等の改革をすすめることが必要です。

> ≪ポイント≫
> ➢ 改正給特法による一年単位の変形労働時間制は、休日のまとめ取りのためであり、長時間労働是正策ではない

| Q24 | 改正給特法による一年単位の変形労働時間制は、民間の一年単位の変形労働時間制と同じですか。

| A | 同じではありません。

　改正給特法5条は、労基法32条の4の規定（一年単位の変形労働時間制）を読み替えた上で教員に適用していますが、民間の一年単位の変形労働時間制と同じではありません。

　具体的には、教員の場合には、①休日のまとめ取りの目的で使用されること、②指針に定める上限時間を遵守することを含め、服務監督教育委員会及び校長が指針で求められている措置を全部行うことが導入の前提となっていること、③この制度を使えるのは長期休業期間等において勤務時間を割り振らない日を連続して設定する場合に限るとしていること、などが民間と異なります。

> ≪ポイント≫
> ➢ 改正給特法による一年単位の変形労働時間制は、休日のまとめ取りを目的とすることも含め、民間の一年単位の変形労働時間制と同じではない

Q25 私の学校にも改正給特法による一年単位の変形労働時間制はすぐに導入されるのでしょうか。

A すぐに導入されることはなく、**前提条件が整わないと導入できません**。

　改正給特法による一年単位の変形労働時間制の導入には、まず関連条例の制定が必要です。そして、関連条例が制定されたとしてもすぐに導入できるわけではなく、実際に学校に導入するためには、指針に定める上限時間を遵守することを含め、服務監督教育委員会及び校長が指針で求められている措置を全部実施することが前提条件となります（指針参照）。

　また、勤務時間に関することは組合との交渉事項となっており（地公法55条）、改正給特法による一年単位の変形労働時間制の導入はその対象です（国会答弁、附帯決議、文科省Q&A　問48参照）。したがって導入する場合には、都道府県教育委員会、市区町村教育委員会、校長と組合がそれぞれ交渉・協議を行うことになります。

> **《ポイント》**
> ➤改正給特法による一年単位の変形労働時間制を導入するためには、条例改正に加えて、導入の前提条件を全部充たすことが必要

Q26 指針に、改正給特法による一年単位の変形労働時間制は、「長期休業期間等において休日を集中して確保することを目的とする場合に限り適用すべき」とありますが、「長期休業期間等」とはいつが想定されていますか。

A **夏休みや冬休み、年末年始の休業期間のほか、学校の休業日が集中して設定されている期間が想定されています。夏休みに休日のまとめ取りをするのが基本形ですが、冬休みや年末年始等にまとめ取りをしても構いません**（指針、文科省Q＆A　問35参照）。

≪ポイント≫

➤夏休みに休日のまとめ取りをするのが基本形だが、年末年始の時期等
にまとめ取りをしても構わない

（6）改正給特法による一年単位の変形労働時間制導入の前提条件

Q27 改正給特法による一年単位の変形労働時間制の導入の前提条件は何で
すか。

A **一年単位の変形労働時間制を導入するためには、次の三つの前提条件
があります。**

これらの前提条件をすべて充たしていなければ、一年単位の変形労働時間
制を導入することはできません（指針、文科省Ｑ＆Ａ　問28、問31、問33、
問34参照）。それは、導入の目的が休日のまとめ取りにあるからです。

① 時間外在校等時間に関する上限時間が遵守されていること（Q28参照）
② この制度を適用する教員について指針に定めるすべての措置が講じら
れていること（Q29参照）
③ この制度を適用する教員が属する学校について指針に定めるすべての
措置が講じられていること（Q30参照）

≪ポイント≫

➤指針に定められている前提条件をすべて充たさなければ、休日のまと
め取りのための一年単位の変形労働時間制は導入できない

Q28 時間外在校等時間に関する上限時間の遵守が、改正給特法による一年
単位の変形労働時間制導入の前提条件の一つになっていますが、具体
的にはどのような内容ですか。

A **①対象教員の前年度の時間外在校等時間が上限（月45時間、年360時**

間）の範囲内であり、かつ、②対象期間において、対象教員の時間外在校等時間が上限である月42時間、年320時間の範囲内となることが見込まれることです。

　休日のまとめ取りのための一年単位の変形労働時間制を適用できるのは、上記①及び②に該当するときに限られています。なお、②については、服務監督教育委員会及び校長が、①を実現していることなどの在校等時間の状況や、在校等時間の長時間化を防ぐためのとりくみの実施状況等を確認して判断することとされています。

≪ポイント≫

➤上限時間の遵守とは、次の①②の両方を充たすこと

　①　対象教員の前年度の時間外在校等時間が月45時間、年360時間以内

　②　対象期間において、対象教員の時間外在校等時間が月42時間、年320時間以内と見込まれる

Q29 改正給特法による一年単位の変形労働時間制を適用する教員については、指針に定める措置が全部実施されていることが、制度導入の前提条件の一つになっていますが、指針に定める措置とはどのようなものですか。

A　服務監督教育委員会及び校長は、この制度を適用する教員について次の6点の措置を全部実施する必要があります。

①　タイムカード等の客観的な方法による在校等時間の把握を行うこと

②　対象教員が担当する部活動の休養日及び活動時間について部活動ガイドラインを遵守すること

③　長期休業期間等において確保できる休日（勤務時間を割り振らない日）の日数を考慮した上で、年度初めや、学校における諸行事が行われる時期その他の業務量が多い一部の時期に限り、通常の正規の勤務時間を超える勤務時間の割振りを行うこと

④　通常の正規の勤務時間を超えて勤務時間を割り振ったことを理由とした担当授業数の追加及び部活動等の時間の延長又は追加等により在校等時間を増加させることがないようにすること

⑤　通常の正規の勤務時間を短くする日については、勤務時間を短縮するのではなく、勤務時間を割り振らないこととし、当該日を長期休業期間等において連続して設定すること

⑥　終業から始業までの間に一定時間以上の継続した休息時間を確保すること（勤務間インターバルの確保、Q32参照）

上記①〜⑥のいずれも重要ですが、特に③と④がこの制度の肝になります。

▶③については次の3点がポイントです。

・まず何日休めるかを先に決めた上で、その休める日数分だけ勤務時間を延ばすことになっていること（5日程度が限度と考えられるので、延長できる勤務時間の限度は40時間程度と想定されている）

・勤務時間を延ばせる日は、年度初めや諸行事が行われる時期等に限定されていること

・勤務時間を減少させる日は、勤務時間を短くするのではなく、勤務時間を全く割り振らない日とすることが必要とされていること

▶④については次の2点がポイントです。

・正規の勤務時間を延ばした時間帯に、追加で授業を行ったり、通常の時間以上に部活動等の子どもの活動時間を増やしたりするのであれば、本末転倒であること

・正規の勤務時間を延ばしたことによって、教員の時間外在校等時間を増加させることのないように、当該教員に新たな業務の付加をさせないこと

組合としては、上記①〜⑥の全部の実施につき服務監督教育委員会が厳格に判断するようチェックすることが重要です。

≪ポイント≫

➢この制度を適用する教員については、特に前述③確保できる休日の日数を考慮すること及び④在校等時間を増加させないことが、この制度の肝です。

➢③については次の3点がポイント

・何日休めるかを先に決めた上で、その休める日数分だけ勤務時間を延ばすことになっていること（5日程度を限度として、延長できる勤務時間の限度は40時間程度と想定）

・勤務時間を延ばせる日は、年度初めや諸行事が行われる時期等に限定されていること

・勤務時間を減少させる日は、勤務時間を短くするのではなく、勤務時間を全く割り振らない日とすることが必要とされていること

➢④については次の2点がポイント

・正規の勤務時間を延ばした時間帯に、追加授業を行ったり、通常以上に部活動等の子どもの活動時間を増やしたりしないこと

・正規の勤務時間を延ばしたことによって、教員の時間外在校等時間を増加させることのないように、対象教員に新たな業務の付加をしないこと

Q30 改正給特法による一年単位の変形労働時間制を適用する教員が属する学校については、指針に定める措置が全部実施されていることが、同制度導入の前提条件の一つになっていますが、具体的な措置とはどのようなものですか。

A 服務監督教育委員会及び校長は、この制度を適用する教員が属する学校について次の3点の措置を全部実施する必要があります。

① 適用前と比較して、部活動、研修その他の長期休業期間等における業務量の縮減を図ること

② 超勤限定4項目として臨時又は緊急のやむを得ない必要があるときに

行われるものを除き、職員会議、研修その他のこの制度が適用される教員であるか否かにかかわらず参加を要する業務については、通常の正規の勤務時間内において行うこと

③　育児や介護を行う者、職業訓練又は教育を受ける者その他特別の配慮を要する者については、育児や介護等に必要な時間を確保できるよう配慮すること

※「配慮」としては、次のようなことが想定されています（文科省Q＆A　問42、問45参照）。

　　・制度の適用対象としないこと

　　・勤務日や勤務時間の割振りを工夫すること

　　・対象期間を短く設定すること

※教育委員会、校長及び教員が丁寧に話し合うこととされていますが、組合としても交渉・協議を行うことが重要です。

上記①〜③のいずれも重要です。導入に当たっては、まずは業務削減が必要なので、特に①が重要となります。

> ≪ポイント≫
>
> ➢この制度を適用する学校については、
>
> 　①長期休業期間等における業務量の縮減を図ること
>
> 　②この制度が適用される教員であるか否かにかかわらず、職員会議等については通常の正規の勤務時間内において行うこと
>
> 　③育児や介護等に必要な時間を確保できるよう配慮すること
>
> 　以上の措置をすべて実施する必要がある（特に①が重要）

Q31 対象教員の前年度の時間外在校等時間が上限（月45時間、年360時間）の範囲内であることが、改正給特法による一年単位の変形労働時間制導入の前提条件の一つとなっています。同一学校内に上限の範囲内の対象教員と上限を超えた対象外教員が混在している場合も、対象教員はこの条件を充たすことになるのでしょうか。

| A | 制度上は前提条件を充たします。しかし、**可能な限り多くの教員が対象となることが望ましいです。** |

制度上は、上限の範囲内の教員だけが前提条件を充たすとして、改正給特法による一年単位の変形労働時間制を導入することも可能です。しかし、改正給特法の趣旨をふまえれば、導入する学校では学校閉庁日を設けるなど、なるべく多くの教員が一斉に勤務しない日をつくることが、休日のまとめ取りをしやすい環境につながります。そのため、導入する場合には、可能な限り多くの教員が対象となることが望ましいといえます（文科省Ｑ＆Ａ　問32参照）。

なお、上限を超えた教員がいるなかでの制度の導入は、時間管理が煩雑となり服務監督が正確にされないおそれがあります。そこで、組合としては、導入の際には、個人単位ではなく、学校単位又は、少なくとも学年単位とするよう、服務監督教育委員会・校長と交渉・協議を行うことが重要です。

> ≪ポイント≫
> ➤改正給特法の趣旨をふまえれば、導入する場合には、可能な限り多くの教員が対象となることが望ましい

Q32 勤務間インターバルを確保することが、改正給特法による一年単位の変形労働時間制導入の前提条件の一つになっていますが、どのくらいの時間数を確保すべきですか。

| A | **できるだけ長い時間数を確保すべきです。** |

終業から次の始業までの勤務間インターバルとしての休息時間につき、文科省Ｑ＆Ａでは、地域・学校の実情や当該教員及び業務の状況を総合的に勘案し、教員の健康及び福祉の確保を図るために必要な時間数を確保することを求めています。組合としては、教員の健康を守る観点から、できるだけインターバルの時間が長くなるよう教育委員会及び校長と交渉・協議をすることが重要です。

なお、長距離の自動車通勤が必要な地域では、通勤時間によりインターバ

ル時間が事実上短くなることも考えられることから、その点も考慮した上でインターバル時間を決めるよう交渉・協議をするとよいでしょう。

この点から、一年単位の変形労働時間制を導入する場合に、正規の勤務時間を延長する分だけ辻褄を合わせるために勤務間インターバルの時間を"短く"することは不適切です。指針にも、一年単位の変形労働時間制の「適用前には当該教育職員が所属する学校において行われていなかった業務の当該教育職員への新たな付加により在校等時間を増加させることがないよう、留意すること」とされています。

> ≪ポイント≫
> ➤組合としては、教員の健康と福祉を守る観点から、できるだけ長いインターバル時間となるよう教育委員会及び校長と交渉・協議をする

Q33 改正給特法による一年単位の変形労働時間制を実際に導入するかどうかを判断するのは誰ですか。

A **制度が条例化された自治体では、服務監督教育委員会が、学校の意向・状況を勘案して、実際に導入するかどうかを判断します。**

勤務時間に関することは組合との交渉事項となっており（地公法55条）、改正給特法による一年単位の変形労働時間制の導入はその対象です（国会答弁、附帯決議、文科省Q＆A　問48参照）。したがって、導入する場合には、都道府県教育委員会、市区町村教育委員会、校長と組合がそれぞれ交渉・協議を行うことになります。

なお、導入後、変形労働時間制の運用が労基法に基づき適切になされているかについては人事委員会（人事委員会を置かない地方公共団体においては市町村長）が確認を行うことになります（指針、文科省Q＆A　問30参照）。

> ≪ポイント≫
> ➤導入するかどうかの判断権者は、服務監督教育委員会
> ➤導入については組合との交渉事項（地公法55条）

Q34 指針で定める改正給特法による一年単位の変形労働時間制導入のための前提条件となるすべての措置は、どの時点で実施されている必要がありますか。

A **導入時点ではもちろん、導入中も継続して指針で定める措置が実施されている必要があります。**

一年単位の変形労働時間制導入のための前提条件となる措置のいずれかが、一年単位の変形労働時間制の導入後に不実施となった場合には、服務監督教育委員会において、以降の総勤務時間について、割り振られていた勤務時間の一部を勤務することを要しない時間として指定することにより、勤務時間の削減措置をすることになります（指針、文科省Q＆A　問30、問50、問51参照）。

> ≪ポイント≫
> ➢指針で定める措置は、導入時のみならず、導入中も継続して実施されている必要がある

Q35 教員に関する一年単位の変形労働時間制導入のための前提条件となる措置が実施されているか否かは、対象となる教員ごとに判断されるのですか。

A **対象となる教員ごとに、服務監督教育委員会が判断することになっています（指針、文科省Q＆A　問29参照）。**

> ≪ポイント≫
> ➢一年単位の変形労働時間制導入のための前提条件となる措置（Q29参照）の実施の状況は、対象教員ごとに判断される

Q36 学校に関する一年単位の変形労働時間制導入のための前提条件となる措置が実施されているか否かは、学校単位で判断されるのですか。

| A | 学校ごとに判断されます。 |

　学校に対し講ずべき措置が実施されていない場合は、仮に措置が実施されている教員がいたとしても、当該学校においては改正給特法による一年単位の変形労働時間制を導入することはできません（指針、文科省Q＆A　問29参照）。

　学校について実施する措置の一つとして、長期休業期間等における業務量の縮減を図る必要があります。業務削減が十分できていないにもかかわらず校長が一年単位の変形労働時間制を導入しようとする場合には、組合として、前提条件が充たされていないことを指摘し、業務削減が先であるということを求めることが重要です。

> ≪ポイント≫
> ➢一年単位の変形労働時間制導入のための前提条件となる措置（Q30参照）の実施の状況は、学校単位で判断される
> ➢導入のための前提条件となる措置が学校全体で実施されていない場合は、仮に措置が実施されている教員がいても導入できない

（7）改正給特法による一年単位の変形労働時間制の制度設計

| Q37 | 改正給特法による一年単位の変形労働時間制の対象期間は1年間とする必要はないのでしょうか。 |

| A | 対象期間は、1か月を超え1年以内の期間ですので、必ずしも1年間とする必要はありません。 |

　ただし、休日のまとめ取りのためのものであることから、対象期間には、長期休業期間等の一部又は全部を含んでいる必要があります（文科省Q＆A問37参照）。なお、対象期間が年度のうち一部の期間のみとして設定された場合であっても、当該年度の対象期間以外の期間も、時間外在校等時間の上限時間は、改正給特法による一年単位の変形労働時間制が適用される場合の

原則月42時間、年320時間となります（文科省Ｑ＆Ａ　問38参照）。

≪ポイント≫
➤対象期間は必ずしも１年間とする必要はない
➤変形労働時間制は休日のまとめ取りのためのものであることから、対象期間には長期休業期間が含まれていなければならない

Q38 改正給特法による一年単位の変形労働時間制は、１か月単位の変形労働時間制と併用できますか。

A **時期を異にするのであれば両者を併用できます。**

　例えば、修学旅行が行われる期間については１か月単位の変形労働時間制を活用し、それ以外の期間については改正給特法による一年単位の変形労働時間制を活用することができます（文科省Ｑ＆Ａ　問39参照）。
　ただし、両方の制度を、同じ期間に同時に適用することはできません。

≪ポイント≫
➤改正給特法による一年単位の変形労働時間制は、時期を異にすれば、１か月単位の変形労働時間制と併用できる

（8）改正給特法による一年単位の変形労働時間制の運用上の課題

Q39 改正給特法による一年単位の変形労働時間制を適用して正規の勤務時間を延長した日につき年次有給休暇を取得して休みたい場合、年次有給休暇の取得単位はどうなるのでしょうか。

A **労基法39条に規定する年次有給休暇は１労働日を単位とします。１日のすべてを休む場合は、１日の正規の勤務時間の長さに関係なく、１日の年次有給休暇を取得すればよいです（文科省Ｑ＆Ａ　問40参照）。**

≪ポイント≫

➤年次有給休暇は１労働日単位なので、終日休む場合は、１日の正規の勤務時間の長さに関係なく、１日の年次有給休暇を取得すればよい

Q40 改正給特法による一年単位の変形労働時間制に基づき休日のまとめ取りを８月に行った場合、勤務時間が割り振られていない日が増えることになりますが、給与は下がるのでしょうか。

A 給与が下がることはありません。

　教員を含む公務員の給与は、各月の所定の勤務時間にかかわらず、級号給に応じて給料月額が定められているものです。改正給特法による一年単位の変形労働時間制により休日のまとめ取りをしたとしても、給与は下がりません（文科省Ｑ＆Ａ　問41参照）。

≪ポイント≫

➤改正給特法による一年単位の変形労働時間制に基づき、休日のまとめ取りをしても、月額の給与は下がらない

Q41 改正給特法による一年単位の変形労働時間制が活用された場合、公務災害認定における時間外労働時間数はどのように数えるのですか。

A 一年単位の変形労働時間制が適用されている民間企業の労働災害の「心理的負荷による精神障害の認定基準」では、時間外労働時間数とは週40時間を超える労働時間数とされています。改正給特法による一年単位の変形労働時間制の場合も、所定の勤務時間の長さに関わらず、週40時間を超える勤務時間数を数えることになります。

≪ポイント≫

➤公務災害認定上の時間外勤務時間数は、改正給特法による一年単位の

変形労働時間制の場合も、所定の勤務時間の長さに関わらず、週40時間を超える勤務時間数を数える

（9）改正給特法による一年単位の変形労働時間制の適用対象者

Q42 改正給特法による一年単位の変形労働時間制の適用対象となるのは、対象期間の最初の日から末日までの全期間で任用される教員に限られますか。

A **対象期間すべてで任用される教員に限定されます。**

　改正給特法による一年単位の変形労働時間制の適用対象となるのは、基本的に、対象期間の最初の日から末日までの全期間で任用される教員に限られます。

　そのため、対象期間より短い期間で任用される教員や、対象期間の途中で退職することが明らかな教員は対象になりません。ただし、臨時的任用教員のうち、対象期間の末日以降まで任期が更新されることが見込まれる場合には、対象となり得ます（文科省Ｑ＆Ａ　問43参照）。

≪ポイント≫
➢一年単位の変形労働時間制の適用対象は、原則として、対象期間の最初の日から末日までの全期間において任用される教員に限られる

Q43 退職等の理由によりやむを得ず、改正給特法による一年単位の変形労働時間制の適用対象から外れることが対象期間の途中で判明した場合には、どうすればよいですか。

A **管理職に職務専念義務の免除等をするよう求めて可能な限り通常の勤務時間にしてください。**

退職等の理由によりやむを得ず、改正給特法による一年単位の変形労働時間制の適用対象から外れることが対象期間の途中で判明した場合で通常より勤務時間が長くなるときには、職務専念義務の免除等により対象教員が勤務する時間を可能な限り通常の勤務時間に近づけるようにするなど、教員の健康及び福祉の確保が図られるよう適切な配慮がなされることが望ましいとされています（文科省Q＆A　問43参照）。

≪ポイント≫

➤一年単位の変形労働時間制の適用対象から外れることが対象期間の途中で判明した場合、職務専念義務の免除等を求めて通常の勤務時間にする

Q44 教員が別の学校から異動してきた場合、一年単位の変形労働時間制導入の前提条件の一つである上限時間の遵守についてはどのように考えるのでしょうか。

A **対象教員の異動前の学校における前年度の時間外在校等時間の状況や異動後の学校における具体的な担当職務や校務分掌等の状況に応じて判断します（文科省Q＆A　問46参照）。**

≪ポイント≫

➤他校への異動の場合、一年単位の変形労働時間制導入の前提条件を充たしているかどうかは、異動前の学校での前年度の時間外在校等時間の状況等を基礎に判断する

（10）法の趣旨に反する運用の防止策

Q45 法律や指針に逸脱した運用があった場合、どうすればいいでしょうか。

| A | これまでどおり、**勤務条件に関する人事委員会への措置要求や苦情処理制度を利用できます。**

　教育委員会に対し教職員からの相談窓口を設けるよう促すとされていますので、教育委員会の相談窓口が活用できる場合もあります。加えて、文科省内にも相談窓口が設置されています（国会答弁、附帯決議、文科省通知、文科省Q＆A　問49参照）。

　もちろん、組合には、法律や指針に逸脱した運用に対抗する有益な情報やとりくみの蓄積がありますので、是非直ちに連絡して、対策を検討してください。

≪ポイント≫

➤組合のこれまでのとりくみの蓄積を利用して速やかに対抗手段を検討する

➤人事委員会の制度を利用するほか、教育委員会や文科省内の相談窓口を活用する

Q46 文科省の相談窓口にはどのようなことを相談できますか。

| A | **文科省の相談窓口には、公立学校の教員の業務量の適切な管理及び「休日のまとめ取り」のための一年単位の変形労働時間制等における不適切な運用に関して相談することができます（文科省通知）。**

　相談窓口には、①タイムカード等の客観的な方法による在校等時間の把握に関する不適切な運用（管理職による改ざんや管理職が実際の時間より短い時間を記録させること）などの指針の運用に関する問題と、②一年単位の変形労働時間制における不適切な運用の問題について、相談できることになっています。

≪ポイント≫

➤文科省の相談窓口には、タイムカード等の客観的な方法による在校等時間の把握に関する不適切な運用や、一年単位の変形労働時間制にお

（11）給特法の今後と日教組のとりくみ

Q47 給特法に関して、今後、改正や見直しの可能性はあるのでしょうか。

A 日教組は給特法の廃止・抜本的な見直しをめざしてとりくんでいます。

　今回の改正給特法では、日教組が、教員の過重労働の実態をふまえて大きな問題点として指摘してきた、長時間の時間外勤務の常態化という労働実態に合致した賃金（時間外勤務手当・休日勤務手当）の支給が実現されたわけではありませんし、業務量の縮減につながっているわけでもありません。

　国会の附帯決議では、「三年後（編著者注：2022年）を目途に教育職員の勤務実態調査を行った上で、本法（編著者注：給特法）その他の関係法令の規定について抜本的な見直しに向けた検討を加え、その結果に基づき所要の措置を講ずる」としています。

　文科大臣も、「三年後（編著者注：2022年）に実施される教師の勤務実態状況調査を踏まえて、給特法などの法制的な枠組みについて根本から見直しをします。その際、現在の給特法が昭和46年の制定当初に想定されたとおりには機能していないことや、労働基準法の考え方とのずれがあるとの認識は見直しの基本となる課題であると受け止めており、これらの課題を整理できる見直しをしてまいります」と国会で答弁しています（第200回国会　参議院文教科学委員会会議録第6号　2019年12月3日）。

　日教組は、今回の改正給特法をてこにした客観的な勤務時間管理と上限規制の遵守に基づく業務内容の精選などの成果を生かしながら、給特法の廃止・抜本的な見直しの実現をめざすとりくみをすすめています。

≪ポイント≫

➢今回の改正給特法では、日教組が大きな問題点として指摘していた、労働実態に合致した賃金（時間外勤務手当・休日勤務手当）の支払いが実現されておらず、業務量の縮減にもつながっていない

➢2022年に実施される勤務実態調査をふまえて、給特法も含め法制的な枠組みについて根本から見直すことが必要

36協定について

1. 学校における36協定について

　事務職員、学校栄養職員、現業職員等に対して校長が時間外労働・休日労働（法定休日に使用者の命令に基づいて行う労働のことです）を命じるためには、民間労働者と同様、労基法36条に基づく協定［いわゆる36協定（サブロク協定）］の締結が必要となります。

　2018年6月に働き方改革関連法が成立し、時間外労働の罰則付き上限規制等を定めた改正労基法が2019年4月から施行された結果、事務職員、学校栄養職員、現業職員等についても、民間労働者と同様に、時間外労働・休日労働（法定休日における労働）が罰則付きで上限規制されることになりました。<u>事務職員、学校栄養職員、現業職員等に関する36協定は、労基法改正前から締結が必要でしたが、上限規制が導入されて罰則付きとなったことを契機として、改めて36協定の締結とその内容を見直す必要があります。具体的には、各学校で、①36協定を締結しているか、②36協定が遵守されているか、③36協定どおりの時間外勤務手当が予算化されているか、を確認することが重要です。</u>

　36協定を締結しなければならないのは、現在のところ事務職員、学校栄養職員、現業職員等です。しかし、36協定は学校ごとに職場全体で締結するものです。また、将来仮に給特法が廃止された際には教員も36協定を締結することになりますので、教員も含めて36協定に関する理解を深めておくことに意義があります。

　第3部では、36協定のポイントをQ＆A形式で説明します。

　36協定は、所定の協定届［様式第9号又は特別条項も締結する場合は様式第9号の2（図表16-1及び16-2参照）］を使用者が行政官庁に届け出ることにより効力が発生します。詳しくはQ＆Aの中で説明しますが、職種や勤務先等によって届出先が異なります（Q18参照）。届出先が異なる場合には、それぞれ別に36協定の書面を作成・届出することになります（Q19参照）。様式は厚労省の主要様式ダウンロードコーナー（https://www.mhlw.go.jp/bunya/roudoukijun/roudoujouken01/）でも見ることができます。この様式への記入方法についても、詳しくはQ＆Aの中で説明します。

様式第9号の2（第16条第1項関係）

時間外労働\
休日労働　に関する協定届

労働保険番号
都道府県｜所掌｜管轄｜基幹番号｜枝番号｜被一括事業場番号

法人番号

事業の種類	事業の名称	事業の所在地（電話番号）	協定の有効期間
		（〒　　　－　　　　）（電話番号：　　　－　　　－　　　）	

		時間外労働をさせる\n必要のある具体的事由	業務の種類	労働者数\n（満18歳\n以上の者）	所定労働時間\n（1日）\n（任意）	延長することができる時間数			
						1日	1箇月（①については45時間ま\nで、②については42時間まで）	1年（①については360時間ま\nで、②については320時間まで）\n起算日\n（年月日）	
							法定労働時間を\n超える時間数｜所定労働時間を\n超える時間数\n（任意）	法定労働時間を\n超える時間数｜所定労働時間を\n超える時間数\n（任意）	法定労働時間を\n超える時間数｜所定労働時間を\n超える時間数\n（任意）
時間外労働	① 下記②に該当しない労働者								
	② 1年単位の変形労働時間制\nにより労働する労働者								

		休日労働をさせる必要のある具体的事由	業務の種類	労働者数\n（満18歳\n以上の者）	所定休日\n（任意）	労働させることができる\n法定休日の日数	労働させることができる法定\n休日における始業及び終業の時刻
休日労働							

上記で定める時間数にかかわらず、時間外労働及び休日労働を合算した時間数は、1箇月について100時間未満でなければならず、かつ2箇月から6箇月までを平均して80時間を超過しないこと。
☐ （チェックボックスに要チェック）

＜図表16-2＞

様式第9号の2（第16条第1項関係）

時間外労働
休日労働 に関する協定届（特別条項）

		労働者数（満18歳以上の者）	1日（任意）		1箇月（時間外労働及び休日労働を合算した時間数。100時間未満に限る。）			1年（時間外労働のみの時間数。720時間以内に限る。）起算日（年月日）		
	業務の種類		延長することができる時間数	所定労働時間を超える時間数（任意）	延長することができる時間数及び休日労働の時間数	限度時間を超えて労働させることができる回数（6回以内に限る。）	限度時間を超えた労働に係る割増賃金率	延長することができる時間数	限度時間を超えて労働させることができる回数	限度時間を超えた労働に係る割増賃金率
			法定労働時間を超える時間数		法定労働時間を超える時間数			法定労働時間を超える時間数	所定労働時間を超える時間数（任意）	
臨時的に限度時間を超えて労働させることができる場合										

限度時間を超えて労働させる場合における手続	（該当する番号）
限度時間を超えて労働させる労働者に対する健康及び福祉を確保するための措置	（具体的内容）

上記で定める時間数にかかわらず、時間外労働及び休日労働を合算した時間数は、1箇月について100時間未満でなければならず、かつ2箇月から6箇月までを平均して80時間を超過しないこと。□
（チェックボックスに要チェック）

協定の成立年月日　　　　年　　月　　日

協定の当事者である労働組合（事業場の労働者の過半数で組織する労働組合）の名称又は労働者の過半数を代表する者の　職名
氏名

協定の当事者（労働者の過半数を代表する者の場合）の選出方法（　　　　　　　　　　　　　　　）

上記協定の当事者である労働組合が事業場の全ての労働者の過半数で組織する労働組合である又は上記協定の当事者である労働者の過半数を代表する者が事業場の全ての労働者の過半数を代表する者であること。□（チェックボックスに要チェック）

上記労働者の過半数を代表する者が、労働基準法第41条第2号に規定する監督又は管理の地位にある者でなく、かつ、同法に規定する協定等をする者を選出することを明らかにして実施される投票、挙手等の方法による手続により選出された者であって使用者の意向に基づき選出されたものでないこと。□（チェックボックスに要チェック）

　　　　年　　月　　日

　　　　　　　使用者　職名
氏名

────────労働基準監督署長殿

2. 学校における36協定に関するQ&A

（1）時間外労働・休日労働（法定休日における労働）を命令できる根拠等

Q1 校長は、事務職員、現業職員等に対して時間外労働や休日労働（法定休日における労働）を自由に命じることができますか。また、共同調理場長は、学校栄養職員に対して時間外労働や休日労働（法定休日における労働）を自由に命じることができますか。

A 自由に命じることはできません。

　校長が事務職員、現業職員等に対して時間外労働や休日労働（法定休日における労働）を命令できるのは、図表17に記載したとおり、労基法33条1項（災害その他避けられない臨時の場合の行政官庁の許可）と労基法36条［いわゆる36協定（サブロク協定）の締結］のいずれかに基づく場合です。共同調理場長が学校栄養職員に対して時間外労働や休日労働を命令できるのも、同様に労基法33条1項と労基法36条のいずれかに基づく場合です。

　したがって、災害その他避けられない例外的臨時的な非常事由がある場合を除き、時間外労働・休日労働を命じるためには、労基法36条に基づく36協定の締結が必要になります。

　36協定が有効となるためには、校長や共同調理場長が、事業場（職場）の過半数労働組合（過半数労働組合がない場合は過半数代表者）との書面による協定をし、行政官庁に届け出ることが必要です。

　校長や共同調理場長が、36協定の届出をせずに、又は届け出た36協定の時間数・日数を超えて時間外労働・休日労働をさせた場合には、違法となり、罰則（6か月以下の懲役又は30万円以下の罰金）の適用対象となります。

　なお、有効な36協定の締結・届出が行われても、労働者は当然に協定上定められた時間外労働・休日労働の義務を負うことになるわけではありません。個々の時間外労働・休日労働に業務上の必要性がない場合には、時間外

労働・休日労働命令は有効要件を欠くことになります。

<図表17>
使用者（校長・共同調理場長）が事務職員、学校栄養職員、現業職員等に対して時間外労働・休日労働を命令できる根拠は次の二つ！

1. 労基法33条1項
<要件>
①災害その他避けることのできない事由によって（←例えば、大地震が起きたときなど）
②臨時の必要がある場合において
③行政官庁の許可（ただし、事態急迫のために許可を受ける暇がない場合には、遅滞なく事後届出）

2. 労基法36条
<要件>
①使用者が過半数労働組合（過半数労働組合がない場合は過半数代表者）との書面による協定をし、
②行政官庁に届け出た場合

≪ポイント≫
➤使用者が事務職員、学校栄養職員、現業職員等に対して時間外労働・休日労働（法定休日における労働）を命じるためには、36協定の締結が必要

Q2 36協定における時間外労働とは何ですか。休日労働とはどのように違うのですか。

A 36協定における時間外労働とは、法定労働時間を超える労働のことです。

具体的には、労基法32条が労働時間の限度として定めている1日8時間、1週間40時間の法定労働時間を超える労働のことをいいます。

これに対して、休日労働とは、法定休日に使用者の命令に基づいて行う労働（法定休日における労働、労基法35条）のことです。何曜日が法定休日かは地方公共団体により異なりますので、ご自身が勤務する地域の地方公共団体の場合はどうか確認してみてください。

≪ポイント≫
➤36協定における時間外労働とは、法定労働時間を超える労働のこと
➤36協定における休日労働とは、法定休日における労働のこと

Q3 36協定における時間外労働・休日労働（法定休日における労働）と公務員法制上の時間外勤務・休日勤務は異なるのですか。

A 異なります。

　36協定における時間外労働・休日労働（法定休日における労働）の意味は、Q2で述べたとおりです。

　これに対して、公務員法制上の時間外勤務とは、正規の勤務時間（1日7時間45分、1週間38時間45分）以外の時間における勤務のことです。正規の勤務時間が始まる前の時間や正規の勤務時間が終わった後の時間における勤務はもちろん、週休日（勤務時間が割り振られていない日）における勤務も時間外勤務となります。

　また、公務員法制上の休日勤務とは、休日（その日に勤務時間が割り振られているが、特別の勤務命令がない限り、勤務する必要のない日のことで、具体的には祝日や年末年始等）における勤務のことです。

≪ポイント≫
➤公務員法制上の時間外勤務とは、正規の勤務時間以外の時間（正規の勤務時間の前後及び週休日）における勤務のこと
➤公務員法制上の休日勤務とは、休日（祝日や年末年始等）における勤務のこと

（2）事務職員等の時間外勤務手当・休日勤務手当

Q4 事務職員等の時間外勤務手当や休日勤務手当はどのような場合に支給

されますか。

A 事務職員、学校栄養職員、現業職員等（以下「事務職員等」）の時間外勤務手当は、正規の勤務時間以外の時間（正規の勤務時間の前後及び週休日）に勤務をした場合に支給されます。一方、休日勤務手当は、休日の正規の勤務時間に勤務した場合に支給されます。

　1日につき7時間45分を超え8時間以内の勤務については、労基法上は割増賃金の支払いが義務付けられていませんが、地方公務員（教員は給特法が適用されるため除きます）には、法定労働時間を超える勤務と同様の割合で時間外勤務手当が支給されます。同一週外に週休日の振替をしたことにより週38時間45分を超える勤務をした場合も時間外勤務手当が支給されます。

　なお、一般的な勤務時間条例・規則で定められている時間外勤務手当（下記①②④⑤）及び休日勤務手当（下記③）の支給割合は次のとおりです。

① 　勤務時間が割り振られている日の正規の勤務時間外に勤務した場合は125/100（ただし、その勤務が22時から翌5時までの場合は150/100、また休日を除く）

② 　週休日に勤務した場合は135/100（ただし、その勤務が22時から翌5時までの場合は160/100）

③ 　休日の正規の勤務時間に勤務した場合は135/100

④ 　休日の正規の勤務時間外に勤務した場合は135/100（ただし、その勤務が22時から翌5時までの場合は160/100）

⑤ 　同一週外に週休日の振替をしたことにより週38時間45分を超える勤務をした場合は25/100

≪ポイント≫

➤時間外勤務手当は、正規の勤務時間以外の時間（正規の勤務時間の前後及び週休日）に勤務をした場合及び同一週外に週休日の振替をしたことにより週38時間45分を超えて勤務をした場合に支給される

➤休日勤務手当は、休日（祝日や年末年始等）の正規の勤務時間に勤務した場合に支給される

Q5 事務職員及び学校栄養職員の時間外勤務手当について、国からの財源が給料の6％相当分ということもあり、6％を超えるような場合には、時間外勤務をしても時間外勤務手当が支給されません。これは許されるのでしょうか。

A 許されません。

　時間外勤務手当の請求は、事務職員等の労働実績による賃金請求権に基づく権利です。当然のことですが、使用者は、労基法33条や36条に違反していた場合でも、実際に時間外勤務をさせた分の時間外勤務手当の支払義務を免れることはできません［最高裁判決1960年7月14日「最高裁判所刑事判例集（刑集）」14巻9号1139頁]。

　事務職員及び学校栄養職員の時間外勤務手当については、国からの財源として給料の6％相当分が義務教育費国庫負担金と地方交付税によって措置されています。そのため労使ともに6％という数字を意識するかもしれません。しかし、賃金請求権の発生は、財源の有無とは無関係ですから、6％分を超えたことが支払わない理由にはなりません。

　組合としては、36協定締結交渉等の際に、事務職員等の過重労働につながる時間外勤務を削減する交渉を行うとともに、36協定締結時に想定される時間外勤務時間に見合う時間外勤務手当を円滑に受領するための予算措置を求める交渉や協議等をすることが重要です。

> ≪ポイント≫
> ➤時間外勤務手当の請求は、事務職員等の権利である
> ➤使用者は、時間外勤務時間分の時間外勤務手当の支払義務を負う
> ➤36協定締結交渉等の際、事務職員等の過重労働につながる時間外勤務を削減する交渉を行うとともに、時間外勤務手当の予算措置に関する交渉や協議をすることが重要

Q6 学校における36協定の当事者は誰になりますか。各学校の労働者の過半数か否かを数える際、労働者の総数（分母）には、教員や会計年度任用職員等も含みますか。

A **使用者側の当事者は、校長（共同調理場に勤務する学校栄養職員に関しては共同調理場長）です。労働者側の当事者は、過半数労働組合で、過半数労働組合がない場合は過半数代表者です。分母には教員等も含みます。**

　過半数労働組合が労働者側の当事者となる場合、具体的に誰が当事者として校長・共同調理場長と36協定を交わすかは組合内部で決定できます。分会長のほか、対象校が職場ではない執行委員長・支部長等でも構いません。

　過半数労働組合がない場合には、組合員を学校の過半数代表者として選出するとよいでしょう。過半数代表者は、労働者の投票、挙手、同意書への署名等により選出しますので、職場での協力協働や未組合員への声掛けが重要となります。

　過半数代表者の選出に当たって、各学校の労働者の過半数か否かを数える際における労働者の総数（分母）には、教員や会計年度任用職員等も含みます。県費でも市町村費でも給与負担者による区別なく分母に含みますし、実際には時間外労働をしない人も分母に含みます。これらの人も同じ学校の労働者であることに変わりはなく、事務職員等の時間外労働・休日労働（法定休日における労働）は、同じ学校の教員をはじめとする他の職種にも関係するからです。

> ≪ポイント≫
> ➢36協定の労働者側当事者は、過半数労働組合で、過半数労働組合がない場合は過半数代表者がなる
> ➢過半数代表者の選出の際、労働者の総数（分母）には、教員や会計年度任用職員等も含む

Q7 職場の過半数代表者を選ぶ際に注意点はありますか。

A **過半数代表者**になるための要件があります。

具体的には次の３点を充たす必要があります。

① 管理監督者でないこと。

② 36協定を締結する者を選出することを明らかにした上で、投票、挙手等の方法で選出されたこと。

③ 使用者の意向に基づいて選出された者でないこと。

なお、2021年４月から36協定届の様式が新しくなり、次の２点についてチェックボックスにチェックをすることが必要となりました。

① 上記協定の当事者である労働組合が事業場の全ての労働者の過半数で組織する労働組合である又は上記協定の当事者である労働者の過半数を代表する者が事業場の全ての労働者の過半数を代表する者であること。

② 上記労働者の過半数を代表する者が、労働基準法第41条第２号に規定する監督又は管理の地位にある者でなく、かつ、同法に規定する協定等をする者を選出することを明らかにして実施される投票、挙手等の方法による手続により選出された者であつて使用者の意向に基づき選出されたものでないこと。

≪ポイント≫

➤管理監督者や、使用者の意向に基づき選出された者は、職場の過半数代表者になれない

➤2021年４月から、過半数代表者の選出について、36協定届のチェックボックスへのチェックが必要になった

Q8 職場の過半数代表者が、36協定の締結後の４月１日以降（翌年度）に、現在籍校から他校に職場を異動する場合であっても、年度末（異動前）に翌年度の36協定を締結できますか。

| A | 締結できます。

　過半数代表者は36協定を締結する時点を基準に判断されますので、36協定の締結以降、異動により他校に移籍となる場合であっても、過半数代表者等として、年度末（異動前）に翌年度の36協定を締結できます。

　ただし、締結後の36協定につき、その実施状況を過半数代表者等によって継続的に確認したいと考える場合には、36協定の有効期間中に異動とならない人を過半数代表者等に選ぶことが望ましいといえます。

> ≪ポイント≫
> ➤36協定締結後、過半数代表者が他校に異動する場合でも、過半数代表者等として、翌年度の36協定を締結できる

（4）時間外労働・休日労働（法定休日における労働）の必要性

Q9 学校における36協定において、時間外労働・休日労働（法定休日における労働）の必要がある事由は広く協定してもよいのでしょうか。

| A | **必要がある具体的事由をできる限り個別具体的かつ限定的に記載し、本来不要な時間外労働・休日労働が行われないようにしなければなりません。**

　36協定は使用者が求める時間外労働・休日労働（法定休日における労働）の根拠になります。そこで、時間外労働・休日労働の必要がある具体的事由については、職種や職場の性質に応じて予想される業務の必要性の有無を慎重に判断した上で36協定を締結することが重要です。

> ≪ポイント≫
> ➤時間外労働・休日労働（法定休日における労働）の必要がある具体的事由は、個々の必要性を厳しく吟味し、個別具体的に限定的に記載する

Q10 時間外労働の必要がある業務の種類については、どのように記入すればよいでしょうか。

A 業務の区分を細分化し、業務の範囲を明確にしてください。具体的には、「学校事務」や「栄養指導」というように業務内容を記入する方法が考えられます。

≪ポイント≫
➤業務の種類は、業務の区分を細分化し、業務の範囲を明確にする

Q11 時間外労働の必要がある労働者の数については、どのように記入すればよいでしょうか。

A 時間外労働の対象となる最高限度の職員数を記入するとよいでしょう。

≪ポイント≫
➤「労働者の数」については、時間外労働の対象となる最高限度の職員数を記入する

(5) 36協定の上限規制

Q12 36協定の上限規制とは具体的にどのようなものですか。

A 36協定の上限規制とは、36協定で締結できる、法定労働時間を超える時間数の上限について定めたものです。

　時間外労働時間数（休日労働は含まない）について、原則として月45時間、年360時間を「限度時間」とするという規制です（労基法36条4項）。1日についての上限規制はありません。

　ただし、予想外の業務量の大幅な増加等に伴って臨時的に月45時間、年

360時間の「限度時間」を超える労働の必要がある特別の事情がある場合には、例外的に「限度時間」を超える時間数につき、「特別条項」を定めることができます（労基法36条5項）。この場合にも、次の①～④に示すすべての要件を充たす必要があります。

① 時間外労働（休日労働は含まない）を年720時間以内とすること。

② 時間外労働（休日労働を含む）を月100時間未満とすること。

③ 2～6か月の時間外労働（休日労働を含む）の平均時間を80時間以内とすること。

④ 月45時間を上回る回数は、年6回までとすること。

上限規制についてまとめると図表18のようになります。

<図表18>
法定労働時間を超える時間数についての上限規制

原則：月45時間・年360時間［休日労働（法定休日における労働）は含まない］

※1日についての上限規制はない。

例外：臨時的な特別の事情がある場合も、次のすべての要件を充たす必要がある。
①時間外労働［休日労働（法定休日における労働）は含まない］を年720時間以内とすること
②時間外労働［休日労働（法定休日における労働）を含む］を月100時間未満とすること
③2～6か月の時間外労働［休日労働（法定休日における労働）を含む］の平均時間を80時間以内とすること
④月45時間を上回る回数は、年6回までとすること

なお、「時間外労働及び休日労働を合算した時間数は、1箇月について100時間未満でなければならず、かつ2箇月から6箇月までを平均して80時間を超過しないこと」という、協定届のチェックボックスにチェックしなければ有効な協定届になりません。

上限規制における上限時間数はあくまで上限ですので、時間外労働・休日労働は必要最小限度にとどめるべきことを労使ともに意識した上で36協定を締結することが重要です。

≪ポイント≫
➤上限規制における上限時間数はあくまで上限。時間外労働・休日労働は必要最小限度にとどめる前提で個別事由の必要性を厳しく吟味した上で36協定を締結する

Q13 時間外労働として延長することのできる時間については、どのように記入すればよいでしょうか。

A 延長時間は働く者の健康や福祉に十分に配慮して必要最小限度に設定する必要があります。

　時間外労働は、労働者の健康を害する過重労働につながる危険性を常に伴います。したがって、極力短い時間とすべきです。違法とならないように念のため長く記入しておくことは安易な長時間労働につながりますので、避けるべきです。

　もとより延長時間数が上限時間を超えている36協定は無効となりますので、上限規制の範囲内とする必要があります。

> ≪ポイント≫
> ➢延長時間は働く者の健康や福祉に十分に配慮して必要最小限度に設定する
> ➢最大でも、上限規制の範囲内とする必要がある

（6）休日労働の対象となる法定休日の日数

Q14 休日労働の対象となる法定休日の日数については、どのように記入すればよいでしょうか。

A できるだけ少ない日数、できるだけ短い労働時間を前提にした始業・終業時刻を決めておく必要があります。

　休日労働の対象となる法定休日の日数とともに、労働日の始業・終業時刻を記入することになります。この場合も、働く者の健康や福祉に配慮して必要最小限で記入する必要があります。

> ≪ポイント≫
> ➢休日労働の対象となる法定休日の日数や労働時間は、必要最小限度に設定する

（7）36協定の有効期間・起算日

Q15 36協定の有効期間、対象期間の起算日とは何ですか。また、有効期間や起算日はどうするのがよいでしょうか。

A 36協定の有効期間とは、36協定が効力を有する期間のことです。36協定の対象期間の起算日とは、協定の対象期間となる1年間の時間外労働時間が上限時間を超えていないか計算する際の「起算日」のことです。

　36協定について定期的に見直しを行う必要があることから、有効期間は1年間とすることが望ましいです。なお、協定の対象期間が1年間に限られますので（労基法36条2項2号）、最も短い場合でも有効期間は1年間になります。

　学校は年度で動いていますので、起算日は4月1日にするとわかりやすいでしょう。実際にも4月1日を起算日としていることが多いと思います。

> ≪ポイント≫
> ➢36協定の有効期間は1年間とすることが望ましい
> ➢起算日は4月1日にすることが多い

（8）36協定の効力発生要件

Q16 36協定はどの時点で効力が発生しますか。

A 行政官庁への協定届出の時点です。

　36協定は当事者間で締結しただけでは効力を発しません。所定の協定届（様式第9号又は様式第9号の2）を使用者（校長・共同調理場長）が行政官庁に届け出ることにより効力が発生します。なお、36協定の成立日は、有効期間の初日より前であることが必要です。

　また、協定書で有効期間について自動更新の定めをした場合でも、36協定届はその都度、届け出なければなりません。

≪ポイント≫

➢36協定は所定の協定届を行政官庁に届け出ることにより効力発生

Q17 厚労省が示している36協定届の記載例を見ると、「協定書を兼ねる場合には、使用者の署名又は記名・押印などが必要です」という注意書きが記載されています。協定書と協定届は違うのでしょうか。また、協定届が協定書を兼ねない場合は、使用者の押印等は不要なのでしょうか。

A **協定届は様式も記載事項も決まっている定型書式ですが、協定書は様式も協定内容も決まっていない自由書式という違いがあります。**

　この点から、協定書には、協定届には記載できない事項も書き加えることができます。例えば、「校長は、可能な限り、時間外勤務を命じないよう努める」という努力義務規定を設けることもできます。

　2021年4月から36協定届の様式が新しくなり、協定書を兼ねない場合は記名だけで足ります。ただし、協定書を兼ねる場合には、従来どおり使用者の署名又は記名と押印が必要です。

≪ポイント≫

➢協定書と協定届は書式が異なる

➢協定書には、協定届にない労使協定事項の記載が可能

Q18 事務職員等に関する36協定を届け出る行政官庁は、それぞれどこになりますか。

A **都道府県立、政令市立、和歌山市立及び区立の学校の事務職員は人事委員会に、それ以外の市町村立学校の事務職員は市町村長に届け出ます。学校栄養職員は、勤務先等によって届出先が変わります。現業職員は、労働基準監督署です。**

事務職員に関する36協定は、人事委員会が置かれている場合は人事委員会、置かれていない場合は市町村長が行政官庁です。都道府県及び政令市は人事委員会が必置とされています（地公法7条1項）。また、人口15万以上の市及び東京都の特別区は人事委員会又は公平委員会のいずれかを任意に設置することとされています（地公法7条2項）。都道府県及び政令市以外の人口15万以上の市のうち人事委員会を設置しているのは和歌山市だけであり、特別区は一部事務組合を設けて全部の特別区が単一の特別区人事委員会を設置しています。

　学校栄養職員に関する36協定は、以下のようになります。

① 　学校だけに勤務する学校栄養職員の場合は、人事委員会（同委員会が置かれていない場合は市町村長）

② 　学校と給食調理場の両方に勤務する学校栄養職員の場合は、人事委員会が個々のケースに応じて勤務内容・勤務時間・指揮命令系統等をふまえて個別判断

　　・労基法別表第一1号（物の製造、改造、加工等の事業）に該当すると判断されれば、労働基準監督署

　　・労基法別表第一12号（教育、研究又は調査の事業）に該当すると判断されれば、人事委員会（同委員会が置かれていない場合は市町村長）

③ 　給食調理場だけに勤務する学校栄養職員の場合は、労働基準監督署

≪ポイント≫

➤36協定を届け出る行政官庁は次のとおり

・事務職員の協定は、人事委員会（置かれていない場合は市町村長）

・学校栄養職員の協定は、個別ケースに応じて、人事委員会（置かれていない場合は市町村長）又は労働基準監督署

・現業職員の協定は、労働基準監督署

Q19 事務職員に関する36協定と現業職員に関する36協定を締結する場合の労働者側当事者は区別して定めるのでしょうか。また、2種類の協定届を作成・届出することになるのでしょうか。

| A | 事務職員に関する36協定と現業職員に関する36協定につき、職種ごとに過半数代表者を別の人にすることは想定されていません。 |

　36協定は事業場ごとに締結しますので、どちらの場合も、その学校に全労働者の過半数で組織する過半数労働組合があれば、その過半数労働組合が労働者側当事者となります。過半数労働組合がない場合には、過半数代表者を選出し、その過半数代表者が労働者側当事者になります。

　36協定の作成・届出に関しては、事務職員に関する36協定は人事委員会が置かれている場合は人事委員会（同委員会が置かれていない場合は市町村長）が行政官庁となり、現業職員に関する36協定は労働基準監督署が行政官庁となります。届出先が異なる場合には、それぞれ別に36協定の書面を作成・届出することになります。なお、届出をするのは使用者（校長）です。

≪ポイント≫
➢事務職員に関する36協定や現業職員に関する36協定につき、職種ごとに過半数代表者を変更することは想定されていない
➢36協定の届出先が異なる場合は、届出先ごとに書面を作成・届出する

(9) 時間外勤務の過少申告

Q20 時間外勤務につき、予算を超えるので実態どおりの申告は控えるという人や、時間外勤務になるのは自分の経験や能力が足りないからだとして過少申告してしまう人がいるようです。組合としてどのように対応したらよいでしょうか。

| A | すべての時間外勤務時間を申告するように本人と話をしてください。 |

　予算不足が生じるのは予算設定権限を持つ使用者である行政側の過誤です。また、経験が浅かったり業務に不慣れであったりすれば時間がかかるのは当然で、それを見越した上で適切な業務量を設定するのも使用者側の責務です。ですから、働く者には何らの落ち度もないので、時間外勤務を正確に

申告するように丁寧に説明してください。このような実態が見られる場合には、すべての時間を申告するよう組合員に広く呼びかけてください。

公務災害認定請求の場面では、過少申告していると時間外勤務時間数が適切にカウントされず、公務外と認定されてしまう不利益が生じる可能性もあります。

> ≪ポイント≫
> ➢実際に働いた時間のすべての時間を申告することが大切

（10）36協定の見直し

Q21 36協定の締結や見直しに際して、組合として持つべき視点は何でしょうか。

A 時間外労働・休日労働は例外であり、必要性が強く認められる業務内容に限定して、必要最小限の範囲でのみ認めるか否かを慎重に検討するという労働者の健康と福祉を重視する視点です。

36協定は、原則として違法である時間外労働・休日労働について、例外的に適法と認められることになる労使間の協定です。時間外労働・休日労働が原則禁止されているのは、過重な長時間労働の弊害から労働者の健康と安全を守り、労働者のワーク・ライフ・バランスを確保するためです。そこで、組合として、36協定を検討する際に最も大切なことは、①時間外労働・休日労働の業務内容を、必要性が認められる具体的な事由に限定すること、②時間外勤務として延長する時間や労働する休日等につき、時間や日数等をできる限り必要最小限度の範囲内にとどめるように使用者と交渉して、協定内容に適切に反映させることです。

36協定の締結に際しての形式的なチェックポイントを図表19にまとめましたので確認してください。また、単組・支部・分会で、それぞれ図表20に記載した流れで36協定について確認し、上記の視点から不断の見直しをすべきです。

<図表19>
36協定のチェックポイント

1. 法令上必要な事項を協定しているか。
- ☐ ①時間外労働をさせられる具体的な事由（通常予想される臨時の必要がある場合を具体的に記入）
- ☐ ②時間外労働をさせられる業務の種類（業務の区分を細分化し、職務内容に応じ具体的に記入。下記3参照）
- ☐ ③時間外労働をさせられる労働者の数（対象となる最高限度の職員数を記入）
- ☐ ④1日・1か月・1年について延長させられる時間（下記4参照）
- ☐ ⑤労働させられる休日の日数（労働させられる法定休日の日数及びその法定休日の始業・終業時刻が最小限度の範囲内となるように記入）
- ☐ ⑥対象期間、有効期間、起算日
- ☐ ⑦休日労働（法定休日における労働）を含めて1か月100時間未満かつ2か月から6か月までの平均80時間以内、にチェック

2. 労働者側の協定当事者の要件を充たしているか。
- ☐ ①協定当事者である労働組合が過半数労働組合である又は過半数代表者が事業場のすべての労働者の過半数を代表する者であること、にチェック
- ☐ ②監督又は管理の地位にある者でなく、かつ、過半数代表者を選出することを明らかにして実施される投票、挙手等の方法による手続により選出された者であつて使用者の意向に基づき選出されたものでないこと、にチェック

3. 業務区分を細分化して、業務の範囲が明確になっているか。

4. 延長時間の限度を超えていないか。
- ☐ ①1か月について45時間以内
- ☐ ②1年間について360時間以内

5. 特別条項の要件を充たしているか。
- ☐ ①臨時的な特別の事情であり、「業務の都合上必要な場合」や「業務上やむを得ない場合」など、恒常的なものでない
- ☐ ②1年720時間以内。休日労働（法定休日における労働）を含めて1か月100時間未満かつ2か月から6か月までの平均80時間以内、にチェック
- ☐ ③原則である月45時間の時間外労働を上回る回数は6回まで

<図表20>
36協定についての確認のプロセス

<分会（組合員）>

各自の時間外
勤務時間数の把握

↓

36協定が遵守
されているか確認

↓

必要に応じて、36協定の
締結内容の見直し

<単組・支部>

36協定の遵守状況を
分会に確認

↓

必要に応じて、教委と
交渉・協議等

↓

分会へのフィードバック

≪ポイント≫

➢36協定の締結・見直しをする際には、時間外労働・休日労働が原則禁止されていることに鑑みて、過重な長時間労働の弊害から労働者の健康と安全を守り、労働者のワーク・ライフ・バランスを確保するためという視点での吟味が必要

資　料

※資料中に「,」や「、」など表記が統一されていない箇所や、条例等の条文番号の例として「○条」「●条」「▲条」と記載されている箇所がありますが、原文のまま掲載しています。

〈参照用〉　学校における働き方改革について
　　　　　　文部科学省ホームページ
　　　　　　https://www.mext.go.jp/a_menu/shotou/hatarakikata/index.htm

（1）2019 年改正給特法（全文）

公立の義務教育諸学校等の教育職員の給与等に関する特別措置法

（趣旨）

第一条　この法律は、公立の義務教育諸学校等の教育職員の職務と勤務態様の特殊性に基づき、その給与その他の勤務条件について特例を定めるものとする。

（定義）

第二条　この法律において、「義務教育諸学校等」とは、学校教育法（昭和二十二年法律第二十六号）に規定する公立の小学校、中学校、義務教育学校、高等学校、中等教育学校、特別支援学校又は幼稚園をいう。

2　この法律において、「教育職員」とは、義務教育諸学校等の校長（園長を含む。次条第一項において同じ。）、副校長（副園長を含む。同項において同じ。）、教頭、主幹教諭、指導教諭、教諭、養護教諭、栄養教諭、助教諭、養護助教諭、講師（常時勤務の者及び地方公務員法（昭和二十五年法律第二百六十一号）第二十八条の五第一項に規定する短時間勤務の職を占める者に限る。）、実習助手及び寄宿舎指導員をいう。

※編著者注：給特法第 2 条第 2 項中の「第二十八条の五第一項」は、「第二十二条の四第一項」に改正されます（2023 年 4 月 1 日施行）。

（教育職員の教職調整額の支給等）

第三条　教育職員（校長、副校長及び教頭を除く。以下この条において同じ。）には、その者の給料月額の百分の四に相当する額を基準として、条例で定めるところにより、教職調整額を支給しなければならない。

資料
1

2　教育職員については、時間外勤務手当及び休日勤務手当は、支給しない。

3　第一項の教職調整額の支給を受ける者の給与に関し、次の各号に掲げる場合においては、当該各号に定める内容を条例で定めるものとする。

一　地方自治法（昭和二十二年法律第六十七号）第二百四条第二項に規定する地域手当、特地勤務手当（これに準ずる手当を含む。）、期末手当、勤勉手当、定時制通信教育手当、産業教育手当又は退職手当について給料をその算定の基礎とする場合　当該給料の額に教職調整額の額を加えた額を算定の基礎とすること。

二　休職の期間中に給料が支給される場合　当該給料の額に教職調整額の額を加えた額を支給すること。

三　外国の地方公共団体の機関等に派遣される一般職の地方公務員の処遇等に関する法律（昭和六十二年法律第七十八号）第二条第一項の規定により派遣された者に給料が支給される場合　当該給料の額に教職調整額の額を加えた額を支給すること。

四　公益的法人等への一般職の地方公務員の派遣等に関する法律（平成十二年法律第五十号）第二条第一項の規定により派遣された者に給料が支給される場合　当該給料の額に教職調整額の額を加えた額を支給すること。

（教職調整額を給料とみなして適用する法令）

第四条　前条の教職調整額の支給を受ける者に係る次に掲げる法律の規定及びこれらに基づく命令の規定の適用については、同条の教職調整額は、給料とみなす。

一　地方自治法

二　市町村立学校職員給与負担法（昭和二十三年法律第百三十五号）

三　へき地教育振興法（昭和二十九年法律第百四十三号）

四　地方公務員等共済組合法（昭和三十七年法律第百五十二号）

五　地方公務員等共済組合法の長期給付等に関する施行法（昭和三十七年法律第百五十三号）

六　地方公務員災害補償法（昭和四十二年法律第百二十一号）

資料1

（教育職員に関する読替え）

第五条 教育職員については、地方公務員法第五十八条第三項本文中「第二条、」とあるのは「第三十二条の四第一項中「当該事業場に、労働者の過半数で組織する労働組合がある場合においてはその労働組合、労働者の過半数で組織する労働組合がない場合においては労働者の過半数を代表する者との書面による協定により、次に掲げる事項を定めたときは」とあるのは「次に掲げる事項について条例に特別の定めがある場合は」と、「その協定」とあるのは「その条例」と、「当該協定」とあるのは「当該条例」と、同項第五号中「厚生労働省令」とあるのは「文部科学省令」と、同条第二項中「前項の協定で同項第四号の区分をし」とあるのは「前項第四号の区分並びに」と、「を定めたときは」とあるのは「について条例に特別の定めがある場合は」と、「当該事業場に、労働者の過半数で組織する労働組合がある場合においてはその労働組合、労働者の過半数で組織する労働組合がない場合においては労働者の過半数を代表する者の同意を得て、厚生労働省令」とあるのは「文部科学省令」と、同条第三項中「厚生労働大臣は、労働政策審議会」とあるのは「文部科学大臣は、審議会等（国家行政組織法（昭和二十三年法律第百二十号）第八条に規定する機関をいう。）で政令で定めるもの」と、「厚生労働省令」とあるのは「文部科学省令」と、「協定」とあるのは「条例」と、同法第三十三条第三項中「官公署の事業（別表第一に掲げる事業を除く。）」とあるのは「別表第一第十二号に掲げる事業」と、「労働させることができる」とあるのは「労働させることができる。この場合において、公務員の健康及び福祉を害しないように考慮しなければならない」と読み替えて同法第三十二条の四第一項から第三項まで及び第三十三条第三項の規定を適用するものとし、同法第二条、」と、「から第三十二条の五まで」とあるのは「、第三十二条の三の二、第三十二条の四の二、第三十二条の五、第三十七条」と、「第五十三条第一項」とあるのは「第五十三条第一項、第六十六条（船員法第八十八条の二の二第四項及び第五項並びに第八十八条の三第四項において準用する場合を含む。）」と、「規定は」とあるのは「規定（船員法第七十三条の規定に基づく命令の規定中同法第六十六条に係るものを含む。）は」と、同条第四項中「同法第三十七条第三項中「使用者が、当該事業場に、

労働者の過半数で組織する労働組合があるときはその労働組合、労働者の過半数で組織する労働組合がないときは労働者の過半数を代表する者との書面による協定により」とあるのは「使用者が」と、同法」とあるのは「同法」と読み替えて同条第三項及び第四項の規定を適用するものとする。

（教育職員の正規の勤務時間を超える勤務等）

第六条　教育職員（管理職手当を受ける者を除く。以下この条において同じ。）を正規の勤務時間（一般職の職員の勤務時間、休暇等に関する法律（平成六年法律第三十三号）第五条から第八条まで、第十一条及び第十二条の規定に相当する条例の規定による勤務時間をいう。第三項及び次条第一項において同じ。）を超えて勤務させる場合は、政令で定める基準に従い条例で定める場合に限るものとする。

2　前項の政令を定める場合においては、教育職員の健康と福祉を害することとならないよう勤務の実情について十分な配慮がされなければならない。

3　第一項の規定は、次に掲げる日において教育職員を正規の勤務時間中に勤務させる場合について準用する。

　一　一般職の職員の勤務時間、休暇等に関する法律第十四条に規定する祝日法による休日及び年末年始の休日に相当する日

　二　一般職の職員の給与に関する法律（昭和二十五年法律第九十五号）第十七条の規定に相当する条例の規定により休日勤務手当が一般の職員に対して支給される日（前号に掲げる日を除く。）

（教育職員の業務量の適切な管理等に関する指針の策定等）

第七条　文部科学大臣は、教育職員の健康及び福祉の確保を図ることにより学校教育の水準の維持向上に資するため、教育職員が正規の勤務時間及びそれ以外の時間において行う業務の量の適切な管理その他教育職員の服務を監督する教育委員会が教育職員の健康及び福祉の確保を図るために講ずべき措置に関する指針（次項において単に「指針」という。）を定めるものとする。

2　文部科学大臣は、指針を定め、又はこれを変更したときは、遅滞なく、これを公表しなければならない。

附　則　（令和元年一二月一一日法律第七二号）

（施行期日）

1　この法律は、令和三年四月一日から施行する。ただし、次項の規定は公布
　の日から、第六条第一項の改正規定及び本則に一条を加える改正規定は令和
　二年四月一日から施行する。

（準備行為）

2　文部科学大臣は、この法律による改正後の公立の義務教育諸学校等の教育
　職員の給与等に関する特別措置法第五条の規定により読み替えて適用する地
　方公務員法（昭和二十五年法律第二百六十一号）第五十八条第三項の規定
　により読み替えて適用する労働基準法（昭和二十二年法律第四十九号）第
　三十二条の四第三項の文部科学省令を定めようとするときは、この法律の施
　行の日前においても、同項（同項の審議会等を定める政令を含む。）の規定
　の例により、当該政令で定める審議会等の意見を聴くことができる。

資料
1

（2）公立の義務教育諸学校等の教育職員を正規の勤務時間を超えて勤務させる場合等の基準を定める政令（全文）

　内閣は、国立大学法人法等の施行に伴う関係法律の整備等に関する法律（平
成十五年法律第百十七号）の施行に伴い、及び公立の義務教育諸学校等の教育
職員の給与等に関する特別措置法（昭和四十六年法律第七十七号）第六条第一
項（同条第三項において準用する場合を含む。）の規定に基づき、この政令を
制定する。

　公立の義務教育諸学校等の教育職員の給与等に関する特別措置法（以下
「法」という。）第六条第一項（同条第三項において準用する場合を含む。）の
政令で定める基準は、次のとおりとする。

　一　教育職員（法第六条第一項に規定する教育職員をいう。次号において同
　　じ。）については、正規の勤務時間（同項に規定する正規の勤務時間をい
　　う。以下同じ。）の割振りを適正に行い、原則として時間外勤務（正規の
　　勤務時間を超えて勤務することをいい、同条第三項各号に掲げる日におい

て正規の勤務時間中に勤務することを含む。次号において同じ。）を命じ
ないものとすること。

　二　教育職員に対し時間外勤務を命ずる場合は、次に掲げる業務に従事する
　　場合であって臨時又は緊急のやむを得ない必要があるときに限るものとす
　　ること。

　　イ　校外実習その他生徒の実習に関する業務
　　ロ　修学旅行その他学校の行事に関する業務
　　ハ　職員会議（設置者の定めるところにより学校に置かれるものをいう。）
　　　に関する業務
　　ニ　非常災害の場合、児童又は生徒の指導に関し緊急の措置を必要とする
　　　場合その他やむを得ない場合に必要な業務

附　　則
この政令は、平成十六年四月一日から施行する。

（3）給特法施行規則（全文）

公立の義務教育諸学校等の教育職員の給与等に関する特別措置法施行規則

　公立の義務教育諸学校等の教育職員の給与等に関する特別措置法（昭和
四十六年法律第七十七号）第五条の規定により読み替えて適用する地方公務員
法（昭和二十五年法律第二百六十一号）第五十八条第三項の規定により読み替
えて適用する労働基準法（昭和二十二年法律第四十九号）第三十二条の四第一
項第五号並びに同条第二項及び第三項の規定に基づき、並びに公立の義務教育
諸学校等の教育職員の給与等に関する特別措置法を実施するため、公立の義務
教育諸学校等の教育職員の給与等に関する特別措置法施行規則を次のように定
める。

（対象期間に含む期間等）
第一条　公立の義務教育諸学校等の教育職員の給与等に関する特別措置法（以

下この項及び第六条第一項において「法」という。）第五条の規定により読み替えて適用する地方公務員法第五十八条第三項の規定により読み替えて適用する労働基準法（以下「読替え後の労働基準法」という。）第三十二条の四第一項第二号の対象期間（以下単に「対象期間」という。）を定めるに当たっては、当該対象期間には、読替え後の労働基準法第三十二条の四の規定により労働させる教育職員（法第二条第二項に規定する教育職員をいう。以下同じ。）の所属する学校を設置する市（特別区を含む。）町村又は都道府県の教育委員会が学校教育法施行令（昭和二十八年政令第三百四十号）第二十九条第一項の規定により定める学校の夏季、冬季、学年末、農繁期等における休業日等の期間（次項において「長期休業期間等」という。）を含めるものとする。

2　読替え後の労働基準法第三十二条の四第一項第四号の労働日及び当該労働日ごとの労働時間並びに同条第二項の各期間における労働日及び当該各期間における労働日ごとの労働時間の設定は、一日の勤務に割り振られる勤務時間を当該日における同条の規定を適用しない場合の正規の勤務時間（一般職の職員の勤務時間、休暇等に関する法律（平成六年法律第三十三号）第五条、第六条、第八条、第十一条及び第十二条の規定に相当する条例の規定による勤務時間をいう。）に比して短く設定する日（同法第八条の規定に相当する条例の規定に基づき勤務日のうち四時間の勤務時間を当該勤務日に割り振ることをやめて当該四時間の勤務時間を同法第六条第一項又は第四項の規定に相当する条例の規定により週休日とされた日において特に勤務することを命ずる必要がある日に割り振る場合における当該勤務日を除く。）について、当該日のいずれにも勤務時間を割り振らず、かつ、当該日を長期休業期間等において連続して設定する場合に限り、行うものとする。

（読替え後の労働基準法第三十二条の四第一項第五号の文部科学省令で定める事項）

第二条　読替え後の労働基準法第三十二条の四第一項の条例において定める同項第五号の文部科学省令で定める事項は、次に掲げるものとする。

一　読替え後の労働基準法第三十二条の四において規定する期間の起算日

二　対象期間を定めることができる期間の範囲

（読替え後の労働基準法第三十二条の四第二項の文部科学省令で定める方法）

第三条　読替え後の労働基準法第三十二条の四第二項の各期間における労働日及び当該各期間における労働日ごとの労働時間は、条例の定めるところにより定めるものとする。

2　前項の条例に定めるところにより読替え後の労働基準法第三十二条の四第二項の各期間における労働日及び当該各期間における労働日ごとの労働時間を定めたときは、使用者は、これを同条の規定により労働させる教育職員に周知させるものとする。

（読替え後の労働基準法第三十二条の四第三項の文部科学省令で定める労働日数の限度等）

第四条　読替え後の労働基準法第三十二条の四第三項の文部科学省令で定める労働日数の限度は、勤務時間が割り振られる日の数について、対象期間が三箇月を超える場合は対象期間について一年当たり二百八十日とする。ただし、対象期間が三箇月を超える場合において、当該対象期間の初日の前一年以内の日を含む三箇月を超える期間を対象期間として定めた場合（以下この項において当該対象期間を「旧対象期間」という。）において、一日の勤務に割り振られる勤務時間のうち最も長いものが旧対象期間において一日の勤務に割り振られていた勤務時間のうち最も長いもの若しくは九時間のいずれか長い時間を超え、又は一週間の勤務に割り振られる勤務時間のうち最も長いものが旧対象期間において一週間の勤務に割り振られていた勤務時間のうち最も長いもの若しくは四十八時間のいずれか長い時間を超えるときは、旧対象期間について一年当たりの勤務時間が割り振られていた日の数から一日を減じた日数又は二百八十日のいずれか少ない日数とする。

2　読替え後の労働基準法第三十二条の四第三項の文部科学省令で定める一日の労働時間の限度は、一日の勤務に割り振られる勤務時間について十時間とし、一週間の労働時間の限度は、一週間の勤務に割り振られる勤務時間について五十二時間とする。この場合において、対象期間が三箇月を超えるときは、次の各号のいずれにも適合しなければならない。

一　対象期間において、その一週間の勤務に割り振られる勤務時間が四十八
　　　時間を超える週が連続する場合の週数が三以下であること。

　　二　対象期間をその初日から三箇月ごとに区分した各期間（三箇月未満の期
　　　間を生じたときは、当該期間）において、その一週間の勤務に割り振られ
　　　る勤務時間が四十八時間を超える週の初日の数が三以下であること。

　3　読替え後の労働基準法第三十二条の四第三項の文部科学省令で定める対象
　　期間における連続して労働させる日数の限度は、勤務時間が割り振られる日
　　の数について六日とし、同条第一項の条例で定めるところにより同項第三
　　号の特定期間として定められた期間における連続して労働させる日数の限度
　　は、勤務時間が割り振られる日の数について一週間に一日の勤務時間が割り
　　振られない日が確保できる日数とする。

（育児等を行う者等への配慮）

第五条　使用者は、読替え後の労働基準法第三十二条の四の規定により教育職
　　員に労働させる場合には、育児を行う者、老人等の介護を行う者、職業訓練
　　又は教育を受ける者その他特別の配慮を要する者については、これらの者が
　　育児等に必要な時間を確保できるような配慮をしなければならない。

（法第七条第一項の指針で定める事項等）

第六条　法第七条の規定により文部科学大臣が定める指針（次項において単に
　　「指針」という。）には、読替え後の労働基準法第三十二条の四の規定によ
　　り教育職員に労働させる場合に当該教育職員の服務を監督する教育委員会が
　　当該教育職員の健康及び福祉の確保を図るために講ずべき措置に関する事項
　　を含むものとする。

　2　使用者は、読替え後の労働基準法第三十二条の四の規定により教育職員に
　　労働させる場合には、前項の規定に基づき文部科学大臣が指針に定める措置
　　その他教育職員の健康及び福祉の確保を図るための措置を講ずるものとする。

　附　　則
この省令は、令和三年四月一日から施行する。

労働基準法（抜粋）

（労働時間）

第三十二条　使用者は、労働者に、休憩時間を除き一週間について四十時間を超えて、労働させてはならない。

２　使用者は、一週間の各日については、労働者に、休憩時間を除き一日について八時間を超えて、労働させてはならない。

（１か月単位の変形労働時間制）

第三十二条の二　使用者は、当該事業場に、労働者の過半数で組織する労働組合がある場合においてはその労働組合、労働者の過半数で組織する労働組合がない場合においては労働者の過半数を代表する者との書面による協定により、又は就業規則その他これに準ずるものにより、一箇月以内の一定の期間を平均し一週間当たりの労働時間が前条第一項の労働時間を超えない定めをしたときは、同条の規定にかかわらず、その定めにより、特定された週において同項の労働時間又は特定された日において同条第二項の労働時間を超えて、労働させることができる。

２　使用者は、厚生労働省令で定めるところにより、前項の協定を行政官庁に届け出なければならない。

（一年単位の変形労働時間制）

第三十二条の四　使用者は、当該事業場に、労働者の過半数で組織する労働組合がある場合においてはその労働組合、労働者の過半数で組織する労働組合がない場合においては労働者の過半数を代表する者との書面による協定により、次に掲げる事項を定めたときは、第三十二条の規定にかかわらず、その協定で第二号の対象期間として定められた期間を平均し一週間当たりの労働時間が四十時間を超えない範囲内において、当該協定（次項の規定による定めをした場合においては、その定めを含む。）で定めるところにより、特定

された週において同条第一項の労働時間又は特定された日において同条第二項の労働時間を超えて、労働させることができる。

一　この条の規定による労働時間により労働させることができることとされる労働者の範囲

二　対象期間（その期間を平均し一週間当たりの労働時間が四十時間を超えない範囲内において労働させる期間をいい、一箇月を超え一年以内の期間に限るものとする。以下この条及び次条において同じ。）

三　特定期間（対象期間中の特に業務が繁忙な期間をいう。第三項において同じ。）

四　対象期間における労働日及び当該労働日ごとの労働時間（対象期間を一箇月以上の期間ごとに区分することとした場合においては、当該区分による各期間のうち当該対象期間の初日の属する期間(以下この条において「最初の期間」という。)における労働日及び当該労働日ごとの労働時間並びに当該最初の期間を除く各期間における労働日数及び総労働時間）

五　その他厚生労働省令で定める事項

2　使用者は、前項の協定で同項第四号の区分をし当該区分による各期間のうち最初の期間を除く各期間における労働日数及び総労働時間を定めたときは、当該各期間の初日の少なくとも三十日前に、当該事業場に、労働者の過半数で組織する労働組合がある場合においてはその労働組合、労働者の過半数で組織する労働組合がない場合においては労働者の過半数を代表する者の同意を得て、厚生労働省令で定めるところにより、当該労働日数を超えない範囲内において当該各期間における労働日及び当該総労働時間を超えない範囲内において当該各期間における労働日ごとの労働時間を定めなければならない。

3　厚生労働大臣は、労働政策審議会の意見を聴いて、厚生労働省令で、対象期間における労働日数の限度並びに一日及び一週間の労働時間の限度並びに対象期間（第一項の協定で特定期間として定められた期間を除く。）及び同項の協定で特定期間として定められた期間における連続して労働させる日数の限度を定めることができる。

4　第三十二条の二第二項の規定は、第一項の協定について準用する。

（災害等による臨時の必要がある場合の時間外労働等）

第三十三条 災害その他避けることのできない事由によつて、臨時の必要がある場合においては、使用者は、行政官庁の許可を受けて、その必要の限度において第三十二条から前条まで若しくは第四十条の労働時間を延長し、又は第三十五条の休日に労働させることができる。ただし、事態急迫のために行政官庁の許可を受ける暇がない場合においては、事後に遅滞なく届け出なければならない。

2　前項ただし書の規定による届出があつた場合において、行政官庁がその労働時間の延長又は休日の労働を不適当と認めるときは、その後にその時間に相当する休憩又は休日を与えるべきことを、命ずることができる。

3　公務のために臨時の必要がある場合においては、第一項の規定にかかわらず、官公署の事業（別表第一に掲げる事業を除く。）に従事する国家公務員及び地方公務員については、第三十二条から前条まで若しくは第四十条の労働時間を延長し、又は第三十五条の休日に労働させることができる。

（休憩）

第三十四条 使用者は、労働時間が六時間を超える場合においては少くとも四十五分、八時間を超える場合においては少くとも一時間の休憩時間を労働時間の途中に与えなければならない。

2　前項の休憩時間は、一斉に与えなければならない。ただし、当該事業場に、労働者の過半数で組織する労働組合がある場合においてはその労働組合、労働者の過半数で組織する労働組合がない場合においては労働者の過半数を代表する者との書面による協定があるときは、この限りでない。

3　使用者は、第一項の休憩時間を自由に利用させなければならない。

（休日）

第三十五条 使用者は、労働者に対して、毎週少くとも一回の休日を与えなければならない。

2　前項の規定は、四週間を通じ四日以上の休日を与える使用者については適用しない。

（時間外及び休日の労働）

第三十六条　使用者は、当該事業場に、労働者の過半数で組織する労働組合が
　　ある場合においてはその労働組合、労働者の過半数で組織する労働組合がな
　　い場合においては労働者の過半数を代表する者との書面による協定をし、
　　厚生労働省令で定めるところによりこれを行政官庁に届け出た場合において
　　は、第三十二条から第三十二条の五まで若しくは第四十条の労働時間（以下
　　この条において「労働時間」という。）又は前条の休日（以下この条におい
　　て「休日」という。）に関する規定にかかわらず、その協定で定めるところ
　　によつて労働時間を延長し、又は休日に労働させることができる。

2　前項の協定においては、次に掲げる事項を定めるものとする。

　一　この条の規定により労働時間を延長し、又は休日に労働させることがで
　　きることとされる労働者の範囲

　二　対象期間（この条の規定により労働時間を延長し、又は休日に労働させ
　　ることができる期間をいい、一年間に限るものとする。第四号及び第六項
　　第三号において同じ。）

　三　労働時間を延長し、又は休日に労働させることができる場合

　四　対象期間における一日、一箇月及び一年のそれぞれの期間について労働
　　時間を延長して労働させることができる時間又は労働させることができる
　　休日の日数

　五　労働時間の延長及び休日の労働を適正なものとするために必要な事項と
　　して厚生労働省令で定める事項

3　前項第四号の労働時間を延長して労働させることができる時間は、当該事
　　業場の業務量、時間外労働の動向その他の事情を考慮して通常予見される時
　　間外労働の範囲内において、限度時間を超えない時間に限る。

4　前項の限度時間は、一箇月について四十五時間及び一年について三百六十
　　時間（第三十二条の四第一項第二号の対象期間として三箇月を超える期間を
　　定めて同条の規定により労働させる場合にあつては、一箇月について四十二
　　時間及び一年について三百二十時間）とする。

5　第一項の協定においては、第二項各号に掲げるもののほか、当該事業場に
　　おける通常予見することのできない業務量の大幅な増加等に伴い臨時的に第

三項の限度時間を超えて労働させる必要がある場合において、一箇月について労働時間を延長して労働させ、及び休日において労働させることができる時間（第二項第四号に関して協定した時間を含め百時間未満の範囲内に限る。）並びに一年について労働時間を延長して労働させることができる時間（同号に関して協定した時間を含め七百二十時間を超えない範囲内に限る。）を定めることができる。この場合において、第一項の協定に、併せて第二項第二号の対象期間において労働時間を延長して労働させる時間が一箇月について四十五時間（第三十二条の四第一項第二号の対象期間として三箇月を超える期間を定めて同条の規定により労働させる場合にあつては、一箇月について四十二時間）を超えることができる月数（一年について六箇月以内に限る。）を定めなければならない。

6　使用者は、第一項の協定で定めるところによつて労働時間を延長して労働させ、又は休日において労働させる場合であつても、次の各号に掲げる時間について、当該各号に定める要件を満たすものとしなければならない。

　　一　坑内労働その他厚生労働省令で定める健康上特に有害な業務について、一日について労働時間を延長して労働させた時間　二時間を超えないこと。

　　二　一箇月について労働時間を延長して労働させ、及び休日において労働させた時間　百時間未満であること。

　　三　対象期間の初日から一箇月ごとに区分した各期間に当該各期間の直前の一箇月、二箇月、三箇月、四箇月及び五箇月の期間を加えたそれぞれの期間における労働時間を延長して労働させ、及び休日において労働させた時間の一箇月当たりの平均時間　八十時間を超えないこと。

7　厚生労働大臣は、労働時間の延長及び休日の労働を適正なものとするため、第一項の協定で定める労働時間の延長及び休日の労働について留意すべき事項、当該労働時間の延長に係る割増賃金の率その他の必要な事項について、労働者の健康、福祉、時間外労働の動向その他の事情を考慮して指針を定めることができる。

8　第一項の協定をする使用者及び労働組合又は労働者の過半数を代表する者は、当該協定で労働時間の延長及び休日の労働を定めるに当たり、当該協定の内容が前項の指針に適合したものとなるようにしなければならない。

資料
1

9　行政官庁は、第七項の指針に関し、第一項の協定をする使用者及び労働組合又は労働者の過半数を代表する者に対し、必要な助言及び指導を行うことができる。

10　前項の助言及び指導を行うに当たつては、労働者の健康が確保されるよう特に配慮しなければならない。

11　第三項から第五項まで及び第六項（第二号及び第三号に係る部分に限る。）の規定は、新たな技術、商品又は役務の研究開発に係る業務については適用しない。

（時間外、休日及び深夜の割増賃金）

第三十七条　使用者が、第三十三条又は前条第一項の規定により労働時間を延長し、又は休日に労働させた場合においては、その時間又はその日の労働については、通常の労働時間又は労働日の賃金の計算額の二割五分以上五割以下の範囲内でそれぞれ政令で定める率以上の率で計算した割増賃金を支払わなければならない。ただし、当該延長して労働させた時間が一箇月について六十時間を超えた場合においては、その超えた時間の労働については、通常の労働時間の賃金の計算額の五割以上の率で計算した割増賃金を支払わなければならない。

2　前項の政令は、労働者の福祉、時間外又は休日の労働の動向その他の事情を考慮して定めるものとする。

3　使用者が、当該事業場に、労働者の過半数で組織する労働組合があるときはその労働組合、労働者の過半数で組織する労働組合がないときは労働者の過半数を代表する者との書面による協定により、第一項ただし書の規定により割増賃金を支払うべき労働者に対して、当該割増賃金の支払に代えて、通常の労働時間の賃金が支払われる休暇（第三十九条の規定による有給休暇を除く。）を厚生労働省令で定めるところにより与えることを定めた場合において、当該労働者が当該休暇を取得したときは、当該労働者の同項ただし書に規定する時間を超えた時間の労働のうち当該取得した休暇に対応するものとして厚生労働省令で定める時間の労働については、同項ただし書の規定による割増賃金を支払うことを要しない。

4　使用者が、午後十時から午前五時まで（厚生労働大臣が必要であると認める場合においては、その定める地域又は期間については午後十一時から午前六時まで）の間において労働させた場合においては、その時間の労働については、通常の労働時間の賃金の計算額の二割五分以上の率で計算した割増賃金を支払わなければならない。

5　第一項及び前項の割増賃金の基礎となる賃金には、家族手当、通勤手当その他厚生労働省令で定める賃金は算入しない。

（司法警察権）

第百二条　労働基準監督官は、この法律違反の罪について、刑事訴訟法に規定する司法警察官の職務を行う。

（賃金台帳）

第百八条　使用者は、各事業場ごとに賃金台帳を調製し、賃金計算の基礎となる事項及び賃金の額その他厚生労働省令で定める事項を賃金支払の都度遅滞なく記入しなければならない。

（記録の保存）

第百九条　使用者は、労働者名簿、賃金台帳及び雇入れ、解雇、災害補償、賃金その他労働関係に関する重要な書類を五年間保存しなければならない。

（罰則）

第百十九条　次の各号のいずれかに該当する者は、六箇月以下の懲役又は三十万円以下の罰金に処する。

　　一　第三条、第四条、第七条、第十六条、第十七条、第十八条第一項、第十九条、第二十条、第二十二条第四項、第三十二条、第三十四条、第三十五条、第三十六条第六項、第三十七条、第三十九条（第七項を除く。）、第六十一条、第六十二条、第六十四条の三から第六十七条まで、第七十二条、第七十五条から第七十七条まで、第七十九条、第八十条、第九十四条第二項、第九十六条又は第百四条第二項の規定に違反した者

二　第三十三条第二項、第九十六条の二第二項又は第九十六条の三第一項の規定による命令に違反した者

三　第四十条の規定に基づいて発する厚生労働省令に違反した者

四　第七十条の規定に基づいて発する厚生労働省令（第六十二条又は第六十四条の三の規定に係る部分に限る。）に違反した者

（罰則）

第百二十条　次の各号のいずれかに該当する者は、三十万円以下の罰金に処する。

一　第十四条、第十五条第一項若しくは第三項、第十八条第七項、第二十二条第一項から第三項まで、第二十三条から第二十七条まで、第三十二条の二第二項（第三十二条の三第四項、第三十二条の四第四項及び第三十二条の五第三項において準用する場合を含む。）、第三十二条の五第二項、第三十三条第一項ただし書、第三十八条の二第三項（第三十八条の三第二項において準用する場合を含む。）、第三十九条第七項、第五十七条から第五十九条まで、第六十四条、第六十八条、第八十九条、第九十条第一項、第九十一条、第九十五条第一項若しくは第二項、第九十六条の二第一項、第百五条（第百条第三項において準用する場合を含む。）又は第百六条から第百九条までの規定に違反した者

二　第七十条の規定に基づいて発する厚生労働省令（第十四条の規定に係る部分に限る。）に違反した者

三　第九十二条第二項又は第九十六条の三第二項の規定による命令に違反した者

四　第百一条（第百条第三項において準用する場合を含む。）の規定による労働基準監督官又は女性主管局長若しくはその指定する所属官吏の臨検を拒み、妨げ、若しくは忌避し、その尋問に対して陳述をせず、若しくは虚偽の陳述をし、帳簿書類の提出をせず、又は虚偽の記載をした帳簿書類の提出をした者

五　第百四条の二の規定による報告をせず、若しくは虚偽の報告をし、又は出頭しなかつた者

別表第一（第三十三条、第四十条、第四十一条、第五十六条、第六十一条関係）

一 物の製造、改造、加工、修理、洗浄、選別、包装、装飾、仕上げ、販売のためにする仕立て、破壊若しくは解体又は材料の変造の事業（電気、ガス又は各種動力の発生、変更若しくは伝導の事業及び水道の事業を含む。）

二 鉱業、石切り業その他土石又は鉱物採取の事業

三 土木、建築その他工作物の建設、改造、保存、修理、変更、破壊、解体又はその準備の事業

四 道路、鉄道、軌道、索道、船舶又は航空機による旅客又は貨物の運送の事業

五 ドック、船舶、岸壁、波止場、停車場又は倉庫における貨物の取扱いの事業

六 土地の耕作若しくは開墾又は植物の栽植、栽培、採取若しくは伐採の事業その他農林の事業

七 動物の飼育又は水産動植物の採捕若しくは養殖の事業その他の畜産、養蚕又は水産の事業

八 物品の販売、配給、保管若しくは賃貸又は理容の事業

九 金融、保険、媒介、周旋、集金、案内又は広告の事業

十 映画の製作又は映写、演劇その他興行の事業

十一 郵便、信書便又は電気通信の事業

十二 教育、研究又は調査の事業

十三 病者又は虚弱者の治療、看護その他保健衛生の事業

十四 旅館、料理店、飲食店、接客業又は娯楽場の事業

十五 焼却、清掃又はと畜場の事業

労働基準法施行規則（抜粋）

第十二条の四 法第三十二条の四第一項の協定（労働協約による場合を除き、労使委員会の決議及び労働時間等設定改善委員会の決議を含む。）において

定める同項第五号の厚生労働省令で定める事項は、有効期間の定めとする。

2　使用者は、法第三十二条の四第二項の規定による定めは、書面により行わなければならない。

3　法第三十二条の四第三項の厚生労働省令で定める労働日数の限度は、同条第一項第二号の対象期間（以下この条において「対象期間」という。）が三箇月を超える場合は対象期間について一年当たり二百八十日とする。ただし、対象期間が三箇月を超える場合において、当該対象期間の初日の前一年以内の日を含む三箇月を超える期間を対象期間として定める法第三十二条の四第一項の協定（労使委員会の決議及び労働時間等設定改善委員会の決議を含む。）（複数ある場合においては直近の協定（労使委員会の決議及び労働時間等設定改善委員会の決議を含む。）。以下この項において「旧協定」という。）があつた場合において、一日の労働時間のうち最も長いものが旧協定の定める一日の労働時間のうち最も長いもの若しくは九時間のいずれか長い時間を超え、又は一週間の労働時間のうち最も長いものが旧協定の定める一週間の労働時間のうち最も長いもの若しくは四十八時間のいずれか長い時間を超えるときは、旧協定の定める対象期間について一年当たりの労働日数から一日を減じた日数又は二百八十日のいずれか少ない日数とする。

4　法第三十二条の四第三項の厚生労働省令で定める一日の労働時間の限度は十時間とし、一週間の労働時間の限度は五十二時間とする。この場合において、対象期間が三箇月を超えるときは、次の各号のいずれにも適合しなければならない。

　一　対象期間において、その労働時間が四十八時間を超える週が連続する場合の週数が三以下であること。

　二　対象期間をその初日から三箇月ごとに区分した各期間（三箇月未満の期間を生じたときは、当該期間）において、その労働時間が四十八時間を超える週の初日の数が三以下であること。

5　法第三十二条の四第三項の厚生労働省令で定める対象期間における連続して労働させる日数の限度は六日とし、同条第一項の協定（労使委員会の決議及び労働時間等設定改善委員会の決議を含む。）で特定期間として定められた期間における連続して労働させる日数の限度は一週間に一日の休日が確保

できる日数とする。

6　法第三十二条の四第四項において準用する法第三十二条の二第二項の規定による届出は、様式第四号により、所轄労働基準監督署長にしなければならない。

第十二条の六　使用者は、法第三十二条の二、第三十二条の四又は第三十二条の五の規定により労働者に労働させる場合には、育児を行う者、老人等の介護を行う者、職業訓練又は教育を受ける者その他特別の配慮を要する者については、これらの者が育児等に必要な時間を確保できるような配慮をしなければならない。

第五十四条　使用者は、法第百八条の規定によつて、次に掲げる事項を労働者各人別に賃金台帳に記入しなければならない。

一　氏名

二　性別

三　賃金計算期間

四　労働日数

五　労働時間数

六　法第三十三条若しくは法第三十六条第一項の規定によつて労働時間を延長し、若しくは休日に労働させた場合又は午後十時から午前五時（厚生労働大臣が必要であると認める場合には、その定める地域又は期間については午後十一時から午前六時）までの間に労働させた場合には、その延長時間数、休日労働時間数及び深夜労働時間数

七　基本給、手当その他賃金の種類毎にその額

八　法第二十四条第一項の規定によつて賃金の一部を控除した場合には、その額

2　前項第六号の労働時間数は当該事業場の就業規則において法の規定に異なる所定労働時間又は休日の定をした場合には、その就業規則に基いて算定する労働時間数を以てこれに代えることができる。

3　第一項第七号の賃金の種類中に通貨以外のもので支払われる賃金がある場

合には、その評価総額を記入しなければならない。

4　日々雇い入れられる者（一箇月を超えて引続き使用される者を除く。）については、第一項第三号は記入するを要しない。

5　法第四十一条各号のいずれかに該当する労働者及び法第四十一条の二第一項の規定により労働させる労働者については第一項第五号及び第六号は、これを記入することを要しない。

（5）地方公務員法（抜粋）

（交渉）

第五十五条　地方公共団体の当局は、登録を受けた職員団体から、職員の給与、勤務時間その他の勤務条件に関し、及びこれに附帯して、社交的又は厚生的活動を含む適法な活動に係る事項に関し、適法な交渉の申入れがあつた場合においては、その申入れに応ずべき地位に立つものとする。

2　職員団体と地方公共団体の当局との交渉は、団体協約を締結する権利を含まないものとする。

3　地方公共団体の事務の管理及び運営に関する事項は、交渉の対象とすることができない。

4　職員団体が交渉することのできる地方公共団体の当局は、交渉事項について適法に管理し、又は決定することのできる地方公共団体の当局とする。

5　交渉は、職員団体と地方公共団体の当局があらかじめ取り決めた員数の範囲内で、職員団体がその役員の中から指名する者と地方公共団体の当局の指名する者との間において行なわなければならない。交渉に当たつては、職員団体と地方公共団体の当局との間において、議題、時間、場所その他必要な事項をあらかじめ取り決めて行なうものとする。

6　前項の場合において、特別の事情があるときは、職員団体は、役員以外の者を指名することができるものとする。ただし、その指名する者は、当該交渉の対象である特定の事項について交渉する適法な委任を当該職員団体の執行機関から受けたことを文書によつて証明できる者でなければならない。

7　交渉は、前二項の規定に適合しないこととなつたとき、又は他の職員の職務の遂行を妨げ、若しくは地方公共団体の事務の正常な運営を阻害することとなつたときは、これを打ち切ることができる。

8　本条に規定する適法な交渉は、勤務時間中においても行なうことができる。

9　職員団体は、法令、条例、地方公共団体の規則及び地方公共団体の機関の定める規程にてい触しない限りにおいて、当該地方公共団体の当局と書面による協定を結ぶことができる。

10　前項の協定は、当該地方公共団体の当局及び職員団体の双方において、誠意と責任をもつて履行しなければならない。

11　職員は、職員団体に属していないという理由で、第一項に規定する事項に関し、不満を表明し、又は意見を申し出る自由を否定されてはならない。

（他の法律の適用除外等）

第五十八条　労働組合法（昭和二十四年法律第百七十四号）、労働関係調整法（昭和二十一年法律第二十五号）及び最低賃金法（昭和三十四年法律第百三十七号）並びにこれらに基く命令の規定は、職員に関して適用しない。

2　労働安全衛生法（昭和四十七年法律第五十七号）第二章の規定並びに船員災害防止活動の促進に関する法律（昭和四十二年法律第六十一号）第二章及び第五章の規定並びに同章に基づく命令の規定は、地方公共団体の行う労働基準法（昭和二十二年法律第四十九号）別表第一第一号から第十号まで及び第十三号から第十五号までに掲げる事業に従事する職員以外の職員に関して適用しない。

3　労働基準法第二条、第十四条第二項及び第三項、第二十四条第一項、第三十二条の三から第三十二条の五まで、第三十八条の二第二項及び第三項、第三十八条の三、第三十八条の四、第三十九条第六項から第八項まで、第四十一条の二、第七十五条から第九十三条まで並びに第百二条の規定、労働安全衛生法第六十六条の八の四及び第九十二条の規定、船員法（昭和二十二年法律第百号）第六条中労働基準法第二条に関する部分、第三十条、第三十七条中勤務条件に関する部分、第五十三条第一項、第八十九条から第百条まで、第百二条及び第百八条中勤務条件に関する部分の規定並びに船員災

資料
1

害防止活動の促進に関する法律第六十二条の規定並びにこれらの規定に基づく命令の規定は、職員に関して適用しない。ただし、労働基準法第百二条の規定、労働安全衛生法第九十二条の規定、船員法第三十七条及び第百八条中勤務条件に関する部分の規定並びに船員災害防止活動の促進に関する法律第六十二条の規定並びにこれらの規定に基づく命令の規定は、地方公共団体の行う労働基準法別表第一第一号から第十号まで及び第十三号から第十五号までに掲げる事業に従事する職員に、同法第七十五条から第八十八条まで及び船員法第八十九条から第九十六条までの規定は、地方公務員災害補償法（昭和四十二年法律第百二十一号）第二条第一項に規定する者以外の職員に関しては適用する。

4　職員に関しては、労働基準法第三十二条の二第一項中「使用者は、当該事業場に、労働者の過半数で組織する労働組合がある場合においてはその労働組合、労働者の過半数で組織する労働組合がない場合においては労働者の過半数を代表する者との書面による協定により、又は」とあるのは「使用者は、」と、同法第三十四条第二項ただし書中「当該事業場に、労働者の過半数で組織する労働組合がある場合においてはその労働組合、労働者の過半数で組織する労働組合がない場合においては労働者の過半数を代表する者との書面による協定があるときは」とあるのは「条例に特別の定めがある場合は」と、同法第三十七条第三項中「使用者が、当該事業場に、労働者の過半数で組織する労働組合があるときはその労働組合、労働者の過半数で組織する労働組合がないときは労働者の過半数を代表する者との書面による協定により」とあるのは「使用者が」と、同法第三十九条第四項中「当該事業場に、労働者の過半数で組織する労働組合があるときはその労働組合、労働者の過半数で組織する労働組合がないときは労働者の過半数を代表する者との書面による協定により、次に掲げる事項を定めた場合において、第一号に掲げる労働者の範囲に属する労働者が有給休暇を時間を単位として請求したときは、前三項の規定による有給休暇の日数のうち第二号に掲げる日数については、これらの規定にかかわらず、当該協定で定めるところにより」とあるのは「前三項の規定にかかわらず、特に必要があると認められるときは、」とする。

5　労働基準法、労働安全衛生法、船員法及び船員災害防止活動の促進に関する法律の規定並びにこれらの規定に基づく命令の規定中第三項の規定により職員に関して適用されるものを適用する場合における職員の勤務条件に関する労働基準監督機関の職権は、地方公共団体の行う労働基準法別表第一第一号から第十号まで及び第十三号から第十五号までに掲げる事業に従事する職員の場合を除き、人事委員会又はその委任を受けた人事委員会の委員（人事委員会を置かない地方公共団体においては、地方公共団体の長）が行うものとする。

（6）労働安全衛生法及び労働安全衛生規則（抜粋）

労働安全衛生法（抜粋）

（労働時間の状況の把握）
第六十六条の八の三　事業者は、第六十六条の八第一項又は前条第一項の規定による面接指導を実施するため、厚生労働省令で定める方法により、労働者（次条第一項に規定する者を除く。）の労働時間の状況を把握しなければならない。

労働安全衛生規則（抜粋）

（法第六十六条の八の三の厚生労働省令で定める方法等）
第五十二条の七の三　法第六十六条の八の三の厚生労働省令で定める方法は、タイムカードによる記録、パーソナルコンピュータ等の電子計算機の使用時間の記録等の客観的な方法その他の適切な方法とする。
2　事業者は、前項に規定する方法により把握した労働時間の状況の記録を作成し、三年間保存するための必要な措置を講じなければならない。

地方教育行政の組織及び運営に関する法律（抜粋）

（設置）

第二条 都道府県、市（特別区を含む。以下同じ。）町村及び第二十一条に規定する事務の全部又は一部を処理する地方公共団体の組合に教育委員会を置く。

（教育委員会の職務権限）

第二十一条 教育委員会は、当該地方公共団体が処理する教育に関する事務で、次に掲げるものを管理し、及び執行する。

一・二 （略）

三 教育委員会及び教育委員会の所管に属する学校その他の教育機関の職員の任免その他の人事に関すること。

四〜十九 （略）

（任命権者）

第三十七条 市町村立学校職員給与負担法（昭和二十三年法律第百三十五号）第一条及び第二条に規定する職員（以下「県費負担教職員」という。）の任命権は、都道府県委員会に属する。

2 （略）

（服務の監督）

第四十三条 市町村委員会は、県費負担教職員の服務を監督する。

2〜4 （略）

（中等教育学校を設置する市町村に関する特例）

第六十一条 市（指定都市を除く。以下この項及び附則第二十八条において同じ。）町村の設置する中等教育学校（後期課程に定時制の課程のみを置く

資料1

ものを除く。以下この条及び附則第二十八条において同じ。）の県費負担教職員の任免、給与（非常勤の講師にあつては、報酬、職務を行うために要する費用の弁償及び期末手当の額）の決定、休職及び懲戒に関する事務は、第三十七条第一項の規定にかかわらず、当該市町村の教育委員会が行う。

2・3　（略）

※編著者注：地教行法第61条中の「附則第二十八条」は、「附則第二十七条」に改正されます（2023年4月1日施行）。

（8）市町村立学校職員給与負担法（抜粋）

第一条　市（地方自治法（昭和二十二年法律第六十七号）第二百五十二条の十九第一項の指定都市（次条において「指定都市」という。）を除き、特別区を含む。）町村立の小学校、中学校、義務教育学校、中等教育学校の前期課程及び特別支援学校の校長（中等教育学校の前期課程にあつては、当該課程の属する中等教育学校の校長とする。）、副校長、教頭、主幹教諭、指導教諭、教諭、養護教諭、栄養教諭、助教諭、養護助教諭、寄宿舎指導員、講師（常勤の者及び地方公務員法（昭和二十五年法律第二百六十一号）第二十八条の五第一項に規定する短時間勤務の職を占める者に限る。）、学校栄養職員（学校給食法（昭和二十九年法律第百六十号）第七条に規定する職員のうち栄養の指導及び管理をつかさどる主幹教諭並びに栄養教諭以外の者をいい、同法第六条に規定する施設の当該職員を含む。以下同じ。）及び事務職員のうち次に掲げる職員であるものの給料、扶養手当、地域手当、住居手当、初任給調整手当、通勤手当、単身赴任手当、特殊勤務手当、特地勤務手当（これに準ずる手当を含む。）、へき地手当（これに準ずる手当を含む。）、時間外勤務手当（学校栄養職員及び事務職員に係るものとする。）、宿日直手当、管理職員特別勤務手当、管理職手当、期末手当、勤勉手当、義務教育等教員特別手当、寒冷地手当、特定任期付職員業績手当、退職手当、退職年金及び退職一時金並びに旅費（都道府県が定める支給に関する基準に適合するものに

限る。）（以下「給料その他の給与」という。）並びに定時制通信教育手当（中等教育学校の校長に係るものとする。）並びに講師（公立義務教育諸学校の学級編制及び教職員定数の標準に関する法律（昭和三十三年法律第百十六号。以下「義務教育諸学校標準法」という。）第十七条第二項に規定する非常勤の講師に限る。）の報酬、職務を行うために要する費用の弁償及び期末手当（次条において「報酬等」という。）は、都道府県の負担とする。

一　義務教育諸学校標準法第六条第一項の規定に基づき都道府県が定める都道府県小中学校等教職員定数及び義務教育諸学校標準法第十条第一項の規定に基づき都道府県が定める都道府県特別支援学校教職員定数に基づき配置される職員（義務教育諸学校標準法第十八条各号に掲げる者を含む。）

二　公立高等学校の適正配置及び教職員定数の標準等に関する法律（昭和三十六年法律第百八十八号。以下「高等学校標準法」という。）第十五条の規定に基づき都道府県が定める特別支援学校高等部教職員定数に基づき配置される職員（特別支援学校の高等部に係る高等学校標準法第二十四条各号に掲げる者を含む。）

三　特別支援学校の幼稚部に置くべき職員の数として都道府県が定める数に基づき配置される職員

第二条　市（指定都市を除く。）町村立の高等学校（中等教育学校の後期課程を含む。）で学校教育法（昭和二十二年法律第二十六号）第四条第一項に規定する定時制の課程（以下この条において「定時制の課程」という。）を置くものの校長（定時制の課程のほかに同項に規定する全日制の課程を置く高等学校の校長及び中等教育学校の校長を除く。）、定時制の課程に関する校務をつかさどる副校長、定時制の課程に関する校務を整理する教頭、主幹教諭（定時制の課程に関する校務の一部を整理する者又は定時制の課程の授業を担任する者に限る。）並びに定時制の課程の授業を担任する指導教諭、教諭、助教諭及び講師（常勤の者及び地方公務員法第二十八条の五第一項に規定する短時間勤務の職を占める者に限る。）のうち高等学校標準法第七条の規定に基づき都道府県が定める高等学校等教職員定数に基づき配置される職員（高等学校標準法第二十四条各号に掲げる者を含む。）であるものの給料

その他の給与、定時制通信教育手当及び産業教育手当並びに講師（高等学校標準法第二十三条第二項に規定する非常勤の講師に限る。）の報酬等は、都道府県の負担とする。

第三条 前二条に規定する職員の給料その他の給与については、地方教育行政の組織及び運営に関する法律（昭和三十一年法律第百六十二号）第四十二条の規定の適用を受けるものを除く外、都道府県の条例でこれを定める。

附　則

1　この法律は、公布の日から、これを施行し、昭和二十三年四月一日から、これを適用する。

2　（略）

3　当分の間、第一条中「学校栄養職員（学校給食法（昭和二十九年法律第百六十号）第七条に規定する職員のうち栄養の指導及び管理をつかさどる主幹教諭並びに栄養教諭以外の者をいい、同法第六条に規定する施設の当該職員を含む。以下同じ。）」とあるのは「学校栄養職員（学校給食法（昭和二十九年法律第百六十号）第七条に規定する職員のうち栄養の指導及び管理をつかさどる主幹教諭並びに栄養教諭以外の者をいい、同法第六条に規定する施設の当該職員を含む。以下同じ。）のうち政令で定める者」と、「学校栄養職員及び事務職員」とあるのは「学校栄養職員のうち政令で定める者及び事務職員」とする。

※編著者注：市町村立学校職員給与負担法第１条及び第２条中の「第二十八条の五第一項」は、「第二十二条の四第一項」に改正されます（2023年4月1日施行）。

給特法第5条による読み替え後の地方公務員法第58条（※青字は読みやすいように色づけ、下線部が2019年の改正部分）

第58条　労働組合法（昭和24年法律第174号）、労働関係調整法（昭和21年法律第25号）及び最低賃金法（昭和34年法律第137号）並びにこれらに基く命令の規定は、職員に関して適用しない。

2　労働安全衛生法（昭和47年法律第57号）第二章の規定並びに船員災害防止活動の促進に関する法律（昭和42年法律第61号）第二章及び第五章の規定並びに同章に基づく命令の規定は、地方公共団体の行う労働基準法（昭和22年法律第49号）別表第一第1号から第10号まで及び第13号から第15号までに掲げる事業に従事する職員以外の職員に関して適用しない。

3　労働基準法第32条の4第1項中「当該事業場に、労働者の過半数で組織する労働組合がある場合においてはその労働組合、労働者の過半数で組織する労働組合がない場合においては労働者の過半数を代表する者との書面による協定により、次に掲げる事項を定めたときは」とあるのは「次に掲げる事項について条例に特別の定めがある場合は」と、「その協定」とあるのは「その条例」と、「当該協定」とあるのは「当該条例」と、同項第5号中「厚生労働省令」とあるのは「文部科学省令」と、同条第2項中「前項の協定で同項第4号の区分をし」とあるのは「前項第4号の区分並びに」と、「を定めたときは」とあるのは「について条例に特別の定めがある場合は」と、「当該事業場に、労働者の過半数で組織する労働組合がある場合においてはその労働組合、労働者の過半数で組織する労働組合がない場合においては労働者の過半数を代表する者の同意を得て、厚生労働省令」とあるのは「文部科学省令」と、同条第3項中「厚生労働大臣は、労働政策審議会」とあるのは「文部科学大臣は、審議会等（国家行政組織法（昭和23年法律第120号）第8条に規定する機関をいう。）で政令で定めるもの」と、「厚生労働省令」と

あるのは「文部科学省令」と、「協定」とあるのは「条例」と、同法第33条第3項中「官公署の事業（別表第一に掲げる事業を除く。）」とあるのは「別表第一第12号に掲げる事業」と、「労働させることができる」とあるのは「労働させることができる。この場合において、公務員の健康及び福祉を害しないように考慮しなければならない」と読み替えて同法第32条の4第1項から第3項まで及び第33条第3項の規定を適用するものとし、同法第2条、第14条第2項及び第3項、第24条第1項、第32条の3、第32条の3の2、第32条の4の2、第32条の5、第37条、第38条の2第2項及び第3項、第38条の3、第38条の4、第39条第6項から第8項まで、第41条の2、第75条から第93条まで並びに第102条の規定、労働安全衛生法第66条の8の4及び第92条の規定、船員法（昭和22年法律第100号）第6条中労働基準法第2条に関する部分、第30条、第37条中勤務条件に関する部分、第53条第1項、第66条（船員法第88条の2の2第4項及び第5項並びに第88条の3第4項において準用する場合を含む。）、第89条から第100条まで、第102条及び第108条中勤務条件に関する部分の規定並びに船員災害防止活動の促進に関する法律第62条の規定並びにこれらの規定に基づく命令の規定（船員法第73条の規定に基づく命令の規定中同法第66条に係るものを含む。）は、職員に関して適用しない。ただし、労働基準法第102条の規定、労働安全衛生法第92条の規定、船員法第37条及び第108条中勤務条件に関する部分の規定並びに船員災害防止活動の促進に関する法律第62条の規定並びにこれらの規定に基づく命令の規定は、地方公共団体の行う労働基準法別表第一第1号から第10号まで及び第13号から第15号までに掲げる事業に従事する職員に、同法第75条から第88条まで及び船員法第89条から第96条までの規定は、地方公務員災害補償法（昭和42年法律第121号）第2条第1項に規定する者以外の職員に関しては適用する。

4　職員に関しては、労働基準法第32条の2第1項中「使用者は、当該事業場に、労働者の過半数で組織する労働組合がある場合においてはその労働組合、労働者の過半数で組織する労働組合がない場合においては

労働者の過半数を代表する者との書面による協定により、又は」とあるのは「使用者は、」と、同法第34条第2項ただし書中「当該事業場に、労働者の過半数で組織する労働組合がある場合においてはその労働組合、労働者の過半数で組織する労働組合がない場合においては労働者の過半数を代表する者との書面による協定があるときは」とあるのは「条例に特別の定めがある場合は」と、同法第39条第4項中「当該事業場に、労働者の過半数で組織する労働組合があるときはその労働組合、労働者の過半数で組織する労働組合がないときは労働者の過半数を代表する者との書面による協定により、次に掲げる事項を定めた場合において、第1号に掲げる労働者の範囲に属する労働者が有給休暇を時間を単位として請求したときは、前3項の規定による有給休暇の日数のうち第2号に掲げる日数については、これらの規定にかかわらず、当該協定で定めるところにより」とあるのは「前3項の規定にかかわらず、特に必要があると認められるときは、」とする。

5　労働基準法、労働安全衛生法、船員法及び船員災害防止活動の促進に関する法律の規定並びにこれらの規定に基づく命令の規定中第3項の規定により職員に関して適用されるものを適用する場合における職員の勤務条件に関する労働基準監督機関の職権は、地方公共団体の行う労働基準法別表第一第1号から第10号まで及び第13号から第15号までに掲げる事業に従事する職員の場合を除き、人事委員会又はその委任を受けた人事委員会の委員（人事委員会を置かない地方公共団体においては、地方公共団体の長）が行うものとする。

給特法第５条により読み替えられた地方公務員法第58条第３項による読み替え後の労働基準法第32条の４（※青字は読みやすいように色づけ、下線部が2019年の給特法改正部分）

第32条の４　使用者は、次に掲げる事項について条例に特別の定めがある場合は、第32条の規定にかかわらず、その条例で第２号の対象期間として定められた期間を平均し一週間当たりの労働時間が40時間を超えない範囲内において、当該条例（次項の規定による定めをした場合においては、その定めを含む。）で定めるところにより、特定された週において同条第１項の労働時間又は特定された日において同条第２項の労働時間を超えて、労働させることができる。

一　この条の規定による労働時間により労働させることができることとされる労働者の範囲

二　対象期間（その期間を平均し一週間当たりの労働時間が40時間を超えない範囲内において労働させる期間をいい、一箇月を超え一年以内の期間に限るものとする。以下この条及び次条において同じ。）

三　特定期間（対象期間中の特に業務が繁忙な期間をいう。第３項において同じ。）

四　対象期間における労働日及び当該労働日ごとの労働時間（対象期間を一箇月以上の期間ごとに区分することとした場合においては、当該区分による各期間のうち当該対象期間の初日の属する期間（以下この条において「最初の期間」という。）における労働日及び当該労働日ごとの労働時間並びに当該最初の期間を除く各期間における労働日数及び総労働時間）

五　その他文部科学省令で定める事項

2　使用者は、前項第４号の区分並びに当該区分による各期間のうち最初の期間を除く各期間における労働日数及び総労働時間について条例に特別の定めがある場合は、当該各期間の初日の少なくとも30日前に、文

部科学省令で定めるところにより、当該労働日数を超えない範囲内において当該各期間における労働日及び当該総労働時間を超えない範囲内において当該各期間における労働日ごとの労働時間を定めなければならない。

3　文部科学大臣は、審議会等（国家行政組織法（昭和23年法律第120号）第8条に規定する機関をいう。）で政令で定めるものの意見を聴いて、文部科学省令で、対象期間における労働日数の限度並びに一日及び一週間の労働時間の限度並びに対象期間（第1項の条例で特定期間として定められた期間を除く。）及び同項の条例で特定期間として定められた期間における連続して労働させる日数の限度を定めることができる。

4　（略）

出典：衆議院ホームページ
https://www.shugiin.go.jp/internet/itdb_rchome.nsf/html/rchome/Futai/monka9A7B7B
8887E5FB53492584B3002A76B8.htm

公立の義務教育諸学校等の教育職員の給与等に関する特別措置法の一部を改正する法律案に対する附帯決議

　政府及び関係者は、本法の施行に当たっては、次の事項について特段の配慮をすべきである。

一　本法第七条の指針（以下「指針」という。）において、公立学校の教育職員のいわゆる「超勤四項目」以外の業務の時間も含めた「在校等時間」の上限について位置付けること。また、各地方公共団体に対して、指針を参酌した上で、条例・規則等において教育職員の在校等時間の上限について定めるよう求めること。服務監督権者である教育委員会及び校長は、ICT等を活用し客観的に在校等時間を把握するとともに、勤務時間の記録が公務災害認定の重要な資料となることから、公文書としてその管理・保存に万全を期すこと。

二　指針において在校等時間の上限を定めるに当たっては、教育職員がその上限時間まで勤務することを推奨するものではないこと、また、自宅等における持ち帰り業務時間が増加することのないよう、服務監督権者である教育委員会及び校長に対し、通知等によりその趣旨を明確に示すこと。併せて、「児童生徒等に係る臨時的な特別の事情」を特例的な扱いとして指針に定める場合は、例外的かつ突発的な場合に限定されることを周知徹底すること。

三　服務監督権者である教育委員会及び校長は、教育職員の健康及び福祉を確保する観点から、学校規模にかかわらず、労働安全衛生法によるストレスチェックの完全実施に努めるとともに、優先すべき教育活動を見定めた上で、

適正な業務量の設定と校務分掌の分担等を実施することにより、教育職員の在校等時間の縮減に取り組むこと。また、政府は、その実現に向け十分な支援を行うこと。

四　政府は、一年単位の変形労働時間制の導入の前提として、現状の教育職員の長時間勤務の実態改善を図るとともに、その導入の趣旨が、学校における働き方改革の推進に向けて、一年単位の変形労働時間制を活用した長期休業期間等における休日のまとめ取りであることを明確に示すこと。また、長期休業期間における大会を含む部活動や研修等の縮減を図るとともに、指針に以下の事項を明記し、地方公共団体や学校が制度を導入する場合に遵守するよう、文部科学省令に規定し周知徹底すること。

　1　指針における在校等時間の上限と部活動ガイドラインを遵守すること。

　2　所定の勤務時間の延長は、長期休業期間中等の業務量の縮減によって確実に確保できる休日の日数を考慮して、年度当初や学校行事等で業務量が特に多い時期に限定すること。

　3　所定の勤務時間を通常より延長した日に、当該延長を理由とした授業時間や部活動等の新たな業務を付加しないことにより、在校等時間の増加を招くことのないよう留意すること。なお、超勤四項目として臨時又は緊急のやむを得ない必要があるときに行われるものを除き、職員会議や研修等については、通常の所定の勤務時間内で行われるようにすること。

　4　所定の勤務時間を縮小する日は、勤務時間の短縮ではなく勤務時間の割り振られない日として、長期休業期間中等に一定期間集中して設定できるようにすること。

　5　教育職員の終業時刻から始業時刻までの間に、一定時間以上の継続した休息時間を確保する勤務間インターバルの導入に努めること。

　6　一年単位の変形労働時間制は、全ての教育職員に対して画一的に導入するのではなく、育児や介護を行う者、その他特別の配慮を要する者など個々の事情に応じて適用すること。

五　一年単位の変形労働時間制を導入する場合は、連続労働日数原則六日以

内、労働時間の上限一日十時間・一週間五十二時間、労働日数の上限年間二百八十日等とされている労働基準法施行規則の水準に沿って文部科学省令を定めること。また、対象期間及び対象期間の労働日数と労働日ごとの労働時間等については、事前に教育職員に明示する必要があることを周知徹底するとともに、一年単位の変形労働時間制の導入は、地方公務員法第五十五条第一項及び第九項の対象であることについて、通知等による適切な指導・助言を行うこと。

六　学校における働き方改革に関する総合的な方策を取りまとめた平成三十一年一月の中央教育審議会答申の実現に向けて、国・都道府県・市区町村・地域・学校が一体となって取り組むこと。特に、教育委員会は、答申内容の実現を学校任せにせず、自らが主体となって学校における働き方改革を強力に推進すること。また、国及び地方公共団体は、「教員採用試験の倍率低下」や「教員不足」といった課題を解決するための対策に万全を期すこと。併せて、国は、抜本的な教職員定数の改善、サポートスタッフや部活動指導員の配置拡充をはじめとした環境整備のための財政的な措置を講ずること。

七　政府は、教育職員の負担軽減を実現する観点から、部活動を学校単位から地域単位の取組とし、学校以外の主体が担うことについて検討を行い、早期に実現すること。

八　教育職員の崇高な使命と職責の重要性に鑑み、教職に優秀な人材を確保する観点から、人材確保法の理念に沿った教育職員の処遇の改善を図ること。

九　三年後を目途に教育職員の勤務実態調査を行った上で、本法その他の関係法令の規定について検討を加え、その結果に基づき所要の措置を講ずること。

出典：参議院ホームページ
https://www.sangiin.go.jp/japanese/joho1/kousei/gian/200/pdf/k0802000142000.pdf

公立の義務教育諸学校等の教育職員の給与等に関する特別措置法の一部を改正する法律案に対する附帯決議

令和元年十二月三日
参議院文教科学委員会

　政府及び関係者は、本法の施行に当たり、次の事項について特段の配慮をすべきである。

一、本法第七条の指針（以下「指針」という。）において、公立学校の教育職員のいわゆる「超勤四項目」以外の業務の時間も含めた「在校等時間」の上限について位置付けること。また、各地方公共団体に対して、指針を参酌した上で、条例・規則等そのものに教育職員の在校等時間の上限時間数を定めるよう求めること。

二、服務監督権者である教育委員会及び校長は、ICT等を活用し客観的に在校等時間を把握するとともに、勤務時間の記録が公務災害認定の重要な資料となることから、公文書としてその管理・保存に万全を期すこと。また、政府は、各地方公共団体が労働安全衛生法に基づいて、勤務時間の自己申告ではなく、客観的な把握ができるようにするための財政措置を拡充すること。

三、指針において在校等時間の上限を定めるに当たっては、教育職員がその上限時間まで勤務することを推奨するものではないこと、併せて、「児童生徒等に係る臨時的な特別の事情」を特例的な扱いとして指針に定める場合は、例外的かつ突発的な場合に限定されることについて周知徹底すること。また、上限時間を守らせるために、自宅等における持ち帰り業務時間が増加す

ることはあってはならないこと、そもそも、持ち帰り業務時間を減らすことが求められることについて指針に明記すること。加えて、服務監督権者である教育委員会及び校長に対して、持ち帰り業務の縮減のために実態把握に努めるよう求めること。

四、服務監督権者である教育委員会及び校長は、教育職員の健康及び福祉を確保する観点から、学校規模にかかわらず、労働安全衛生法によるストレスチェックの完全実施に努めるとともに、優先すべき教育活動を見定めた上で、適正な業務量の設定と校務分掌の分担等を実施することにより、教育職員の在校等時間の縮減に取り組むこと。また、政府は、その実現に向け十分な支援を行うこと。

五、政府は、一年単位の変形労働時間制の導入が教育職員の健康及び福祉の確保を図り、業務縮減をした上で、学校の長期休業期間中等に休日を与えることを目的としていることから、地方公共団体がその目的に限って条例で定めることができる旨を文部科学省令に規定すること。

六、政府は、一年単位の変形労働時間制を活用した長期休業期間中等の休日のまとめ取り導入の前提要件として、指針に以下の事項を明記し、地方公共団体や学校が制度を導入する場合に遵守するよう、文部科学省令に規定し周知徹底すること。また、導入する学校がこの前提要件が遵守されているかについて、各教育委員会が十全に確認すること。

　1　指針における在校等時間の上限と部活動ガイドラインを遵守すること。
　2　長期休業期間中等における大会を含む部活動や研修等の縮減を図ること。
　3　所定の勤務時間の延長は、長期休業期間中等の業務量の縮減によって確実に確保できる休日の日数を考慮して、年度当初や学校行事等で業務量が特に多い時期に限定すること。
　4　所定の勤務時間を通常より延長した日に、当該延長を理由とした授業時間や部活動等の新たな業務を付加しないことにより、在校等時間の増加を招くことのないよう留意すること。なお、超勤四項目として臨時又は緊急

資料
2

のやむを得ない必要があるときに行われるものを除き、職員会議や研修等については、通常の所定の勤務時間内で行われるようにすること。

5　所定の勤務時間を縮小する日は、勤務時間の短縮ではなく勤務時間の割り振られない日として、長期休業期間中等に一定期間集中した学校閉庁日として設定できるようにすること。

6　教育職員の終業時刻から始業時刻までの間に、一定時間以上の継続した休息時間である勤務間インターバルを確保すること。

7　一年単位の変形労働時間制は、全ての教育職員に対して画一的に導入するのではなく、育児や介護を行う者、その他特別の配慮を要する者など個々の事情に応じて適用すること。

七、一年単位の変形労働時間制を導入する場合は、連続労働日数原則六日以内、労働時間の上限一日十時間・一週間五十二時間、労働日数の上限年間二百八十日等とされている労働基準法施行規則の水準に沿って文部科学省令を定めること。また、対象期間及び対象期間の労働日数と労働日ごとの労働時間等については、事前に教育職員に明示する必要があることを周知徹底するとともに、一年単位の変形労働時間制の導入は、地方公務員法第五十五条第一項及び第九項の対象であることについて、通知等による適切な指導・助言を行うこと。

八、政府は、本法及び本法によって定められる文部科学省令、指針に逸脱した運用の防止策として、教育職員からの勤務条件に関する措置要求や苦情処理制度とは別に、教育職員等からの文部科学省や教育委員会への相談窓口を設けるよう促すこと。

九、学校における働き方改革に関する総合的な方策を取りまとめた平成三十一年一月の中央教育審議会答申の実現に向けて、国・都道府県・市区町村・地域・学校が一体となって取り組むこと。特に、教育委員会は、答申内容の実現を学校任せにせず、自らが主体となって学校における働き方改革を強力に推進すること。また、国及び地方公共団体は、「教員採用試験の倍率低下」

資料2

や「教員不足」といった課題を解決するための対策に万全を期すこと。併せて、国は、抜本的な教職員定数の改善、サポートスタッフや部活動指導員の配置拡充をはじめとした環境整備のための財政的な措置を講ずること。

十、政府は、教育職員の負担軽減を実現する観点から、部活動を学校単位から地域単位の取組とし、学校以外の主体が担うことについて検討を行い、早期に実現すること。

十一、教育職員の崇高な使命と職責の重要性に鑑み、教職に優秀な人材を確保する観点から、人材確保法の理念に沿った教育職員の処遇の改善を図ること。

十二、三年後を目途に教育職員の勤務実態調査を行った上で、本法その他の関係法令の規定について抜本的な見直しに向けた検討を加え、その結果に基づき所要の措置を講ずること。

右決議する。

資料
2

出典：文部科学省ホームページ
https://www.mext.go.jp/a_menu/shotou/hatarakikata/__icsFiles/afieldfile/2019/03/18/1414498_1_1.pdf

30 文科初第 1497 号
平成 31 年 3 月 18 日

各都道府県知事
各都道府県教育委員会教育長
　　　　　　　　　　　　殿
各指定都市市長
各指定都市教育委員会教育長

文部科学事務次官

藤原　　誠

（印影印刷）

　　　　　学校における働き方改革に関する取組の徹底について（通知）

　学校における業務の改善については，各学校の校長，各学校を設置する各地方公共団体及び服務監督権者である各教育委員会において，その推進に向けて取り組まれてきたところですが，文部科学省が平成 28 年度に実施した教員勤務実態調査においては，教師の厳しい勤務の実態が改めて明らかとなりました。

　これを受けて，文部科学省では，平成 29 年 6 月 22 日に，新しい時代の教育に向けた持続可能な学校指導・運営体制の構築のための学校における働き方改革に関する総合的な方策について中央教育審議会に諮問を行い，同年 12 月 26 日に「学校における働き方改革に関する緊急対策」を取りまとめ，取組を進めてきたところですが，本年 1 月 25 日，中央教育審議会において「新しい時代の教育に向けた持続可能な学校指導・運営体制の構築のための学校における働き方改革に関する総合的な方策について（答申）」（以下「答申」という。）

が取りまとめられました。

　学校における働き方改革の目的は，現在の教師の厳しい勤務実態を踏まえ，教師のこれまでの働き方を見直し，教師が我が国の学校教育の蓄積と向かい合って自らの授業を磨くとともに日々の生活の質や教職人生を豊かにすることで，自らの人間性や創造性を高め，子供たちに対して効果的な教育活動を行うことができるようになることです。

　このため，答申においては，「特に，文部科学省には，働き方改革に必要な制度改正や教職員定数の改善などの条件整備などはもちろんのこと，学校と社会の連携の起点・つなぎ役としての機能を，前面に立って十二分に果たすことを求めたい」と指摘されており，文部科学省では，学校における働き方改革を強力に推進するため，文部科学大臣を本部長とする「学校における働き方改革推進本部」を設置し，文部科学省が今後取り組むべき事項について工程表（別添1参照）を作成しました。文部科学省としては，今後，答申の具体化に向け，当該工程表に基づき，必要な制度改正や条件整備をはじめとして，学校と社会の連携の起点・つなぎ役として前面に立ち，取組を進めてまいります。

　また，答申においては，学校における働き方改革を進めるために，文部科学省，都道府県・指定都市教育委員会，市町村教育委員会，学校の設置者，校長などの管理職，一人一人の教職員が，自らの権限と責任に基づきそれぞれの立場で取り組むべきことが指摘されています。これを踏まえ，文部科学省として，各教育委員会及び各学校において取り組むことが重要と考えられる方策について，下記のとおり整理しました。

　各教育委員会におかれては，学校における業務改善及び勤務時間管理等に係る取組については，これまでも「学校における働き方改革に関する緊急対策の策定並びに学校における業務改善及び勤務時間管理等に係る取組の徹底について（通知）」（平成30年2月9日付け29文科初第1437号文部科学事務次官通知）等により，取組の徹底をお願いしているところですが，今後の対応に当たっては，下記の事項に留意の上，学校や地域，教職員や児童生徒等の実情に応じて，順次適切に取組を進められるようお願いします。その際には，幼稚園，高等学校，特別支援学校等の学校種の違いにも配慮しつつ，学校種による業務の性質の違いについても十分に考慮の上，必要な取組の徹底をお願いしま

す。

　各地方公共団体の長におかれては，各教育委員会が進める取組について，積極的な御支援をお願いします。

　このほか，学校における働き方改革の取組を進めるに当たっては，答申を参考とされるようお願いします。

　今後，文部科学省では，「教育委員会における学校の業務改善のための取組状況調査」をはじめとした既存の調査等を活用しつつ，各教育委員会における取組の状況を把握し，公表することとしておりますので，御協力くださるようお願いします。

　各都道府県教育委員会におかれては，域内の市（指定都市を除く。以下同じ。）町村長及び市町村教育委員会に対して，本件について周知を図るとともに，十分な指導・助言に努めていただくようお願いします。

　また，各都道府県教育委員会及び各指定都市教育委員会におかれては，所管の学校に対して，本件について周知を図るとともに，学校における働き方改革を進める上では校長の役割も大きいことから，校長がその権限と責任を踏まえて適切に対応できるよう，必要な指示や支援等に努めていただくようお願いします。

　さらに，各都道府県教育委員会におかれては，本件について域内の市町村が設置する学校に対して周知が図られ，校長がその権限と責任を踏まえて適切に対応できるよう配慮をお願いします。

　なお，「学校における働き方改革に関する緊急対策の策定並びに学校における業務改善及び勤務時間管理等に係る取組の徹底について（通知）」（平成30年2月9日付け29文科初第1437号文部科学事務次官通知）は廃止します。

記

1．勤務時間管理の徹底と勤務時間・健康管理を意識した働き方の推進

（1）勤務時間管理の徹底と勤務時間の上限に関するガイドラインに係る取組
①　労働安全衛生法の改正により，校長や服務監督権者である教育委員会に求

められる勤務時間管理の責務が改めて明確化されたことを踏まえ，教職員の勤務時間管理を徹底すること。勤務時間管理に当たっては，事務負担が極力かからないよう，服務監督権者である教育委員会は，自己申告方式ではなく，ICT の活用やタイムカードなどにより勤務時間を客観的に把握し，集計するシステムを直ちに構築するよう努めること。

　なお，タイムカードの設置等，教師の勤務時間の把握等に当たっては，簡素なタイムレコーダーの設置に限らず，「教育の ICT 化に向けた環境整備 5 か年計画（2018 〜 2022 年度）」に基づき統合型校務支援システムを整備する際に勤務時間を管理するシステムとの連携や一体的な運用を行うなど，効果的な地方財政措置の活用が考えられ，文部科学省としても今後，全国市長会や全国町村会等にその活用を呼びかける予定であり，服務監督権者である教育委員会においては，これを前提に，首長部局とも連携しつつ，必要な措置を講ずること。

② 　勤務時間管理に関して，文部科学省が 1 月 25 日に策定した「公立学校の教師の勤務時間の上限に関するガイドライン」に係る取組について，「公立学校の教師の勤務時間の上限に関するガイドラインの策定について（通知）」（平成 31 年 1 月 25 日付け 30 文科初第 1424 号文部科学省初等中等教育局長通知）（別添 2 参照）を踏まえた取組を進めること。

　なお，当該ガイドラインについては，その実効性を高めるため，答申において「文部科学省は，その根拠を法令上規定するなどの工夫を図り，学校現場で確実に遵守されるよう」取り組むべきとされていることを踏まえ，今後，文部科学省として更に検討を続けていくこととしており，当該ガイドラインの根拠が法令上規定された場合には，各地方公共団体においても，所管内の公立学校の教師の勤務時間の上限に関する方針等を条例や規則等で根拠づけることが考えられることから，各教育委員会においては，この点にも留意して取組を進めること。

（2）適正な勤務時間の設定

① 　児童生徒等の登下校時刻や，部活動，学校の諸会議等については，教職員が適正な時間に休憩時間を確保できるようにすることを含め，教職員の勤務

時間を考慮した時間設定を行うこと。特に登下校時刻については，文部科学省が実施した平成28年度教員勤務実態調査において，小中学校の教師は正規の勤務開始時刻よりも平均で45分程度早く出勤していることが明らかとなっているが，これを一年間で合計すると約150時間にも上り，教師の所定の勤務時間を意識した登下校時刻の設定が急務であることから，適切に設定して保護者に周知すること。部活動については，スポーツ庁が作成した「運動部活動の在り方に関する総合的なガイドライン」及び文化庁が作成した「文化部活動の在り方に関する総合的なガイドライン」を踏まえた適切な活動時間や休養日の設定を行うこと。

② 「超勤4項目」以外の業務について，早朝や夜間等，通常の勤務時間以外の時間帯にやむを得ず命じざるを得ない場合には，服務監督権者は，正規の勤務時間の割り振りを適正に行うなどの措置を講ずるよう徹底すること。

③ 教職員が確実に休日を確保できるよう，例えば，各地方公共団体の条例に基づく週休日の振替の期間を長期休業期間にかからしめるようにするといった工夫や，長期休業期間における一定期間の学校閉庁日の設定などの工夫を行うこと。

④ 非常災害の場合や児童生徒等の指導に関し緊急の必要性がある場合を除き，教師が保護者や外部からの問合せ等への対応を理由に時間外勤務をすることのないよう，緊急時の連絡に支障が生じないように教育委員会事務局等への連絡方法を確保した上で，留守番電話の設置やメールによる連絡対応等の体制整備に向けた方策を講ずること。

⑤ 適正な勤務時間の設定に係る取組について，各学校において学校運営協議会の場等を活用しながら保護者や地域の理解を得るとともに，各教育委員会は，地域学校協働本部やPTA等の協力も得ながら，そのために必要な支援を行うこと。

（3）労働安全衛生管理の徹底

① 労働安全衛生法により義務付けられている労働安全衛生管理体制の未整備は法令違反であり，未整備の学校が域内に存在する場合，学校の設置者は速やかに法令上求められている体制の整備を行う責務があることを踏まえ，必

資料3

要な措置を行うこと。また，答申において，法令上の義務が課されていない学校においても，学校の設置者は可能な限り法令上の義務が課されている学校に準じた労働安全衛生管理体制の充実に努めることとされていることを踏まえ，各教育委員会は適切な措置を行うこと。

② 労働安全衛生法に定めるいわゆるストレスチェックについて，常時使用する教職員が50人未満の規模の学校においては努力義務とされているが，学校の規模にかかわらず，全ての学校において適切に実施されるよう取り組み，メンタル不調の未然防止に努めること。なお，今後，文部科学省において，全ての学校において適切にストレスチェックが実施されるよう教育委員会の実態を調査し，市町村ごとにその実施状況を公表する予定であること。

③ 上記のほか，学校の労働安全衛生管理の充実に当たっては，労働安全衛生管理の充実に係る教育委員会の施策例，公立学校共済組合が実施している電話相談窓口等に関する資料と併せて別途通知を発出する予定であるとともに，教育委員会と医師会等との連携が一層図られるよう，日本医師会に対しても引き続きの協力を依頼する予定としており，これを踏まえて適切に対応されたいこと。

資料3

（4）研修・人事評価等を活用した教職員の意識改革及び学校評価等

① 各教育委員会においては，管理職の育成に当たって，教職員の組織管理や勤務時間（教師については，文部科学省が策定した「公立学校の教師の勤務時間の上限に関するガイドライン」における在校等時間）の管理，労働安全衛生管理等をはじめとしたマネジメント能力をこれまで以上に重視すること。管理職の登用等の際には，次代を担う児童生徒等にとって何を優先すべきかを見定め，時間を最も効果的に配分し，可能な限り短い在校等時間で教育の目標を達成する成果を上げられるかどうかの能力や働き方改革への取組状況を適正に評価するとともに，そのマネジメント能力を高めていくため，働き方に関する研修の充実を図り，学校の教職員の働き方を変えていく意識を強く持たせること。

② 管理職以外も含めた全ての教職員に勤務時間を意識した働き方を浸透させるため，教員研修施設等において実施される校外研修の精選やオンラインに

よる研修の実施など，学校や教師に過度な負担にならないよう必要な体制を整えるなどの配慮を行いつつ，各種研修等に学校における働き方改革の目的や勤務時間を意識した働き方等に関する講義・演習を取り入れるなど，必要な研修を実施すること。

③　学校の経営方針等において，時間配分に当たって優先すべき業務を示すとともに，教職員の働き方に関する視点を盛り込み，管理職がその目標・方針に沿って学校経営を行う意識を持つよう所管の学校に対して指導すること。また，学校の教職員一人一人が業務改善の意識を持つために，人事評価について，働き方も含めた目指すべき教師の姿を提示しつつ，一つ一つの業務について在校等時間という観点からより効果的・効率的に進めることにも配慮すること。

④　学校評価の重点的な評価項目の一つとして，業務改善や教職員の働き方に関する項目を明確に位置付け，学校評価のプロセスを積極的に活用していくこととともに，学校評価と連動した業務改善の点検・評価の取組を推進することについて，所管の学校に対して指導すること。また，教育委員会が策定する業務改善方針・計画や，実施する業務改善の取組について，どれだけ長時間勤務を削減したかという実効性の観点から，教育委員会の自己点検・評価の中で取り上げること。

2．学校及び教師が担う業務の明確化・適正化

（1）基本的な考え方

　学校における働き方改革を確実に進めるためには，都道府県教育委員会と市町村教育委員会が，それぞれの役割についてこれまで以上に本気で取り組むことが必要である。特に，服務監督権者である教育委員会においては，学校を支援する立場から，教育委員会の職員一人一人が学校における働き方改革の必要性を認識した上で，教育委員会として域内の学校における働き方改革に係る方針・計画等を示し，自ら学校現場に課している業務負担を見直すこと。また，学校及び教師が担う業務の明確化・適正化に当たっては，文部科学省はウェブサイト（参考 URL 参照）に動画を掲載するなど，何が教師本来の役割である

かのメッセージを社会全体に対して発信していくこととしており，服務監督権者である教育委員会においては，こうしたメッセージも活用しながら，地域社会と学校の連携の起点・つなぎ役として前面に立って，所管の学校において何を重視し，どのように時間配分を行うかについて地域社会に理解されるような取組を積極的に行い，学校に課されている過度な負担を軽減することに尽力することが求められること。

　業務の役割分担を進めるに当たっては，学校運営協議会等の場において，保護者や地域住民等の理解・協力を得ながら学校運営を行うことができるよう議論を深め，適切な役割分担を進めること。また，文部科学省の実施する専門スタッフ等の配置に係る支援や，地域学校協働活動等への支援も活用しつつ，地方公共団体や教育委員会が，学校以外で業務を担う受皿を整備し，そこでこれまでの学校が担ってきた機能を十分果たすことができるよう特に留意すべきであること。

（2）業務の役割分担・適正化のために教育委員会等が取り組むべき方策

① 　域内の学校における働き方改革に係る方針・計画等を策定するに当たっては，調査・依頼事項を含め，教育委員会が課している業務の内容を精査した上で業務量の削減に関する数値目標（KPI）を決めるなど明確な業務改善目標を定め，業務改善の取組を促進し，フォローアップすることで，業務改善のPDCAサイクルを構築すること。その際，数値目標を形式的に達成することを目的化させないよう，文部科学省が示す先進的な事例も参考にしながら，どのような取組がどの程度の削減につながるか丁寧に確認をしながら取組を進めること。また，各学校でデータ・資料の取扱いや様式をはじめとした業務実施に当たる統一的な方針を示すこと。

② 　現在各学校が担っている業務や今後発生する業務について，服務監督権者である教育委員会においては，教師が専門性を発揮できる業務であるか否か，児童生徒等の生命・安全に関わる業務であるか否かといった観点から，中心となる担い手を学校・教師以外の者に積極的に移行していくという視点に立って，その業務が⑦学校以外が担うべき業務，①学校の業務だが必ずしも教師が担う必要のない業務，⑦教師の業務のいずれであるかを仕分けるこ

と。⑦については，本来教育委員会が担うべき業務について責任を持って対応するとともに，それ以外の業務については，本来担うべき主体（家庭，地域住民等）の自立的な対応を原則としつつ必要に応じて他の主体に対応を要請し，⑦については教師以外の担い手を確保し，⑦についてはスクラップ・アンド・ビルドを原則とすることで，学校・教師に課されている過度な負担を軽減すること。そもそもの必要性が低下し，慣習的に行われている業務は，業務の優先順位をつける中で思い切って廃止していくこと。この際，文部科学省からのメッセージ（別添３－１～３－４参照）を適宜活用されたいこと。

③　答申の「別紙２」（別添４参照）において，これまで学校・教師が担ってきた14の業務の在り方に関する考え方が示されたところであり，文部科学省としては，「別紙２」において「文部科学省に求める取組」とされた事項について，積極的に対応していくこととしている。各教育委員会においては，「別紙２」で示された考え方に基づき，文部科学省の取組を参考としつつ,14の業務の役割分担・適正化のために必要な取組を実施すること。その際，特に以下の事項について留意すること。

ア　地域ボランティアとの連絡調整

　教育委員会においては，学校教育担当と社会教育担当が連携を深め，双方が学校と地域の連携・協働の重要性を認識するとともに，地域住民等と学校との情報共有や，地域学校協働活動を行う地域住民等に対する助言や援助を行う地域学校協働活動推進員の委嘱（社会教育法第９条の７に規定）等により，学校と地域ボランティアとの円滑かつ効果的な連絡調整を推進すること。

　また，地域連携担当教職員について，学校における地域連携の窓口として，校務分掌上位置付けるよう促進し，学校管理規則や標準職務例に規定すること。

イ　調査・統計等への回答等

　教育委員会による学校への調査・照会について，調査の対象・頻度・時期・内容・様式等の精査や，調査項目の工夫による複数の調査の一元化を行うこと。また，首長部局において学校を対象とした調査を行う場合についても，調査項目の重複排除等，報告者負担の軽減に向けた不断の見直しを行う

よう配慮を働きかけるとともに，調査結果が調査対象校に共有されるよう取組を進めること。

　首長部局や地域の研究機関，民間団体が実施する学校宛ての調査や出展依頼，配布依頼等への対応業務を軽減する観点から，当該団体等に対して，教育委員会経由での連絡や学校によらない児童生徒等への周知方法の検討などの協力を要請すること。また，民間団体等からの依頼等について，教育委員会から学校に連絡する際は，真に効果的で必要なものに精選すること。

ウ　部活動

　部活動に過度に注力してしまう教師も存在するところであり，教師の側の意識改革を行うため，採用や人事配置等においては，質の高い授業を行う能力や生徒指導に関する知見や経験等を評価し，教師の部活動の指導力は飽くまでその付随的なものとして位置づけるよう留意すること。

　一部の保護者による部活動への過度の期待が見られることも踏まえ，高等学校等の入学者選抜における部活動に対する評価の在り方の見直し等に取り組むこと。

　文部科学省が，公益財団法人日本中学校体育連盟等，学校の部活動が参加する大会等の主催者に対して，合同チームや学校と連携した地域団体等が大会等に参加できるような関係規定の整備を要請することとしていることを踏まえ，各教育委員会は，学校に設置する部活動の数について，生徒や教師の数，部活動指導員の参画状況を考慮して適正化するとともに，生徒がスポーツ・文化活動等を行う機会が失われることのないよう複数の学校による合同部活動や民間団体も含めた地域のクラブ等との連携等を積極的に進めること。

　答申においては，学校や地域住民と意識共有を図りつつ，地域で部活動に代わり得る質の高い活動の機会を確保できる十分な体制を整える取組を進め，環境を整えた上で，将来的には，部活動を学校単位から地域単位の取組にし，学校以外が担うことも積極的に進めることが提言されており，文部科学省の取組状況を踏まえつつ，各教育委員会においても検討を進めること。

エ　給食時の対応

　給食指導においては，学校における食に関する指導の中核を担う栄養教諭がその役割を一層果たすことが求められることから，学級担任と栄養教諭と

の連携により，学級担任一人一人の負担を軽減すること。

　また，ランチルームなどで複数学年が一斉に給食をとったり，教師の補助として地域人材等の参画・協力を得たりすることにより，教師一人一人の負担を軽減するための運営上の工夫を図ること。

　学校給食における食物アレルギー対応については，事故防止を最優先とし，学校給食調理場の施設設備や人員等に鑑み，過度で複雑な対応は行わないこと。

　こうした対応等について，児童生徒等や保護者に対し，理解を求めていくこと。

オ　学校行事等の準備・運営

　学校行事の精選や内容の見直し，準備の簡素化を進めるとともに，地域や学校等の実情に応じて，地域行事と学校行事の合同開催等，行事の効果的・効率的な実施や，教育活動としての要素よりも地域の記念行事としての要素が大きい行事の地域行事への移行を検討すること。

　カリキュラム・マネジメントの観点から学校行事と教科等の関連性を見直し，従来学校行事とされてきた活動のうち，教科等の指導と位置づけることが適切なものについては，積極的に当該教科等の授業時数に含めること。

カ　進路指導

　進学や就職の際に作成する書類について，校務支援システムの導入や様式の簡素化，都道府県や市町村における様式の統一化のほか，学校における集中処理期間の設定等，作業をより効果的に進める工夫を行うこと。

④　「チームとしての学校」として，事務職員に加え，スクールカウンセラー，スクールソーシャルワーカー，特別支援教育を支援する外部専門家等の専門スタッフや，部活動指導員，スクール・サポート・スタッフやその他の外部人材について，役割分担を明確にした上で参画を進め，専門スタッフ等が学校に対して理解を深め，必要な資質・能力を備えることができるような研修等を実施するとともに，人員が確保できるよう所管の学校に対して必要な支援を行うよう努めること。

⑤　これまで学校が担ってきた業務について，域内で統一的に実施できるものについては，できる限り地方公共団体や教育委員会が担っていくこと。

また，児童生徒等の命と安全を守ることは学校教育の大前提であり，そのためには，保護者や地域，関係機関との間で法的な整理を踏まえた役割分担・連携を図ることが重要である。さらに，学校と保護者・地域住民の間でのトラブル等の課題に直面した際には学校に対する支援を教育委員会が積極的に進めることや，スクールロイヤー等の専門家の配置等により学校が法的アドバイスを受けられるようにすることなど，業務改善の観点からも，児童生徒等を取り巻く問題について各学校が組織的・継続的に対応し，教育活動に専念することができるような支援体制を構築するよう努めること。

⑥　学校が直面してきた課題に関係があると思われる福祉部局・警察等関係機関との連携を促進するために教育委員会が主導して連携・協力体制を構築すること。

⑦　保護者や地域住民等との適切な役割分担を進める観点からも，コミュニティ・スクール（学校運営協議会制度）の導入や地域学校協働本部の整備により，学校が保護者や地域住民等と児童生徒等に育むべき資質・能力等の教育目標を共有し，その理解・協力を得ながら児童生徒等の資質・能力を高めるための学校運営を行うことができる体制を構築すること。

　学校施設の地域開放に当たっては，地域の実態に応じ，コミュニティ・スクール（学校運営協議会制度）等の活用，教育委員会による一元的な管理運営，業務委託や指定管理者制度による民間事業者等も活用した官民連携等の工夫により，管理事務における学校や教師の負担軽減を図りつつ，地域の財産である学校施設の地域開放を推進すること。

⑧　文部科学省において，初等中等教育局財務課が教職員の勤務時間や人的配置，業務改善の取組等の状況を踏まえて教職員の業務量を一元的に管理し，文部科学省内において今後学校へ新たな業務を付加するような制度改正等を行う際にはスクラップ・アンド・ビルドを原則とし，財務課との相談を経て実施することとしたことを参考に，教育委員会において，正規の勤務時間や人的配置等を踏まえ，教職員の業務量について俯瞰し，学校に対して新たな業務を付加する場合には積極的に調整を図る体制を構築すること。

⑨　統合型校務支援システムの導入等の ICT 環境整備により，指導要録への記載など学習評価をはじめとした業務の電子化による効率化などを図るとと

もに，ICT を活用し，教材の共有化を積極的に進めること。その際，都道府県と域内の市町村との連携により，都道府県単位での統合型校務支援システムの共同調達・運用に向けた取組を進めること。このほか，様々な作業を効率的に行うため，「教育の ICT 化に向けた環境整備 5 か年計画（2018 ～ 2022 年度）」や「義務教育諸学校における教材整備計画（2012 ～ 2021 年度）」に基づき講じられた地方財政措置を活用し，ICT 設備やコピー機等の OA 機器の導入・更新を積極的に行うこと。

⑩　教師の研修については，教師の資質能力の向上を図る上で大変重要であるが，都道府県と市町村の教育委員会間等で重複した内容の研修の整理・精選を行うとともに，研修報告書等についても，過度な負担とならないよう研修内容に応じて簡素化を図ること。また，文部科学省としても今後，夏季休業期間中の業務としての研修の精選がなされるよう通知の見直しに取り組むこととしており，各教育委員会においても，実施時期の調整など工夫をすることにより，教職員がまとまった休暇を取りやすい環境にも配慮すること。

⑪　教育委員会の学校指定による先導的な研究や，各種研究会により事実上割り当てられたようなものなどの学校における研究事業については，その必要性について精査・精選するとともに，研究テーマの精選や書類の簡素化，報告書の形式を含めた成果発表の在り方の見直しなど，教師の負担面にも配慮すること。

（3）業務の役割分担・適正化のために各学校が取り組むべき方策

　服務監督権者である教育委員会は，所管の学校に対して以下の取組を促し，必要な支援を行うこと。

・教職員一人一人が，自らの業務一つ一つについて，より効果的に行うことができないか，適正化の観点から見直すこと。

・教職員間で業務の在り方，見直しについて話し合う機会を設け，その話合いも参考にしながら，管理職は校内の業務の在り方の適正化を図ることができるような学校現場の雰囲気づくりに取り組むこと。

・各学校において，管理職が学校の重点目標や経営方針を明確化し，その目標達成のために真に必要な業務に注力できるようにすること。

・校長は，一部の教職員に業務が偏ることのないように校内の分担を見直すとともに，自らの権限と責任で，学校としての伝統だからとして続いているが，児童生徒等の学びや健全な発達の観点からは必ずしも適切とは言えない業務又は本来は家庭や地域社会が担うべき業務（例えば，夏休み期間の高温時のプール指導や，試合やコンクールに向けた勝利至上主義の下で早朝等所定の勤務時間外に行う練習の指導，内発的な研究意欲がないにもかかわらず形式的に続けられる研究指定校としての業務，地域や保護者の期待に過度に応えることを重視した運動会等の過剰な準備，本来家庭が担うべき休日の地域行事への参加の取りまとめや引率等）を大胆に削減すること。

・地域・保護者や福祉部局・警察等関係機関との情報共有を緊密に行いつつ，適切な役割分担を図るよう努めること。

・保護者や地域住民，関係機関との学校経営方針をはじめとした情報共有を緊密に行い，適切な役割分担を図ること。地域・保護者，関係機関との連携に当たっては，コミュニティ・スクール（学校運営協議会制度）の活用や地域学校協働活動を推進するとともに，文部科学省からのメッセージ（別添3－1～3－4参照）を適宜活用されたいこと。

・児童生徒等の命と安全を守る観点からも，保護者や地域，関係機関との間で法的な整理を踏まえた役割分担・連携を図ること。

（4）学校が作成する計画等の見直し

① 学校単位で作成される計画については，業務の適正化の観点や，計画の機能性を高めカリキュラム・マネジメントの充実を図る観点から，計画の統合も含め，計画の内容や学校の実情に応じて真に効果的な計画の作成を推進すること。

② 各教科等の指導計画や，支援が必要な児童生徒等のための個別の指導計画・教育支援計画等の有効な活用を図るためにも，計画の内容の見直しや学校の実情に応じて複数の教師が協力して作成し共有化するなどの取組を推進すること。

③ 教育委員会において，学校に作成を求めている計画等を網羅的に把握した上で，スクラップ・アンド・ビルドの視点に立ち，その計画の必要性を含

め，整理・合理化をしていくとともに，教育委員会において計画等のひな形を提示する際には，過度に複雑なものとせず，PDCAサイクルの中で活用されやすいものになるよう取り組むこと。各学校に対し，新たな課題に対応した計画の作成を求める場合には，まずは既存の各種計画の見直しの範囲内での対応を基本とすること。

（5）教師の働き方改革に配慮した教育課程の編成・実施

　各学校の指導体制を整えないまま標準授業時数を大きく上回った授業時数を実施することは教師の負担増加に直結するものであることから，このような教育課程の編成・実施は行うべきではない。仮に標準授業時数を大きく上回った授業時数を計画している場合には，指導体制の整備状況を踏まえて精査して教師の時間外勤務の増加につながらないようにすることとし，教育課程の編成・実施に当たっても教師の働き方改革に十分配慮するよう各学校を指導すること。

　なお，標準授業時数を踏まえて教育課程を編成したものの災害や流行性疾患による学級閉鎖等の不測の事態により当該授業時数を下回った場合，下回ったことのみをもって学校教育法施行規則に反するとされるものではないこと。

３．学校の組織運営体制の在り方

（1）服務監督権者である教育委員会は，所管の学校に対して以下の取組を促し，必要な支援を行うこと。

① 各学校における委員会等の組織や担当について，法令で義務付けられたものを除き，類似の内容を扱う委員会等の合同設置や構成員の統一など，整理・統合を積極的に図り，会議の開催回数削減等の業務効率化を進めるとともに，校務分掌について，細分化を避け包括的・系統的なグループに分ける形で整理すること。

② 一部の教師に業務が集中し，その教師の長時間勤務が常態化することのないよう，全ての教師の能力向上に努めながら，業務の偏りを平準化するよう，状況に応じて校務分掌の在り方を適時柔軟に見直すこと。

③ 主幹教諭が組織のミドルリーダーとしての役割を発揮できるよう，主幹教

資料3

諭の配置充実による学校マネジメント機能強化のための教員の配置状況を踏まえつつ，主幹教諭の授業時数等の軽減措置を講じること。現在，主幹教諭や指導教諭が配置されていない場合には，各主任等がミドルリーダーとして活躍するよう，単に持ち回りで分掌するのではなく，適材適所で主任を命じることを所管の学校の校長に対して徹底すること。

④　特に長時間勤務の傾向がある若手教師について，学校組織全体の中で支えていくことが重要であり，若手教師が得意とする分野の能力を積極的に生かしながら，若手教師が一人で仕事を抱えていたり，悩んでいたりする場合には，管理職等がそれをいち早く把握し，すぐに声掛け等を行って，学校内外のリソースやネットワークを生かして優れた教材や指導案等の様々な蓄積を共有して支援するなど，若手教師が孤立することのないようにすること。

⑤　総務・財務等に通じる専門職である事務職員は，その学校運営事務に関する専門性を生かしつつ，より広い視点に立って，学校運営について副校長・教頭とともに校長を補佐する役割を果たすことが期待されており，事務職員の校務運営への参画を一層拡大すること。

（2）各教育委員会においては，以下の取組を推進すること。

①　時間を軸にした総合的な学校組織マネジメントが確立されるよう，各都道府県教育委員会等は校長をはじめとした管理職について，教育公務員特例法第22条の3に規定する「校長及び教員としての資質の向上に関する指標」において，学校組織マネジメントの観点から求められる能力を明確化し，その能力の育成に努めるとともに，培われた能力が十分に発揮されているかどうか適確に評価し，評価を基に改善が行われるように取り組むこと。また，服務監督権者である教育委員会等は，学校が抱える課題を校長と共有し，必要な情報提供を行う等，校長とともに学校組織マネジメントの向上に取り組むこと。

②　学校単位を超えて地域で若手教師が悩みを共有できるよう，指導主事等が，指揮命令する立場としてというよりも支援する立場として，働き方改革の観点からアドバイスできるような機会を設けるなどの工夫を講じること。

③　権限と責任をもった事務長をはじめとした事務職員の配置の充実を図ると

ともに，勤務の実情を踏まえつつ，事務職員に過度に業務が集中することにならないよう，庶務事務システムの導入や共同学校事務室の設置・活用などを推進し，事務職員の質の向上や学校事務の適正化と効率的な処理，事務機能の強化を進めること。学校に配属される事務職員の人材の採用と採用後の職能成長については，任命権者である各教育委員会が将来的な見通しを立てて，その在り方を検討し，事務職員の資質・能力，意欲の向上のための取組を進めること。

④ 学校が，多様な主体と連携したり必要な人材を確保したりするに当たり，当該関連業務のため副校長・教頭など一部の教職員に過度な負担がかかることがないよう，学校の求めに応じて人材を配置するための人材バンクを整えること。

4．学校における働き方改革の確実な実施のための仕組みの確立とフォローアップ等

資料3

今回の答申を踏まえた取組を一過性のものとすることのないよう，文部科学省においては，業務改善状況調査等を通じて，学校における働き方改革の進展状況を市区町村ごとに把握し，その結果を公表することとしている。各教育委員会においても，それぞれの地域での学校における働き方改革の方針を策定し，定期的に教育委員会会議や総合教育会議の議題として扱うことで，学校や教師がおかれている状況について首長をはじめとした行政部局とも共有して共通理解を深め，教育委員会組織内の体制整備や業務の精選を図りつつ，各学校の取組の進展状況を踏まえながら，随時必要な施策に取り組むこと。

【別添1】学校における働き方改革に関する文部科学省工程表
【別添2】「公立学校の教師の勤務時間の上限に関するガイドラインの策定について（通知）」（平成31年1月25日付け30文科初第1424号文部科学省初等中等教育局長通知）
【別添3－1】学校における働き方改革推進本部（第1回）柴山文部科学大臣冒頭挨拶及び「『家庭・地域の宝である子供たちの健やかな成

長に向けて』〜学校における働き方改革の実現〜《文部科学大臣メッセージ》」

【別添3-2】大臣メッセージ「≪関係府省・関係団体の皆様へ≫学校における働き方改革の推進について〜学校現場の負担軽減に御理解・御協力をお願いします〜」

【別添3-3】大臣メッセージ「≪保護者・地域の皆さまへ≫〜学校の働き方改革へのご理解・ご協力をお願いします〜」

【別添3-4】大臣メッセージ「教育委員会・学校の教職員の皆様へ〜学校における働き方改革の実現に向けて〜」

【 別 添 4 】「新しい時代の教育に向けた持続可能な学校指導・運営体制の構築のための学校における働き方改革に関する総合的な方策について（答申）」（平成 31 年 1 月 25 日 中央教育審議会）別紙 2

【参考 URL】文部科学省ウェブサイト「学校における働き方改革について」
http://www.mext.go.jp/a_menu/shotou/hatarakikata/index.htm

担当：初等中等教育局財務課教育公務員係
弓岡，吉田，野崎
TEL：03-5253-4111（代表）内線 2588

資料 3

出典：文部科学省ホームページ
https://www.mext.go.jp/content/20200206-mxt_zaimu-00004748_1.pdf

元文科初第1335号
令和2年1月17日

各都道府県教育委員会教育長
各指定都市教育委員会教育長　殿

文部科学省初等中等教育局長
丸山洋司
（印影印刷）

　　「公立学校の教育職員の業務量の適切な管理その他教育職員の服
　　務を監督する教育委員会が教育職員の健康及び福祉の確保を図る
　　ために講ずべき措置に関する指針」の告示等について（通知）

　昨年12月，「公立の義務教育諸学校等の教育職員の給与等に関する特別措
置法の一部を改正する法律の公布について（通知）」（令和元年12月11日元
文科初第1214号初等中等教育局長通知。以下「公布通知」という。）で通知
したとおり，「公立の義務教育諸学校等の教育職員の給与等に関する特別措置
法の一部を改正する法律」（令和元年法律第72号）が公布されました。
　この法律は，学校における働き方改革を進めるための総合的な取組の一環と
して，文部科学省が昨年1月に策定した「公立学校の教師の勤務時間の上限に
関するガイドライン」を法的根拠のある「指針」に格上げするとともに，休日
の「まとめ取り」のため，一年単位の変形労働時間制を各地方公共団体の判断
により条例で選択的に活用できるようにするものです。
　このうち，ガイドラインの法的根拠のある「指針」への格上げについては，

第7条において，文部科学大臣は，教育職員の健康及び福祉の確保を図ることにより学校教育の水準の維持向上に資するため，教育職員が正規の勤務時間及びそれ以外の時間において行う業務の量の適切な管理その他教育職員の服務を監督する教育委員会が教育職員の健康及び福祉の確保を図るために講ずべき措置に関する指針を定めることとされているところであり，当該規定に基づき，このたび，「公立学校の教育職員の業務量の適切な管理その他教育職員の服務を監督する教育委員会が教育職員の健康及び福祉の確保を図るために講ずべき措置に関する指針」を告示として公示しましたので，お知らせします（別添1及び2）。

本指針の適用は，第7条の施行と同じく令和2年4月1日からとしており，本指針の運用に当たっては，下記の事項に留意の上，適切に対応されるようお願いします。

下記の留意事項のほか，本指針の内容に関する詳細については，別途Q&Aとしてお示しします。また，今回の改正法に関する主な国会審議の内容（別添3）についても，御参考にされるようお願いします。

本指針の策定と併せて，文部科学省としては今後とも，必要な制度改正や条件整備をはじめとして，学校と社会の連携の起点・つなぎ役として前面に立ち，学校における働き方改革の取組を総合的に進めてまいります。各教育委員会におかれては，その所管に属する学校の教育職員の在校等時間の上限等に関する方針（以下「上限方針」という。）の策定と併せて，「学校における働き方改革に関する取組の徹底について（通知）」（平成31年3月18日30文科初第1497号文部科学事務次官通知）も踏まえ，引き続き，学校における働き方改革を進めるために必要な取組の徹底をお願いします。

なお，今後，文部科学省では，「学校の働き方改革のための取組状況調査」をはじめとした既存の調査等を活用しつつ，本指針の運用状況について，適宜，各教育委員会の取組の状況を把握し，公表することとしておりますので，御協力くださるようお願いします。

また，休日の「まとめ取り」のための一年単位の変形労働時間制の活用に関して留意すべき事項については，別途通知します。

各都道府県教育委員会におかれては，所管の学校及び域内の市（指定都市を

除く。以下同じ。）町村教育委員会に対して，各指定都市教育委員会におかれては，所管の学校に対して，本件について周知を図るとともに，十分な指導・助言に努めていただくようお願いします。

　また，各都道府県教育委員会におかれては，本件について域内の市町村教育委員会が設置する学校に対して周知が図られるよう配慮をお願いします。

記

（１）上限時間の性質について

　本指針は，超過勤務命令に基づく業務以外の時間も含む「在校等時間」についての上限時間等を示したものであり，校務をつかさどる校長及び服務監督権者である教育委員会は，上限時間を超えないようにするため，教師等の業務量の適切な管理を行うことが求められること。

　校長及び教育委員会は，教師等の在校等時間の管理をはじめ，業務の役割分担・適正化，必要な執務環境の整備や健康管理など，学校の管理運営における責任を有するものであることから，上限時間を超える実態がある場合には，例えば，校務分掌の適正化や業務削減等の改善のための措置を取るなど，学校の管理運営上の責任を適切に果たすことが求められること。

　なお，在校等時間の上限は，教育職員がその上限まで勤務することを推奨するものではないこと。また，本指針における児童生徒等に係る臨時的な特別の事情がある場合の上限時間は，上限時間の原則に対する例外として，例えば，学校事故等が生じて対応を要する場合や，いじめやいわゆる学級崩壊等の指導上の重大事案が発生し児童生徒等に深刻な影響が生じている又は生じるおそれのある場合など，児童生徒等に係る通常予見することのできない業務量の大幅な増加等に伴い，一時的又は突発的に所定の勤務時間外に業務を行わざるを得ない場合について定めたものであること。

（２）各地方公共団体の条例や規則等への反映について

　本指針の適用は，第７条の施行と同じく令和２年４月１日からとしており，同日までに上限方針が実効性ある形で定められていることが重要であること。

このため，服務監督権者である各教育委員会においては，本指針を参考にし，上限方針を教育委員会規則等において定めること。既に上限方針を策定している場合には，本指針に沿ったものとなっているか，学校や地域の実情等も踏まえ，改めて検討の上，必要に応じて改定すること。

　都道府県及び指定都市においては，給特法第7条第1項の規定の趣旨を踏まえ，服務監督権者である教育委員会が定める上限方針の実効性を高めるため，公布通知においてもお願いしていた通り，本年度中に各地方公共団体の議会において御議論いただき条例の整備を行うとともに，教育委員会規則等の整備を行うようお願いしたいこと。

　これらに関しては，条例・規則等に在校等時間の上限を定めることが重要であり，文部科学省において「「指針」の条例・規則等への反映について（例）」（別添4）を作成したので，参考とされたいこと。

（3）在校等時間の客観的な計測について

　労働安全衛生法（昭和47年法律第57号）等において，タイムカードによる記録，電子計算機の使用時間の記録等の客観的な方法その他の適切な方法による勤務時間の把握義務が明確化されたことを踏まえ，教育職員が在校している時間は，ICTの活用やタイムカード等により客観的に計測すること。また，校外において職務に従事している時間についても，できる限り客観的な方法により計測すること。また，当該計測の結果は公務災害が生じた場合等において重要な記録となることから，公文書としてその管理及び保存を適切に行うこと。

（4）持ち帰り業務の扱いについて

　在校等時間の上限を遵守することのみが目的化し，それにより自宅等における持ち帰り業務の時間が増加することはあってはならないこと。本来，業務の持ち帰りは行わないことが原則であり，仮に行われている場合には，その縮減のために実態把握に努めること。

（5）相談窓口について

　教師等の長時間勤務の是正やメンタルヘルス不調等の健康障害の防止のた

め，各教育委員会内の学校における働き方改革の担当課や教師等の福利厚生を担当する課等において，長時間勤務等の勤務条件やメンタルヘルス不調等の健康障害に関する相談窓口を設置することについては，別途「公立学校の教師等の勤務条件，健康障害及び公務災害認定に係る相談窓口の設置状況に関する調査結果に係る留意事項について（依頼）」（令和2年1月17日元文科初第1336号初等中等教育局長通知）として通知しているところであるが，本指針の適切な運用を確保する観点からも，相談窓口を設けることが重要であること。

なお，参議院文教科学委員会における「公立の義務教育諸学校等の教育職員の給与等に関する特別措置法の一部を改正する法律案に対する附帯決議」の「八」（※）の「文部科学省への相談窓口」については，別途示すものであること。

※公立の義務教育諸学校等の教育職員の給与等に関する特別措置法の一部を改正する法律案に対する附帯決議（令和元年12月3日参議院文教科学委員会）抜粋

八、政府は、本法及び本法によって定められる文部科学省令、指針に逸脱した運用の防止策として、教育職員からの勤務条件に関する措置要求や苦情処理制度とは別に、教育職員等からの文部科学省や教育委員会への相談窓口を設けるよう促すこと。

【別添1】公立学校の教育職員の業務量の適切な管理その他教育職員の服務を監督する教育委員会が教育職員の健康及び福祉の確保を図るために講ずべき措置に関する指針【概要】

【別添2】公立学校の教育職員の業務量の適切な管理その他教育職員の服務を監督する教育委員会が教育職員の健康及び福祉の確保を図るために講ずべき措置に関する指針（令和2年文部科学省告示第1号）

【別添3】給特法改正に関する主な国会答弁

【別添4】「指針」の条例・規則等への反映について（例）

【参考資料】改正給特法の施行に向けたスケジュール（イメージ）

担当：初等中等教育局財務課教育公務員係
鞠子，中村，吉田
TEL:03-5253-4111（代表）　内線2588

出典：文部科学省ホームページ
https://www.mext.go.jp/content/20200717-mxt_syoto01-000001234_1.pdf

2文科初第568号
令和2年7月17日

各都道府県教育委員会教育長
　　　　　　　　　　　　　　　殿
各指定都市教育委員会教育長

文部科学省初等中等教育局長
丸山洋司
（印影印刷）

公立の義務教育諸学校等の教育職員の給与等に関する特別措置法
施行規則の制定及び「公立学校の教育職員の業務量の適切な管理
その他教育職員の服務を監督する教育委員会が教育職員の健康及
び福祉の確保を図るために講ずべき措置に関する指針」の改正等
について（通知）

　令和元年12月に公布された「公立の義務教育諸学校等の教育職員の給与
等に関する特別措置法の一部を改正する法律」（令和元年法律第72号。以下
「改正法」という。）の趣旨等については，既に「公立の義務教育諸学校等の教
育職員の給与等に関する特別措置法の一部を改正する法律の公布について（通
知）」（令和元年12月11日元文科初第1214号初等中等教育局長通知。以下
「公布通知」という。）により通知したところです。また，改正法による改正後
の「公立の義務教育諸学校等の教育職員の給与等に関する特別措置法」（昭和
46年法律第77号。以下「法」という。）第7条の規定に基づき，令和2年1
月17日に告示として公示した「公立学校の教育職員の業務量の適切な管理そ

の他教育職員の服務を監督する教育委員会が教育職員の健康及び福祉の確保を図るために講ずべき措置に関する指針」（以下「指針」という。）については，「「公立学校の教育職員の業務量の適切な管理その他教育職員の服務を監督する教育委員会が教育職員の健康及び福祉の確保を図るために講ずべき措置に関する指針」の告示等について（通知）」（令和2年1月17日元文科初第1335号初等中等教育局長通知。以下「告示等通知」という。）で通知したところです。

　このたび，改正法に係る内容のうち，「休日のまとめ取り」のための一年単位の変形労働時間制（以下「本制度」という。）の活用に当たっての労働日数及び労働時間の限度等の詳細事項を定めるものとして，別添のとおり，「公立の義務教育諸学校等の教育職員の給与等に関する特別措置法施行規則」（令和2年文部科学省令第26号。以下「省令」という。）が令和2年7月17日に公布されました。

　また，指針には，本制度を活用する場合に教育職員の服務を監督する教育委員会（以下「服務監督教育委員会」という。）が教育職員の健康及び福祉の確保を図るために講ずべき措置に関する事項を含むものとする省令第6条第1項の規定に基づき，指針に本制度に係る内容を追記する改正を行い，改めて告示として公示しました。

　省令及び改正後の指針の概要並びに留意事項については下記のとおりですので，十分御了知の上，適切に対応されるようお願いします。

　なお，下記の事項のほか，当該改正後の指針の内容に関する詳細については，別途Q&Aとして追ってお示しする予定です。

　文部科学省としては今後とも，必要な制度改正や条件整備をはじめとして，学校と社会の連携の起点・つなぎ役として前面に立ち，学校における働き方改革の取組を総合的に進めてまいります。各教育委員会におかれては，「学校における働き方改革に関する取組の徹底について（通知）」（平成31年3月18日30文科初第1497号文部科学事務次官通知）も踏まえ，引き続き，学校における働き方改革を進めるために必要な取組の徹底をお願いします。

　なお，今後，文部科学省では，「学校の働き方改革のための取組状況調査」

をはじめとした既存の調査等を活用しつつ，指針等の運用状況について，適宜，各教育委員会の取組の状況を把握し，公表することとしておりますので，御協力くださるようお願いします。

　各都道府県教育委員会におかれては，所管の学校及び域内の市（指定都市を除く。以下同じ。）町村教育委員会に対して，各指定都市教育委員会におかれては，所管の学校に対して，本件について周知を図るとともに，十分な指導・助言に努めていただくようお願いします。
　また，各都道府県教育委員会におかれては，本件について域内の市町村教育委員会が設置する学校に対して周知が図られるよう配慮をお願いします。

記

1．省令の概要等

（1）対象期間に含む期間
　法第5条の規定により読み替えられた地方公務員法第58条第3項の規定により読み替えられた労働基準法（以下「読替え後の労働基準法」という。）第32条の4の規定による一年単位の変形労働時間制を活用する場合において，その対象期間には，各教育委員会が定める学校の夏季，冬季，学年末，農繁期等における休業日等の期間（以下「長期休業期間等」という。）を含めるものとすること。（第1条第1項）
　長期休業期間等において勤務時間を割り振らない日を連続して設定する場合に限り本制度を活用できるものとすること。（第1条第2項）

（2）条例で定める事項等
　条例には，読替え後の労働基準法第32条の4において規定する期間の起算日及び対象期間を定めることができる期間の範囲を定めること。（第2条）
　対象期間を一箇月以上の期間ごとに区分することとした場合においては，各期間における労働日及び当該各期間における労働日ごとの労働時間は，条例の

定めるところにより定め，教育職員に周知させるものとすること。（第3条）

（3）労働日数の限度等

対象期間における労働日数の限度は，勤務時間が割り振られる日の数について，対象期間が3箇月を超える場合は対象期間について1年当たり280日とすること等。（第4条第1項）

対象期間における1日の労働時間の限度は，1日に割り振られる勤務時間について10時間とすること。1週間の労働時間の限度は，1週間に割り振られる勤務時間について52時間とすること。この場合において，対象期間が3箇月を超える場合は，1週間に割り振られる勤務時間が48時間を超える週が連続する週数が3以下であり，かつ対象期間をその初日から3箇月ごとに区分した各期間において1週間に割り振られる勤務時間が48時間を超える週数が3以下であること。（第4条第2項）

対象期間において連続して労働させる日数の限度は，勤務時間が割り振られる日の数について6日（特定期間においては1週間に1日の勤務時間が割り振られない日が確保できる日数）とすること。（第4条第3項）

（4）育児等を行う者等への配慮

本制度を活用する場合には，育児を行う者，老人等の介護を行う者その他特別の配慮を要する者について，これらの者が育児等に必要な時間を確保できるような配慮をしなければならないこと。（第5条）

（5）指針で定める事項等

法第7条の規定により文部科学大臣が定める指針には，本制度を活用する場合に服務監督教育委員会が教育職員の健康及び福祉の確保を図るために講ずべき措置に関する事項を含むものとすること。（第6条第1項）

使用者は，本制度を活用する場合には指針に定める法第6条第1項の規定に基づき定める措置その他教育職員の健康及び福祉の確保を図るための措置を講ずるものとすること。（第6条第2項）

（6）施行期日

　法第5条に関する改正の施行と同じく<u>令和3年4月1日から施行</u>すること。
（附則）

2．指針の改正概要

（1）令和2年1月17日に公布した指針の第1から第5までについては基本的に改正せず，改正後の指針の第1章，第2章及び第4章としたこと。また，改正後の指針には，「第3章　長期休業期間等における集中した休日の確保のための一年単位の変形労働時間制」を新たに追加したこと。

（2）追加した第3章の概要は，以下のとおりであること。
①目的（第3章第1節）
　読替え後の労働基準法第32条の4の規定による一年単位の変形労働時間制の適用は，長期休業期間等において休日を集中して確保することで，教育職員の休息の時間等を確保し，ひいては児童生徒等に対して効果的な教育活動を行うことに資するとともに，教育職員の職としての魅力の向上に資することにより意欲と能力のある人材が教育職員として任用され，学校教育の水準の維持向上を図ることを目的とするものであること。

　このため，本制度は，<u>長期休業期間等において休日を集中して確保することを目的とする場合に限り適用すべき</u>ものであること。
②服務監督教育委員会等が講ずべき措置（第3章第2節）
　本制度を適用する場合は，第2章に規定する上限時間について，「45時間」とあるのは「42時間」と，「360時間」とあるのは「320時間」とすること。

　本制度を適用するに当たっては，<u>上限時間の範囲内であることが前提</u>であること。服務監督教育委員会及び校長は，こうした本制度の趣旨に十分に留意した上で，適用しようとする期間の前年度において上限時間の範囲内であることなどの在校等時間の状況や，在校等時間の長時間化を防ぐための取組の実施状況等を確認し，適用しようとする対象期間で上限時間の範囲内となることが見込まれる場合に限り，本制度の適用を行うこと。本制度の適用後

も，対象期間において，上限時間の範囲内とすること。

　本制度を適用するに当たっては，服務監督教育委員会及び校長は，本制度の対象とする<u>教育職員について，対象期間において，以下の全ての措置を講じること。</u>

　　イ　タイムカードによる記録等の客観的な方法等による在校等時間の把握を行うこと

　　ロ　部活動の休養日及び活動時間を部活動ガイドラインの範囲内とすること

　　ハ　通常の正規の勤務時間を超える割振りについては，長期休業期間等で確保できる勤務時間を割り振らない日の日数を考慮した上で，年度初め，学校行事が行われる時期等，対象期間のうち業務量が多い一部の時期に限り行うこと

　　ニ　通常の正規の勤務時間を超えて割り振る日において，これを理由とした担当授業数や部活動等の児童生徒等の活動の延長・追加や，教育職員への業務の新たな付加により，在校等時間を増加させないようにすること

　　ホ　通常の正規の勤務時間より短く割り振る日（４時間単位の週休日の振替を行う際の勤務日を除く。）については，勤務時間の短縮ではなく勤務時間を割り振らないこととし，当該日を長期休業期間等に連続して設定すること

　　ヘ　終業から始業までに一定時間以上の継続した休息時間を確保すること

　本制度を適用するに当たっては，服務監督教育委員会及び校長は，対象期間において，本制度の対象とする教育職員が属する<u>学校について以下の全ての措置を講じる</u>こと。

　　イ　部活動，研修その他の長期休業期間等における業務量の縮減を図ること

　　ロ　超勤４項目の臨時又は緊急のやむを得ない業務を除き，職員会議，研修等の業務については，通常の正規の勤務時間内において行うこと

　　ハ　全ての教育職員に画一的に適用するのではなく，育児や介護を行う者等については配慮すること

　本制度を適用するに当たっては，関係法令の規定を遵守するとともに，文部科学省から発出する通知等について留意すること。

　本制度に関して指針に定める事項を踏まえ講ずる措置等に関し，人事委員

会と認識を共有するとともに，人事委員会の求めに応じてその実施状況等について報告を行い，専門的な助言を求めるなど連携を図ること。

　本制度に関して指針に定める事項を踏まえ講ずる措置等について，保護者及び地域住民その他の関係者の理解が得られるよう，広く周知を図ること。

（3）この指針の改正は，令和3年4月1日から適用すること。

3．留意事項

（1）「休日のまとめ取り」のための一年単位の変形労働時間制の目的について

　本制度は，長期休業期間等において休日を集中して確保しようとする場合に限り，活用すべきものであること。

　なお，本制度については，これを単に活用すること自体が勤務時間を縮減するものではなく，その活用に当たっては，他の施策を併せて講ずることにより，学期中及び長期休業期間等における業務量を確実に削減することが重要であること。

（2）条例等の整備について

　法第5条は，各地方公共団体の判断により条例で選択的に本制度を活用できることとしたものであり，各地方公共団体の実情に応じて本制度を活用しようとする場合には，各地方公共団体において条例等の整備が必要となること。

　本制度は教育職員の勤務条件に当たるものであるため，県費負担教職員については，都道府県において条例を整備するものであること。

　なお，条例等の整備に当たっては，文部科学省において「「休日のまとめ取り」のための一年単位の変形労働時間制の活用に当たっての条例・規則等への反映について（例）」（別添5，6）を作成したので，参考とされたいこと。

　また，本制度を活用する場合には，時間外在校等時間に係る上限時間が本制度を活用しない場合と変わるため，指針に基づき整備された条例等の改正が必要となることから，文部科学省において「「休日のまとめ取り」のための一年単位の変形労働時間制を活用する場合における在校等時間の上限等に係る「指

針」に関する条例・規則等への反映について（例）」（別添７）を作成したので，参考とされたいこと。

（3）本制度の運用等について

　本制度の活用により所定の勤務時間を延長する日及び時間については，長期休業期間等の業務量の縮減によって確実に確保できる休日の日数を考慮し，確実に縮減できる時間の範囲内で，年度当初や学校行事等で業務量が多い時期に限定すること。例えば，教員勤務実態調査（平成28年度）等における学校の運営状況を踏まえれば，長期休業期間等においては，一般的に取得されている年次有給休暇等に加えて５日間程度の休日を確保することが限度であると考えられ，これを考慮すると，延長できる所定の勤務時間は40時間程度となること。

　祝日法による休日や年末年始の休日等においては，正規の勤務時間は割り振られているが勤務することを要しないとされているが，勤務を要しないことを理由として，もともとこれらの休日に割り振られていた正規の勤務時間を別の勤務日に割り振ることは，働き方改革の趣旨に反し，また本制度の想定する割振りではないことから，本制度を活用する際に勤務時間を割り振るに当たっては，これらの休日には引き続き７時間45分の勤務時間を割り振ること。

　本制度の活用に当たっては，対象となる教育職員の範囲を明確に定める必要があること。また，長期休業期間等において休日を集中して確保する場合に限って活用できることや，勤務時間の延長は業務量の多い時期に限ることとしている本制度の趣旨を踏まえ，対象となる教育職員は，基本的には対象期間の最初の日から末日までの期間において任用される職員に限られるものと考えられること。このため，対象期間より短い期間において任用される教育職員であって長期休業期間等や業務量の多い期間の途中で退職することが明らかである者は当該対象期間の対象者とならないことはもとより，任期の定めがない教育職員であっても長期休業期間等や業務量の多い期間中に定年を迎える者は当該対象期間の対象者とならず，配置転換等により長期休業期間等や業務量の多い期間の途中からの適用もできないものと考えられること。

（4）教育職員等の意見を踏まえた本制度の活用について

　本制度の対象者の決定等に当たっては，校長が各教育職員と対話を行い個々

の事情を斟酌し，必要に応じて文書等として記録に残すことが望ましいものであり，具体的な運用方法の決定の過程において教育委員会，校長及び教育職員が丁寧に話し合い，共通認識を持って本制度を活用することが重要であること。また，省令第3条第2項により周知する場合も含め，本制度を活用する場合における対象期間並びに対象期間の勤務日数及び勤務日ごとの勤務時間等については，事前に教育職員に明示する必要があること。

　また，本制度の活用は，教育職員の勤務条件に当たるものであるため，地方公務員法第55条に基づく職員団体との交渉や協定の対象となり得るものであり，適法な交渉の申入れが職員団体からなされた場合においては，地方公共団体の当局はその申入れに応ずべき地位にあること。

（5）本制度の趣旨に沿った適切な運用の確保について

　本制度の活用に当たっては，指針において，教育職員の健康及び福祉の確保を図るために講ずべき措置を定めており，これらの措置を講ずることが本制度の活用の前提となっている。このため，各教育委員会においては，学校においてこれらの措置が講じられているかについて十全に確認を行うこと。

　教育職員の勤務条件に関する労働基準監督機関の職権は人事委員会又はその委任を受けた人事委員会の委員（人事委員会を置かない地方公共団体においては，地方公共団体の長）（以下「人事委員会等」という。）が行うものであることから，本制度の運用に当たっては，運用状況について人事委員会等と認識を共有し，専門的な助言を求めるなど連携を図ること。

　また，地方公務員法に基づき，教育職員から人事委員会又は公平委員会に対して，いわゆる措置要求や苦情の申し立てを行うことができることとされているが，教師等の長時間勤務の是正やメンタルヘルス不調等の健康障害の防止のため，各教育委員会内の学校における働き方改革の担当課や教師等の福利厚生を担当する課等において，長時間勤務等の勤務条件やメンタルヘルス不調等の健康障害に関する相談窓口を設置することについては，別途「公立学校の教師等の勤務条件，健康障害及び公務災害認定に係る相談窓口の設置状況に関する調査結果に係る留意事項について（通知）」（令和2年1月17日元文科初第1336号初等中等教育局長通知）として通知しているところであり，本制度の

資料
5

適切な運用を確保する観点からも，このための相談窓口を設けることや既設の相談窓口において本制度の運用について相談できることを明らかにすることが重要であること。

なお，本制度の趣旨に沿った適切な運用の確保に資するよう，本制度等に関する相談窓口を文部科学省のホームページに今後開設する予定であり，開設した際には追って連絡する予定であること。

（6）活用に当たって必要な措置を講ずることができなくなった場合の対応について

本制度の対象期間中に，指針に定める措置を講ずることが困難とならないよう，まずは服務監督教育委員会や学校において講ずべき措置を確実に実施することが必要であるが，それでもなお指針に定める措置を講ずることができなくなった場合又は講ずることができなくなることが明白となった場合には，服務監督教育委員会において，以降の総勤務時間の一部について，勤務時間の削減措置をすること。なお，その際，本制度は，使用者が業務の都合によって任意に労働時間を変更することがないことを前提とした制度であり，対象期間中に適用関係そのものは変更することはできないことから，勤務時間の削減措置としては，指針に定める措置を講ずることができなくなった場合又は講ずることができなくなることが明白となった時点以降の総勤務時間の一部を，勤務することを要しない時間として指定すること。その具体的な運用については，「「休日のまとめ取り」のための一年単位の変形労働時間制の活用に当たっての条例・規則等への反映について（例）」の条例第●条第1項及び第2項並びに人事委員会規則第▲条第1項から第3項までの規定を参考に，適切に対応すること。この場合において，条例第●条第2項の規定のとおり，勤務することを要しない時間を指定したときの当該時間中に教育職員に勤務を命ずる場合は，いわゆる「超勤4項目」に該当する業務に従事する場合で臨時又は緊急にやむを得ない必要があるときに限るものとすること。

【別添1】公立の義務教育諸学校等の教育職員の給与等に関する特別措置法施行規則【概要】

【別添２】公立の義務教育諸学校等の教育職員の給与等に関する特別措置法施行規則（令和２年文部科学省令第 26 号）

【別添３】公立学校の教育職員の業務量の適切な管理その他教育職員の服務を監督する教育委員会が教育職員の健康及び福祉の確保を図るために講ずべき措置に関する指針【概要】※編著者注：同資料のみ次頁より掲載。他は割愛

【別添４】公立学校の教育職員の業務量の適切な管理その他教育職員の服務を監督する教育委員会が教育職員の健康及び福祉の確保を図るために講ずべき措置に関する指針（令和２年文部科学省告示第１号）

【別添５】「休日のまとめ取り」のための一年単位の変形労働時間制の活用に当たっての条例・規則等への反映について（例）【概要】

【別添６】「休日のまとめ取り」のための一年単位の変形労働時間制の活用に当たっての条例・規則等への反映について（例）

【別添７】「休日のまとめ取り」のための一年単位の変形労働時間制を活用する場合における在校等時間の上限等に係る「指針」に関する条例・規則等への反映について（例）

【参考資料１】公立の義務教育諸学校等の教育職員の給与等に関する特別措置法の一部を改正する法律の概要

【参考資料２】「公立学校の教育職員の業務量の適切な管理その他教育職員の服務を監督する教育委員会が教育職員の健康及び福祉の確保を図るために講ずべき措置に関する指針」の告示等について（通知）」（令和２年１月 17 日元文科初第 1335 号初等中等教育局長通知）（※別添資料省略）

【参考資料３】給特法改正に関する主な国会答弁

【参考資料４】公立の義務教育諸学校等の教育職員の給与等に関する特別措置法の一部を改正する法律案に対する附帯決議（令和元年 12 月３日参議院文教科学委員会）

【参考資料５】改正給特法の施行に向けたスケジュール（イメージ）

資料
5

担当：初等中等教育局初等中等教育企画課教育公務員係
菊地，中村，吉田
TEL:03-5253-4111　（代表）内線 2588

【別添３】

公立学校の教育職員の業務量の適切な管理その他教育職員の服務を監督する教育委員会が教育職員の健康及び福祉の確保を図るために講ずべき措置に関する指針【概要】

第１章　総則

○趣旨
- 教師の長時間勤務の実態は深刻であり、持続可能な学校教育の中で効果的な教育活動を行うためには、学校における働き方改革が急務。
- 公立学校の教師については、時間外勤務命令は「超勤４項目」に限定されるものの、校務として行われている業務については、時間外勤務を命じられて行うものでないとしても学校教育活動に関する業務であることに変わりはなく、こうした業務を行う時間も含めて時間を管理することが学校における働き方改革を進める上で必要不可欠。
- このような状況を踏まえ、給特法第７条に基づき、教師の業務量の適切な管理その他教師の服務を監督する教育委員会が教師の健康及び福祉の確保を図るために講ずべき措置に関する指針を定めるもの。

○対象の範囲
　給特法第２条に規定する公立の義務教育諸学校等の教育職員の服務を監督する教育委員会、及び同条に規定する公立の義務教育諸学校等の教育職員全て
※義務教育諸学校等：小学校、中学校、義務教育学校、高等学校、中等教育学校、特別支援学校、幼稚園
　教　育　職　員：校長（園長）、副校長（副園長）、教頭、主幹教諭、指導教諭、教諭、養護教諭、栄養教諭、助教諭、養護助教諭、講師、実習助手、寄宿舎指導員
※事務職員等については、「36協定」における時間外労働の規制が適用される。

第２章　服務監督教育委員会が講ずべき措置等

○業務を行う時間の上限

「超勤４項目」以外の業務を行う時間も含め、教育職員が学校教育活動に関する業務を行っている時間として外形的に把握することができる時間を「在校等時間」とし、勤務時間管理の対象とする。

　具体的には、「超勤４項目」以外の業務を行う時間も含めて教育職員が在校している時間を基本とし、当該時間に、以下①、②を加え、③、④を除いた時間を在校等時間とする。

〈基本とする時間〉

　・在校している時間

〈加える時間〉

　①校外において職務として行う研修や児童生徒の引率等の職務に従事している時間

　②各地方公共団体で定めるテレワークの時間

〈除く時間〉

　③勤務時間外における自己研鑽及び業務外の時間（※自己申告による）

　④休憩時間

○上限時間

①1か月の時間外在校等時間について、45時間以内

②1年間の時間外在校等時間について、360時間以内

※児童生徒等に係る臨時的な特別の事情により業務を行わざるを得ない場合は、1か月の時間外在校等時間100時間未満、1年間の時間外在校等時間720時間以内（連続する複数月の平均時間外在校等時間80時間以内、かつ、時間外在校等時間45時間超の月は年間6カ月まで）

○教育職員の服務を監督する教育委員会が講ずべき措置

（1）　本指針を参考にしながら、その所管に属する学校の教育職員の在校等時間の上限等に関する方針（「上限方針」）を教育委員会規則等において定

める。

（２）　教育職員が在校している時間は、<u>ICT の活用やタイムカード等により</u>
<u>客観的に計測</u>。校外で職務に従事している時間も、できる限り客観的に計測。
<u>計測した時間は公務災害が生じた場合等に重要な記録となることから、公文</u>
<u>書としてその管理及び保存を適切に行う。</u>

（３）　<u>休憩時間や休日の確保等に関する労働基準法等の規定を遵守する。</u>

（４）　教育職員の健康及び福祉を確保するため、以下の事項に留意する。
- 在校等時間が一定時間を超えた教育職員に医師による面接指導を実施すること。
- <u>終業から始業までに一定時間以上の継続した休息時間を確保すること。</u>等

（５）　<u>上限方針を踏まえた所管に属する各学校における取組の実施状況を把</u>
<u>握</u>した上で、その状況を踏まえつつ、<u>業務分担の見直しや適正化、必要な環</u>
<u>境整備等の在校等時間の長時間化を防ぐための取組を実施</u>。上限方針で定め
る上限時間の範囲を超えた場合には、各学校における業務や環境整備等の状
況について事後的に検証を行う。等

（６）　上限方針を定めるに当たっては人事委員会（置かない場合は地方公共
団体の長）と認識を共有し、専門的な助言を求めるなど連携を図る。講ずべ
き措置に関し、人事委員会の求めに応じて実施状況等について報告を行い、
専門的な助言を求めるなど連携を図る。

○留意事項
（１）　上限時間について
- 本指針は<u>上限時間まで業務を行うことを推奨する趣旨ではない。</u>
- 本指針は、学校における働き方改革の総合的な方策の一環であり、在校等
時間の長時間化を防ぐ他の取組と併せて取り組まれるべきもの。決して、
これらの取組を講ずることなく、学校や教育職員に対し、<u>上限時間を遵守</u>
<u>することを求めるのみではならない。</u>
（２）　虚偽の記録等について
- 在校等時間を上限時間の範囲内とすることが目的化し、<u>授業など教育課程</u>
<u>内の学校教育活動であって真に必要な活動であるものをおろそかにするこ</u>

とや、実際より短い虚偽の時間を記録に残す、又は残させることがあってはならない。

（３）　持ち帰り業務について

・本来、業務の持ち帰りは行わないことが原則。上限時間を遵守するためだけに自宅等に持ち帰って業務を行う時間が増加することは、厳に避ける。仮に業務の持ち帰りが行われている実態がある場合には、その実態把握に努めるとともに、業務の持ち帰りの縮減に向けた取組を進める。

（４）　都道府県等が講ずべき措置について

　都道府県及び指定都市においては、服務監督教育委員会が定める上限方針の実効性を高めるため、条例等の整備その他の必要な措置を講ずるものとする。

第３章　長期休業期間における集中した休日の確保のための一年単位の変形労働時間制

○目的

　本制度により長期休業期間において休日を集中して確保することで、教育職員の休息の時間等を確保し、ひいては児童生徒等に対して効果的な教育活動を行うことに資するとともに、教育職員の職としての魅力の向上に資することにより意欲と能力のある人材が教育職員として任用され、学校教育の水準の維持向上を図るもの。

　このため、本制度は、長期休業期間において休日を集中して確保することを目的とする場合に限り適用すべきものである。

○服務監督教育委員会等が講ずべき措置

➤ 本制度を適用する場合は、上限時間について、「45 時間」を「42 時間」と、「360 時間」を「320 時間」とする。

➤ 本制度を適用するに当たっては、上限時間の範囲内であることが前提。

　服務監督教育委員会及び校長は、こうした本制度の趣旨を十分に留意した上で、適用しようとする期間の前年度において上限時間の範囲内であることなどの在校等時間の状況や、在校等時間の長時間化を防ぐための取組の実施状

資料5

況等を確認し、適用しようとする期間で上限時間の範囲内となることが見込まれる場合に限り、本制度の適用を行うこと。

本制度の適用後も、対象期間において、上限時間の範囲内とすること。

➤ 本制度を適用するに当たっては、服務監督教育委員会及び校長は、教育職員について、対象期間において、以下の全ての措置を講じる。

イ　タイムカードによる記録等の客観的な方法等による在校等時間の把握を行う

ロ　部活動の休養日及び活動時間を部活動ガイドラインの範囲内とする

ハ　通常の正規の勤務時間を超える割振りについては、長期休業期間で確保できる勤務時間を割り振らない日の日数を考慮した上で、年度初め、学校行事が行われる時期等、対象期間のうち業務量が多い一部の時期に限り行う

ニ　通常の正規の勤務時間を超えて割り振る日において、これを理由として、担当授業数や部活動等の児童生徒等の活動の延長・追加や、教育職員の業務を新たに付加することにより、在校等時間を増加させないようにする

ホ　通常の正規の勤務時間より短く割り振る日については、勤務時間の短縮ではなく勤務時間を割り振らないこととし、当該日を長期休業期間に集中して設定する

ヘ　終業から始業までに一定時間以上の継続した休息時間を確保する

➤ 本制度を適用するに当たっては、服務監督教育委員会及び校長は、対象期間において、学校について以下の全ての措置を講じる。

イ　部活動、研修その他の長期休業期間における業務量の縮減を図る

ロ　超勤4項目の臨時又は緊急のやむを得ない業務を除き、職員会議、研修等の業務については、通常の正規の勤務時間内において行う

ハ　全ての教育職員に画一的に適用するのではなく、育児や介護を行う者等については配慮する

➤ 本制度に関して指針に定める事項を踏まえ講ずる措置等に関し、人事委員会と認識を共有するとともに、人事委員会の求めに応じてその実施状況等について報告を行い、専門的な助言を求めるなど連携を図る。等

第4章　文部科学省の取組について

　文部科学省は、学校における働き方改革を進める上で前提となる<u>学校の指導及び事務の体制の効果的な強化及び充実を図るための教育条件の整備</u>を進める。また、各都道府県及び指定都市における<u>条例等の制定状況</u>や、各服務監督教育委員会の<u>取組の状況を把握し、公表する。</u>等

附則

　この指針は、<u>令和２年４月１日</u>から適用する。ただし、休日の「まとめ取り」のための一年単位の変形労働時間制については、<u>令和３年４月１日</u>から適用する。

資料
5

資料6 指針（文部科学省告示第101号（2020年7月17日）による改正後）

出典：文部科学省ホームページ

https://www.mext.go.jp/content/20200717-mxt_syoto01-000001234_1.pdf

公立学校の教育職員の業務量の適切な管理その他教育職員の服務を監督する教育委員会が教育職員の健康及び福祉の確保を図るために講ずべき措置に関する指針

第1章　総則

第1節　趣旨

近年、我が国の教育職員（公立の義務教育諸学校等の教育職員の給与等に関する特別措置法（昭和46年法律第77号。以下「給特法」という。）第2条第2項に規定する教育職員をいう。以下同じ。）の業務が長時間に及ぶ深刻な実態が明らかになっており、持続可能な学校教育の中で効果的な教育活動を行うためには、学校における働き方改革が急務となっている。また、平成30年7月に公布された働き方改革を推進するための関係法律の整備に関する法律（平成30年法律第71号）により、労働基準法（昭和22年法律第49号）第36条第1項の協定（以下「36協定」という。）について時間外労働の限度時間が規定された。

公立学校の教育職員については、正規の勤務時間（給特法第6条第1項に規定する正規の勤務時間をいう。以下この節及び次章第1節において同じ。）外に行われる公立の義務教育諸学校等の教育職員を正規の勤務時間を超えて勤務させる場合等の基準を定める政令（平成15年政令第484号）第2号に掲げる業務（以下「超勤4項目」という。）以外の業務については、時間外勤務（同令第1号に規定する時間外勤務をいう。以下同じ。）を命じないものとされているが、正規の勤務時間外に校務として行われる業務については、当該業務が時間外勤務を命じられて行うものでないとしても学校教育活動に関する業務であることについて正規の勤務時間内に行われる業務と変わりはなく、こうした業務も含めて教育職員が業務を行う時間を管理することが、学校における働き方改革を進める上で必要不可欠である。

このような状況を踏まえ、給特法第7条第1項の規定に基づき、公立学校の教育職員の業務量の適切な管理その他教育職員の服務を監督する教育委員会が教育職員の健康及び福祉の確保を図るために講ずべき措置に関する指針を定める。

第2節　対象の範囲

（1）　本指針は、給特法第2条に規定する義務教育諸学校等の教育職員の服務を監督する教育委員会（以下「服務監督教育委員会」という。）の全

資料6

てを対象とする。

（2）　本指針に掲げる措置は、給特法第2条第2項に規定する教育職員全てを対象とするものとする。なお、それ以外の職員（事務職員、学校栄養職員等）については、36協定における時間外労働の限度時間が適用されることに留意すべきである。

第2章　服務監督教育委員会が講ずべき措置等
第1節　業務を行う時間の上限

（1）　本指針における「勤務時間」の考え方

　　教育職員は、社会の変化に伴い児童生徒等がますます多様化する中で、語彙、知識、概念がそれぞれ異なる一人一人の児童生徒等の発達の段階に応じて、指導の内容を理解させ、考えさせ、表現させるために、言語や指導方法をその場面ごとに選択しながら、適切なコミュニケーションをとって授業の実施をはじめとした教育活動に当たることが期待されている。このような教育職員の専門性や職務の特徴を踏まえ、また、教育職員が超勤4項目以外の業務を行う時間が長時間化している実態も踏まえると、正規の勤務時間外にこうした業務を行う時間も含めて教育職員が働いている時間を適切に把握することが必要である。

　　このため、教育職員が学校教育活動に関する業務を行っている時間として外形的に把握することができる時間を当該教育職員の「在校等時間」とし、服務監督教育委員会が管理すべき対象とする。

　　具体的には、正規の勤務時間外において超勤4項目以外の業務を行う時間も含めて教育職員が在校している時間を基本とし、当該時間に、以下に掲げるイ及びロの時間を加え、ハ及びニの時間を除いた時間を在校等時間とする。ただし、ハについては、当該教育職員の申告に基づくものとする。

イ　校外において職務として行う研修への参加や児童生徒等の引率等の職務に従事している時間として服務監督教育委員会が外形的に把握する時間

ロ　各地方公共団体が定める方法によるテレワーク（情報通信技術を利用して行う事業場外勤務）等の時間

ハ　正規の勤務時間外に自らの判断に基づいて自らの力量を高めるために行う自己研鑽の時間その他業務外の時間

ニ　休憩時間

（２）　上限時間の原則

　　服務監督教育委員会は、その所管に属する学校の教育職員の在校等時間から所定の勤務時間（給特法第６条第３項各号に掲げる日（代休日が指定された日を除く。）以外の日における正規の勤務時間をいう。以下同じ。）を除いた時間を、以下に掲げる時間の上限の範囲内とするため、教育職員の業務量の適切な管理を行うこととする。

イ　１日の在校等時間から所定の勤務時間を除いた時間の１箇月の合計時間（以下「１箇月時間外在校等時間」という。）　45 時間

ロ　１日の在校等時間から所定の勤務時間を除いた時間の１年間の合計時間（以下「１年間時間外在校等時間」という。）　360 時間

（３）　児童生徒等に係る臨時的な特別の事情がある場合の上限時間

　　服務監督教育委員会は、児童生徒等に係る通常予見することのできない業務量の大幅な増加等に伴い、一時的又は突発的に所定の勤務時間外に業務を行わざるを得ない場合においては、（２）の規定にかかわらず、教育職員の在校等時間から所定の勤務時間を除いた時間を、以下に掲げる時間及び月数の上限の範囲内とするため、教育職員の業務量の適切な管理を行うこととする。

イ　１箇月時間外在校等時間　100 時間未満

ロ　１年間時間外在校等時間　720 時間

ハ　１年のうち１箇月時間外在校等時間が 45 時間を超える月数　6月

ニ　連続する２箇月、３箇月、４箇月、５箇月及び６箇月のそれぞれの期間について、各月の１箇月時間外在校等時間の１箇月当たりの平均時間 80 時間

第２節　服務監督教育委員会が講ずべき措置

　服務監督教育委員会は以下の措置を講ずべきものとする。

（１）　本指針を参考にしながら、その所管に属する学校の教育職員の在校

資料
6

等時間の上限等に関する方針（以下「上限方針」という。）を教育委員会規則等において定めること。

（2）　労働安全衛生法（昭和47年法律第57号）等において、タイムカードによる記録、電子計算機の使用時間の記録等の客観的な方法その他の適切な方法による勤務時間の把握が事業者の義務として明確化されたことを踏まえ、教育職員が在校している時間は、ICTの活用やタイムカード等により客観的に計測すること。また、校外において職務に従事している時間についても、できる限り客観的な方法により計測すること。また、当該計測の結果は公務災害が生じた場合等において重要な記録となることから、公文書としてその管理及び保存を適切に行うこと。

（3）　休憩時間や休日の確保等に関する労働基準法等の規定を遵守すること。

（4）　教育職員の健康及び福祉を確保するため、以下の事項に留意すること。

イ　在校等時間が一定時間を超えた教育職員に医師による面接指導を実施すること。

ロ　終業から始業までに一定時間以上の継続した休息時間を確保すること。

ハ　教育職員の勤務状況及びその健康状態に応じて、健康診断を実施すること。

ニ　年次有給休暇についてまとまった日数連続して取得することを含めてその取得を促進すること。

ホ　心身の健康問題についての相談窓口を設置すること。

ヘ　必要に応じて、産業医等による助言・指導を受け、又は教育職員に産業医等による保健指導を受けさせること。

（5）　上限方針を踏まえた所管に属する各学校における取組の実施状況を把握すること。また、その状況を踏まえ、業務の分担の見直しや適正化、必要な環境整備等の在校等時間の長時間化を防ぐための取組を実施すること。特に、教育職員の在校等時間が上限方針で定める上限時間の範囲を超えた場合には、所管に属する各学校における業務や環境整備等の状況について事後的に検証を行うこと。

（6）　上限方針を定めるに当たっては、人事委員会（人事委員会を置かない地方公共団体においては、地方公共団体の長。以下同じ。）と当該上限

資料
6

方針について認識を共有し、専門的な助言を求めるなど連携を図ること。また、教育職員の業務量の適切な管理その他教育職員の健康及び福祉を図るために講ずべき措置に関し、人事委員会の求めに応じて実施状況等について報告を行い、専門的な助言を求めるなど連携を図ること。

（７）　上限方針の内容について、保護者及び地域住民その他の関係者の理解が得られるよう、それらの者に対して広く上限方針の周知を図ること。

第３節　留意事項

（１）　上限時間について

　　校長等の学校の管理職及び教育職員並びに教育委員会等の関係者は、本指針及び上限方針が、教育職員が上限時間まで業務を行うことを推奨するものと解してはならず、また、学校における働き方改革の総合的な方策の一環として策定されるものであり、在校等時間の長時間化を防ぐための他の取組と併せて取り組まれるべきものであることに十分に留意しなければならない。校長等の学校の管理職及び教育委員会は、決して、在校等時間の長時間化を防ぐための取組を講ずることなく、学校や教育職員に対し、上限時間を遵守することを求めるのみであってはならない。

（２）　虚偽の記録等について

　　教育職員の在校等時間について形式的に上限時間の範囲内とすることが目的化し、授業など教育課程内の学校教育活動であって真に必要な活動であるものをおろそかにすることや、実際の時間より短い虚偽の時間を記録し、又は記録させることがあってはならない。

（３）　持ち帰り業務について

　　本来、業務の持ち帰りは行わないことが原則であり、上限時間を遵守することのみを目的として自宅等に持ち帰って業務を行う時間が増加することは、厳に避けなければならない。仮に業務の持ち帰りが行われている実態がある場合には、その実態把握に努めるとともに、業務の持ち帰りの縮減に向けた取組を進めるものとする。

（４）　都道府県等が講ずべき措置について

　　都道府県及び指定都市においては、給特法第７条第１項の規定の趣旨を

踏まえ、服務監督教育委員会が定める上限方針の実効性を高めるため、条例等の整備その他の必要な措置を講ずるものとする。

第3章　長期休業期間等における集中した休日の確保のための一年単位の変形労働時間制

第1節　目的

　　教育職員に対する一年単位の変形労働時間制（給特法第5条の規定により読み替えて適用する地方公務員法（昭和25年法律第261号）第58条第3項の規定により読み替えて適用する労働基準法（第2節（2）において「読替え後の労働基準法」という。）第32条の4の規定による一年単位の変形労働時間制をいう。）の適用は、学校において学校教育法施行令（昭和28年政令第340号）第29条第1項の規定による夏季、冬季、学年末、農繁期等における休業日等の期間（以下「長期休業期間等」という。）が存在し、教育職員の業務について、年間を通じた在校等時間の多寡が生じることが見込まれることを踏まえ、本制度により長期休業期間等において休日を集中して確保することで、教育職員の休息の時間等を確保し、ひいては児童生徒等に対して効果的な教育活動を行うことに資するとともに、教育職員の職としての魅力の向上に資することにより意欲と能力のある人材が教育職員として任用され、学校教育の水準の維持向上を図ることを目的に掲げるものである。

　　このため、本制度は、長期休業期間等において休日を集中して確保することを目的とする場合に限り適用すべきものであり、本制度を適用する場合に服務監督教育委員会が教育職員の健康及び福祉の確保を図るために講ずべき措置等について以下のとおり定める。

第2節　長期休業期間等における集中した休日の確保のため一年単位の変形労働時間制を適用する場合に服務監督教育委員会等が講ずべき措置

（1）　本制度が適用される教育職員についての第2章第1節に規定する上限時間の適用については、同節中「45時間」とあるのは「42時間」と、「360時間」とあるのは「320時間」とする。

（2）　本制度を適用するに当たっては、本制度を適用する教育職員の在校

等時間から所定の勤務時間を除いた時間が第2章第1節に規定する上限の範囲内であることを前提としている。

　服務監督教育委員会及び校長は、こうした本制度の趣旨に十分に留意した上で、適用しようとする対象期間（読替え後の労働基準法第32条の4第1項第2号に規定する対象期間をいう。以下この節において同じ。）の初日の属する年度の前年度において教育職員の在校等時間から所定の勤務時間を除いた時間が第2章第1節に規定する上限の範囲内であることなどの在校等時間の状況や、在校等時間の長時間化を防ぐための取組の実施状況等を確認し、適用しようとする対象期間において当該教育職員の在校等時間から所定の勤務時間を除いた時間が（1）の規定により読み替えられた第2章第1節に規定する上限の範囲内となることが見込まれる場合に限り、本制度の適用を行うこと。

　また、本制度の適用を行った後においても、服務監督教育委員会及び校長は、対象期間において、本制度を適用する教育職員の在校等時間から所定の勤務時間を除いた時間を（1）の規定により読み替えられた第2章第1節に規定する上限の範囲内とすること。

（3）　本制度を適用するに当たっては、服務監督教育委員会及び校長は、対象期間において、本制度を適用する教育職員について次に掲げる全ての措置を講じること。

　イ　タイムカードによる記録、電子計算機の使用時間の記録等の客観的な方法その他の適切な方法による在校等時間の把握を行うこと。

　ロ　担当する部活動の休養日及び活動時間をスポーツ庁及び文化庁が別に定める基準の範囲内とすること。

　ハ　通常の正規の勤務時間（それぞれの日における本制度を適用しない場合の正規の勤務時間（一般職の職員の勤務時間、休暇等に関する法律（平成6年法律第33号。ホにおいて「勤務時間法」という。）第5条、第6条、第8条、第11条及び第12条の規定に相当する条例の規定による勤務時間をいう。以下この節において同じ。）を超える勤務時間の割振りについては、長期休業期間等において確保できる勤務時間を割り振らない日の日数を考慮した上で、年度初め、学校における諸行事が行

われる時期その他の本制度の対象期間のうち業務量が多い一部の時期に
限り行うこと。

　ニ　通常の正規の勤務時間を超えて勤務時間を割り振る日において、本制
度の適用前と比較して、通常の正規の勤務時間を超えて勤務時間を割り
振ったことを理由とした担当授業数の追加及び部活動その他児童生徒等
の活動に係る時間の延長又は追加並びに本制度の適用前には当該教育職
員が所属する学校において行われていなかった業務の当該教育職員への
新たな付加により在校等時間を増加させることがないよう、留意すること。

　ホ　本制度の適用前と比較して、所定の勤務時間を通常の正規の勤務時間
より短くする日（勤務時間法第8条の規定に相当する条例の規定に基づ
き勤務日のうち4時間の勤務時間を当該勤務日に割り振ることをやめて
当該4時間の勤務時間を同法第6条第1項又は第4項の規定に相当する
条例の規定により週休日とされた日において特に勤務することを命ず
る必要がある日に割り振る場合における当該勤務日を除く。）について
は、勤務時間の短縮ではなく勤務時間を割り振らないこととし、当該日
を長期休業期間等において連続して設定すること。

　ヘ　終業から始業までに一定時間以上の継続した休息時間を確保すること。

（4）　本制度を適用するに当たっては、服務監督教育委員会及び校長は、
対象期間において、本制度を適用する教育職員が属する学校について次に
掲げる全ての措置を講じること。

　イ　本制度の適用前と比較して、部活動、研修その他の長期休業期間等に
おける業務量の縮減を図ること。

　ロ　超勤4項目として臨時又は緊急のやむを得ない必要があるときに行わ
れるものを除き、職員会議、研修その他の本制度が適用される教育職員
であるか否かにかかわらず参加を要する業務については、通常の正規の
勤務時間内において行うこと。

　ハ　本制度を全ての教育職員に対して画一的に適用するのではなく、育児
を行う者、老人等の介護を行う者、職業訓練又は教育を受ける者その他
特別の配慮を要する者については、これらの者が育児等に必要な時間を
確保できるよう配慮すること。

（5）　本制度を適用するに当たっては、服務監督教育委員会及び校長は、勤務時間、休憩時間及び休日の確保等に関する労働基準法、地方公務員法、給特法その他の関係法令の規定を遵守するとともに、文部科学省から発出する通知等について留意すること。

（6）　服務監督教育委員会は、本制度に関して本指針に定める事項を踏まえて講ずる措置その他教育職員の健康及び福祉を図るために講ずる措置に関し、人事委員会と認識を共有するとともに、人事委員会の求めに応じてその実施状況等について報告を行い、専門的な助言を求めるなど連携を図ること。

（7）服務監督教育委員会及び校長は、本制度に関して本指針に定める事項を踏まえて講ずる措置その他教育職員の健康及び福祉を図るために講ずる措置について、保護者及び地域住民その他の関係者の理解が得られるよう、それらの者に対して広く周知を図ること。

第4章　文部科学省の取組について

文部科学省は、次に掲げる事項その他の取組を進めることとする。

（1）　学校における業務の縮減に取り組むとともに、学校における働き方改革を進める上で前提となる学校の指導及び事務の体制の効果的な強化及び充実を図るための教育条件の整備を進めること。

（2）　業務量の適切な管理及び長期休業期間等における集中した休日の確保のための一年単位の変形労働時間制に関して本指針に定める事項その他教育職員の健康及び福祉を図るために講ずべき措置について、教育関係者、保護者及び地域住民等の理解が得られるよう、それらの者に対して広く周知を図ること。

（3）　文部科学省が行う既存の調査等を活用しつつ、適宜、各都道府県及び指定都市における第2章第3節（4）の条例等の制定状況や、各服務監督教育委員会の取組の状況を把握し、公表すること。

資料
6

附則

この告示は、令和2年4月1日から適用する。

※注　長期休業期間等における集中した休日の確保のための一年単位の変形
　　　労働時間制に係る内容については、令和3年4月1日から適用する。

資料7　指針に係るＱ＆Ａ更新（2021年6月21日）

出典：文部科学省ホームページ

https://www.mext.go.jp/content/20210629-mxt_syoto01-000122836_1.pdf

事務連絡

令和3年6月21日

各都道府県・指定都市教育委員会　御中

文部科学省初等中等教育局初等中等教育企画課

公立学校の教育職員の業務量の適切な管理その他教育職員の服務
を監督する教育委員会が教育職員の健康及び福祉の確保を図るた
めに講ずべき措置に関する指針に係るＱ＆Ａの更新について

　令和2年1月に公示し，同年7月に改正した「公立学校の教育職員の業務量
の適切な管理その他教育職員の服務を監督する教育委員会が教育職員の健康及
び福祉の確保を図るために講ずべき措置に関する指針」（以下，「指針」とい
う。）の内容のうち，休日の「まとめ取り」のための1年単位の変形労働時間
制に関する内容については，昨年7月に更新し，送付した「公立学校の教育職
員の業務量の適切な管理その他教育職員の服務を監督する教育委員会が教育職
員の健康及び福祉の確保を図るために講ずべき措置に関する指針に係るＱ＆Ａ」
（以下，「本Ｑ＆Ａ」という。）でお示ししているところですが，このたび，これ
までにいただいたお問合せ等を踏まえて本Ｑ＆Ａを更新しましたので，別添の
通り送付します。

　各教育委員会におかれては，本Ｑ＆Ａも踏まえ，指針を参考とした所管内の
公立学校の教師の勤務時間の上限に関する方針等の策定や改訂を引き続き行う
とともに，各地域や学校等の実情に応じ，「休日のまとめ取り」のための1年
単位の変形労働時間制に係る条例等の整備や適切な運用を行っていただくよう
お願いします。

資料
7

各都道府県教育委員会におかれては，所管の学校及び域内の市（指定都市を除く。以下同じ。）区町村教育委員会に対し，各指定都市教育委員会におかれては，所管の学校に対して，本件について周知を図るとともに，十分な指導・助言に努めていただくようお願いします。

　また，各都道府県教育委員会におかれては，本件について域内の市町村教育委員会が設置する学校に対して周知が図られるよう配慮をお願いします。

《本件連絡先》
文部科学省初等中等教育局初等中等教育企画課
　　　　　　　　　　　　　　　　教育公務員係
　　TEL：03-5253-4111（内線2588）

資料
7

【別添】

公立学校の教育職員の業務量の適切な管理その他教育職員の服務を監督する教育委員会が教育職員の健康及び福祉の確保を図るために講ずべき措置に関する指針に係る Q&A（令和３年６月時点）

〈　　目　　　次　　　〉

資料
7

か。一旦学校を離れた後、また戻って業務をする場合などはどう考えればいいか。

問9　校外での業務のうち「外形的に把握する」時間と整理される「職務として行う研修や児童生徒等の引率等」とはどのような業務か。

問10　児童生徒等の引率業務の時間について、どのように把握すべきか。

問11　自己申告により「在校等時間」には含まれない「正規の勤務時間外に自らの判断に基づいて自らの力量を高めるために行う自己研鑽の時間」とは、具体的に何を指すのか。

問12　自己申告により「在校等時間」には含まれない「その他業務外の時間」とは、具体的に何を指すのか。

問13　自宅等に持ち帰って業務を行った場合、その時間は「在校等時間」に含まれるのか。

問14　土日や祝日などの業務の時間も、「在校等時間」に含まれるのか。

問15　「在校等時間」には含まれない「休憩時間」とは、具体的に何を指すのか。

問16　「在校等時間」が8時間を超える場合、労働基準法上与えなければならないとされる休憩時間は1時間となるのか。

問17　「在校等時間」の管理・計測に当たっては、具体的にどのような事項について記録をするべきなのか。

問18　「在校等時間」の計測結果について、公文書として管理及び保存を行う期間はどのくらいの期間か。

【「上限時間」について】

問19　「在校等時間」に関する上限時間について、校長や服務監督権者である教育委員会の責任はどのようなものになるのか。

問20　「在校等時間」から「所定の勤務時間（給特法第6条第3項各号に掲げる日（代休日が指定された日を除く。）以外の日における正規の勤務時間をいう。）」を除くとされているが、具体的にはどのような時間を上限時間の算定対象として取り扱うべきか。

問21　週休日の振替や代休日の指定を行った場合、上限時間の取扱いや時間

の算定方法に何らか変更が生じるのか。

問22　「児童生徒等に係る通常予見することのできない業務量の大幅な増加等に伴い、一時的又は突発的に所定の勤務時間外に業務を行わざるを得ない場合」とはどのような場合を指すのか。

問23　「児童生徒等に係る通常予見することのできない業務量の大幅な増加等に伴い、一時的又は突発的に所定の勤務時間外に業務を行わざるを得ない場合」に該当するか否かを判断するのは誰か。

【「上限方針」について】

問24　「本指針を参考にしながら」とあるが、「上限方針」の内容について、具体的に何をどのように定めるべきか。また、教育委員会において今回の「上限方針」に当たるものが既に定められている場合、どのように取り扱えばよいか。

【国の人事院規則を考慮して定められる各地方公共団体における人事委員会規則等との関係について】

問25　国の人事院規則によれば、他律的業務の比重の高い部署に勤務する職員については、超過勤務を命じることのできる時間の上限を月100時間未満、年間720時間以下とすることとしているが、学校はこの「他律的業務の比重の高い部署」に該当するのか。

問26　国の人事院規則によれば、大規模災害等への対処等の重要な業務であって特に緊急に処理することを要する「特例業務」に従事する職員については上限時間の規定が適用されないが、地方公務員についてこれに準拠する場合、本指針との関係をどのように整理すべきか。

【休日の「まとめ取り」のための一年単位の変形労働時間制について】

問27　本制度の趣旨はどのようなものか。

問28　本指針で定める措置を講じなければ、本制度を活用することはできないのか。

問29　本指針で定める措置が講じられているか否かについては、どの単位で

判断するのか。教育委員会や学校単位か、それぞれの教育職員単位か。

問30 本制度を導入した場合において、本指針で定める措置が講じられているか否かについては、どの時点で誰が判断するのか。

問31 本制度を活用する際の在校等時間に関する上限時間はどのようになるのか。

問32 本制度の適用の前提である上限時間について、同一学校内にその上限の範囲内となっている職員と範囲内となっていない職員が混在している場合に、本制度を適用する職員と適用しない職員が混在していても良いか。【新規】

問33 部活動の休養日及び活動時間について、「スポーツ庁及び文化庁が別に定める基準」とは具体的に何を指しているのか。

問34 本制度を適切に活用した場合、対象期間において、具体的にどのような勤務時間の割振りが想定されるか。

問35 「長期休業期間等において休日を集中して確保することを目的とする場合に限り適用すべき」とあるが、設定する休日は、全て長期休業期間にまとめて設定しなければいけないのか。

問36 週休日の振替は、本制度を活用してもこれまで通り行うことは可能なのか。

問37 対象期間の設定は、必ずしも一年間全体でなくともよいのか。

問38 １年間のうち一部の期間のみを対象期間と設定した場合、残りの期間における上限時間は月45時間・年360時間か、それとも月42時間・年320時間か。【新規】

問39 本制度は、一箇月単位の変形労働時間制と併用できるか。

問40 本制度の対象期間中における年次有給休暇はどのように取り扱えばよいか。

問41 休日の「まとめ取り」を例えば夏季業期間の８月に行った場合、当該８月において勤務時間が割り振られていない日が増えることになるが、給与が下がってしまうのか。【新規】

問42 「育児等に必要な時間を確保できるよう配慮すること」とあるが、具体的にどのような「配慮」をすることが求められるのか。

問43　対象期間よりも短い期間において任用されている職員は対象とすべきか。【更新】

問44　「終業から始業までに一定時間以上の継続した休息時間を確保すること」とあるが、「一定時間」とは具体的には何時間か。【更新】

問45　対象期間の途中で、対象者が育児短時間勤務職員となった場合に、どのように対応すべきか。また、本制度を活用していた育児短時間勤務職員が何らかの事情により対象期間の途中で、短時間勤務ではなくなった場合はどうか。【新規】

問46　教育職員が別の学校から異動してきた場合、どのように考えるか。【新規】

問47　条例や規則はどのように整備すればよいか。

問48　本制度の活用について、教育職員等の意見をどのように踏まえていけばよいか。

問49　本指針に定める措置が講じられているか等、本制度の趣旨に沿った適切な運用がなされているかについて、どのように判断していけばよいのか。

問50　本指針に定める措置を講ずることができなくなった場合、どのように対応すればよいのか。

問51　指針に定める措置を講ずることができなくなった場合において、条例案第●条の規定に基づき勤務することを要しない時間を指定する際は、具体的にどのように指定するのか。【新規】

資料7

【趣旨等について】

問1　本指針は、どのような趣旨で策定されたものか。

○　平成30年7月に公布された働き方改革を推進するための関係法律の整備に関する法律により、民間企業等については、時間外労働の上限規制が新たに規定されました。

○　このような労働法制の転換を踏まえ、国家公務員については、人事院規則において超過勤務命令の上限時間が新たに規定され、地方公務員については、原則として労働基準法の適用を受けるとともに、国の人事院規則を踏まえ、各地方公共団体において、超過勤務命令の上限時間を条例や規則等で定めることとなりました。

○　公立学校の教師も地方公務員ですので、こうした条例や規則等の対象となるものと考えられます。ただし、公立学校の教師には公立の義務教育諸学校等の教育職員の給与等に関する特別措置法（以下「給特法」という。）が適用され、所定の勤務時間外に超過勤務命令に基づいて業務を行うのはいわゆる「超勤4項目」に関する業務の場合のみとされていますので、それ以外の業務は、この条例や規則等の対象とはなりません。

○　給特法の仕組みにより、所定の勤務時間外に行われる「超勤4項目」以外の業務は教師が自らの判断で自発的に業務を行っているものと整理されますが、学校の管理運営一切の責任を有する校長や教育委員会は、教職員の健康を管理し働き過ぎを防ぐ責任があり、こうした業務を行う時間を含めて管理を行うことが求められるものの、この時間については勤務時間管理の対象にはならないという誤解が生じているのも事実です。また、勤務時間を管理するという意識が希薄化し、長時間勤務につながったり、適切な公務災害認定が妨げられる事態が生じたりしているとの指摘もあります。

○　しかしながら、「超勤4項目」以外であっても、校務として行うものについては、超過勤務命令に基づくものではないものの、学校教育活動に関する業務を行っていることに変わりありません。そして、教員勤務実態調査の結果によると、教師の長時間勤務の実態が改めて判明した中で、所定の勤務時

間外に行っている業務としては「超勤4項目」に関する業務以外のものがほとんどであることが明らかとなっています。

　なお、学校教育活動に関する業務とは、児童生徒等の授業をはじめとした教育活動のほか、教務、児童生徒指導、授業準備のために必要な教材研究、教材教具管理、文書作成処理などの事務、外部関係者との連絡調整、学校教育の一環として行われる部活動等が含まれます。

○　文部科学省としては、平成31年1月に「公立学校の教師の勤務時間の上限に関するガイドライン」を策定しました。このガイドラインは、「超勤4項目」以外の業務も含めて、しっかりと勤務時間管理を行うことが、学校における働き方改革を進めるために不可欠なことから定めたものです。

○　本指針は、当該ガイドラインと趣旨を同じくするものであり、上記の条例や規則等では対象とはならない、「超勤4項目」以外の業務のための時間についても「在校等時間」として勤務時間管理の対象にすることを明確にした上で、その上限時間を示し、また、その実効性を高める観点から、給特法第7条にその根拠を置き、文部科学省告示の形式として定めることとしたものです。

問2　本指針は、給特法第7条に根拠を有し、告示として制定されているが、その法的性質はどのようなものか。

○　本指針は、給特法第7条に規定する「指針」として、文部科学省告示として定めるものです。

○　上限時間に関する内容については、ガイドラインとして定めていたものを法的根拠のある「指針」に格上げし、文部科学省告示として定めることによってその実効性が高めようとするものであり、また、この指針のみをもって直接的に教育委員会等に特定の義務を課すものではありませんが、給特法第7条に規定されているとおり、本指針は「教育職員が正規の勤務時間及びそれ以外の時間において行う業務の量の適切な管理その他教育職員の服務を監督する教育委員会が教育職員の健康及び福祉の確保を図るために講ずべき措置」を定めているものであり、服務監督権者たる教育委員会が、教育職員

の健康及び福祉の確保を図るために一定の措置を講ずる責務があることを前提にしているものです。

　また、服務監督権者たる教育委員会は、学校の管理運営一切において責任を有するものであり、業務分担の見直しや適正化、必要な執務環境の整備に加え、教職員の勤務時間管理及び健康管理についても責任を有しています。

○　このため、教育職員の健康及び福祉の確保を図るため、法令上義務付けられている客観的な勤務時間の状況の把握や休憩時間及び休日の確保等はもとより、業務分担の見直し・適正化や必要な環境整備等の「在校等時間」の長時間化を防ぐための取組、「在校等時間」に関する上限時間の設定、各教育委員会において「上限方針」を条例・規則等において定めることなど、本指針に記載されている取組を適切に実施する責務が各教育委員会にはあると考えられます。

○　一方、休日の「まとめ取り」のための一年単位の変形労働時間制に関する内容については、公立の義務教育諸学校等の教育職員の給与等に関する特別措置法施行規則（以下「給特法施行規則」という。）第6条第1項に規定されているとおり、本制度を活用する場合に服務監督権者たる教育委員会が講ずべき措置に関する事項を本指針に規定することとされております。同条第2項に規定されているとおり、服務監督権者たる教育委員会はこれらの事項を講ずるものとされていることから、これに沿って運用していただくことが必要となります。

問3　「教育職員の業務量の適切な管理」について、何か特定の「管理」の方法等を想定しているのか。

○　「教育職員の業務量の適切な管理」とは、学校の管理運営一切において責任を有する服務監督権者たる教育委員会が、業務分担の見直しや適正化、必要な執務環境の整備など、教育職員の「在校等時間」を縮減するために実施する取組全てを指すものであり、何か特定の管理方法等を指しているものではありません。

○　各教育委員会においては、校長とともに、各学校において児童生徒等の資

質・能力を育む上で、限られた時間の中でどの教育活動を優先するかを見定め、それを踏まえた校務分掌の割り振りや地域との連携・協力の推進等を通じて、業務量を適正に管理し、教師が業務に費やす時間の縮減に向けた取組を進めることが必要となります。

【「在校等時間」の定義等について】

問4 「勤務時間」の概念について、本指針上の「勤務時間」すなわち「在校等時間」は、労働基準法上の「労働時間」とは異なるのか。

○　「勤務時間」という言葉の意味は、使用する文脈によって、「働いた時間」を一般的に指している場合や、「始業時間から終業時間までの所定の時間」を指している場合、特定の法令上の「勤務時間」を指している場合など様々な場合が考えられますので、その定義をしっかりと確認する必要があります。

○　地方公務員法上の「勤務時間」は、基本的には労働基準法上の「労働時間」と同義であると考えられますが、厚生労働省が作成した「労働時間の適正な把握のために使用者が講ずべき措置に関するガイドライン」によれば、労働基準法における「労働時間」とは、使用者の指揮命令下に置かれている時間のことをいい、使用者の明示又は黙示の指示により労働者が業務に従事する時間は労働時間に当たるとされています。

○　このことから、教師に関しては、校務であったとしても、使用者からの指示に基づかず、所定の勤務時間外にいわゆる「超勤4項目」に該当するもの以外の業務を教師の自発的な判断により行った時間は、労働基準法上の「労働時間」には含まれないものと考えられます。

　　一方、本指針においては、「超勤4項目」以外の業務が長時間化している実態も踏まえ、労働基準法上の「労働時間」とは異なり、「超勤4項目」に該当するものとして超過勤務を命じられた業務以外も含めて、教師が校内に在校している時間及び校外での業務の時間を外形的に把握した上で合算し、そこから休憩時間及び業務外の時間を除いたものを「在校等時間」とした上

で、上限時間を導入しようとするものです。

> **問5　労働安全衛生法（以下「安衛法」という。）第66条の8の3において安衛法第66条の8第1項の規定による面接指導を実施するために把握しなければならないとされている「労働時間の状況」とは、所定の勤務時間及び超過勤務命令に基づき勤務した時間（いわゆる「超勤4項目」の業務に従事した時間）を合計した時間なのか、それとも「在校等時間」のことなのか。**

○　安衛法第66条の8の3の規定は、公立学校の教師を含む地方公務員にも適用されます。

○　安衛法上の「労働時間の状況」とは、労働者がいかなる時間帯にどの程度の時間、労務を提供し得る状態にあったかを把握するものでありますが、問4で述べた通り、教師については、使用者に該当する校長や教育委員会等の指揮命令下に置かれている時間、具体的には、所定の勤務時間及び超過勤務命令に基づき「超勤4項目」の業務に従事した時間が「労働時間」に当たると考えられ、これをもって「労働時間の状況」に代えることができます。

　　したがって、安衛法第66条の8第1項に定める面接指導の実施義務は、この安衛法上の労働時間の状況として把握した時間に基づくこととなります。

○　なお、安衛法第66条の9及び労働安全衛生規則第52条の8において、各事業場において定められた基準に基づき、健康への配慮が必要な者に対しても安衛法第66条の8の面接指導の実施又はそれに準ずる措置を取るよう努めることとされていることを踏まえ、各教育委員会においては、より一層、教師の健康を確保する観点から、「在校等時間」も踏まえ、面接指導の実施又は面接指導に準ずる措置を講じるよう努めていただきますようお願いします。

> **問6　安衛法第66条の8の3において把握しなければならないとされている「労働時間の状況」は、どのように把握すべきか。**

○　安衛法の規定は、一部を除いて公立学校の教師を含む地方公務員にも適用され、公立学校の教師も、安衛法上の「労働者」に含まれます。このため、公立学校の教師の在校等時間のうち、安衛法上の「労働時間の状況」に当たる部分の把握に当たっては、安衛法体系上求められている要件を満たす必要があります。

○　安衛法に基づく労働時間の状況の把握は、原則としてタイムカード、パーソナルコンピュータ等の電子計算機の使用時間（ログインからログアウトまでの時間）の記録、事業者の現認等の客観的な記録により、労働者の労働日ごとの出退勤時刻や入退室時刻の記録等を把握しなければならないこととされています。

○　また、安衛法体系においては、やむを得ず客観的な方法により把握し難い場合における労働時間の状況の把握方法として、労働者による自己申告による把握が考えられます。出張の行程表等による把握も、自己申告による把握に当たる場合が多いと考えられます。こうした労働者の自己申告による労働時間の状況の把握の際には、「「働き方改革を推進するための関係法律の整備に関する法律による改正後の労働安全衛生法及びじん肺法関係の解釈等について」の一部改正について」（平成31年3月29日付け厚生労働省労働基準局長通知（基発0329第2号）。）を踏まえ（特に第2、問9、12、13、14を参照）、対象となる労働者に対して適正に自己申告を行うことなどについて十分な説明を行うなど、必要な措置を全て講じる必要があります。

【「在校等時間」の把握等について】

問7　「在校等時間」の把握は、教育職員からの自己申告により行うことは可能か。

○　本指針の「第2章第2節　服務監督教育委員会が講ずべき措置（2）」に規定しているとおり、在校時間はICTの活用やタイムカード等により客観的に計測し、校外の時間についても、できる限り客観的な方法により計測す

資料
7

ることが求められます。

○　「新しい時代の教育に向けた持続可能な学校指導・運営体制の構築のための学校における働き方改革に関する総合的な方策について（答申）」（平成31 年 1 月 25 日中央教育審議会）の 19 ページの注 47 の通り、タイムカードの設置等、教師の「在校等時間」の把握等に当たっては、簡素なタイムレコーダーの設置に限らず、「教育の ICT 化に向けた環境整備 5 か年計画（2018 〜 2022 年度）」に基づき統合型校務支援システムを整備する際に勤務時間を管理するシステムとの連携や一体的な運用を行うなど、効果的な地方財政措置の活用が考えられます。各地方公共団体におかれては、安衛法上の義務や、服務監督権者たる教育委員会が有する学校の管理運営一切における責任を踏まえ、今後、一人一台の情報端末の整備を含む GIGA スクール構想の実現も視野に入れながら、「在校等時間」について客観的な記録により確実に把握していただくようお願いします。

問 8　「在校している時間」とは具体的にいつからいつまでの時間を指すのか。一旦学校を離れた後、また戻って業務をする場合などはどう考えればいいか。

○　「在校している時間」とは、学校に出勤で到着した時間から、帰宅のために学校を出る時間までの時間を指しています。

○　また、授業の終了後、校務のための関係機関との打合せや児童生徒等の家庭訪問等のために一旦学校を離れ、その後学校に一度戻って業務を行って帰宅した場合には、その帰宅のために学校を出る時間が「在校している時間」の終期となります。

問 9　校外での業務のうち「外形的に把握する」時間と整理される「職務として行う研修や児童生徒等の引率等」とはどのような業務か。

○　職務として行う研修には、初任者研修や中堅教諭等資質向上研修といった法定研修のほか、都道府県教育委員会主催の研修等、職務命令により参加す

る各種の研修が含まれます。ただし、職務専念義務を免除されて行う活動は、業務として整理できないものであるからこそ職務専念義務を免除するものであるため、いわゆる職専免研修は、ここでいう「職務として行う研修」には含まれません。

○　職務として行う児童生徒等の引率には、校外学習や修学旅行の引率業務、勤務時間内の部活動の競技大会・コンクール等への引率業務のほか、所定の勤務時間外の部活動の練習試合等への引率業務などが含まれます。

○　このほか、校外の業務であって対象として合算することが考えられる業務としては、児童生徒等の家庭訪問、警察や児童相談所等の関係機関との打合せ等が挙げられます。

問10　児童生徒等の引率業務の時間について、どのように把握すべきか。

○　教師が学校外の業務に直行又は直帰する場合であっても、可能な限り客観的な方法により把握することが求められます。校外学習や修学旅行等に関する引率業務については、通常は出張として必要な処理が行われ、また、その実施に当たって行程表等を事前に管理職が了解していると考えられますので、行程表や事後の出張復命書等をもって外形的に把握が可能であると考えられます。

○　部活動に係る引率業務についても、勤務時間内の場合は、通常は出張として必要な処理が行われていると考えられることから、出張復命書や行程表等をもって計測が可能であり、所定の勤務時間外の場合は、特殊勤務手当（部活動手当）の申請書や活動記録等をもって外形的に把握が可能と考えられます。

○　これ以外の場合についても、児童生徒等の校外の活動である以上、基本的に上記に準じて対応いただくことが適切と考えられます。

問11　自己申告により「在校等時間」には含まれない「正規の勤務時間外に自らの判断に基づいて自らの力量を高めるために行う自己研鑽の時間」とは、具体的に何を指すのか。

資料
7

○ ここでいう「正規の勤務時間外に自らの判断に基づいて自らの力量を高めるために行う自己研鑽の時間」とは、上司からの指示や児童生徒・保護者等からの直接的な要請等によるものではなく、日々の業務とは直接的に関連しない、業務外と整理すべきと考えられる自己研鑽の時間を指しています。

○ 具体的には、例えば、所定の勤務時間外に、教師が幅広くその専門性や教養を高めるために学術書や専門書を読んだり、教科に関する論文を執筆したり、教科指導や生徒指導に係る自主的な研究会に参加したり、自らの資質を高めるために資格試験のための勉強を行ったりする時間のようなものを想定しています。

問12 自己申告により「在校等時間」には含まれない「その他業務外の時間」とは、具体的に何を指すのか。

○ ここでいう「その他業務外の時間」とは、所定の勤務時間の前後における時間のうち、業務とはみなされない活動を行った時間のことを指しています。

○ 例えば、問11で示した時間のほか、朝早めに出勤して新聞を読んだり読書をしたりする時間や、所定の勤務時間終了後の夕食の時間、学校内で実施されるPTA活動に校務としてではなく参加している時間、地域住民等としての立場で学校で行われる地域活動に参加している時間等が考えられます。

問13 自宅等に持ち帰って業務を行った場合、その時間は「在校等時間」に含まれるのか。

○ いわゆる「持ち帰り」の時間については「在校等時間」には含まれません。ただし、自宅等で行う業務であっても、各地方公共団体で定める方法によるテレワーク、在宅勤務等によるものについては、「在校等時間」に含まれます。

○ なお、本指針の「第2章第3節 留意事項（3）持ち帰り業務について」に規定しているとおり、本来、業務の持ち帰りは行わないことが原則であり、上限時間を守るためだけに自宅等に持ち帰って業務を行う時間が増加してしまうことは、厳に避けなければなりません。仮に業務の持ち帰りが行わ

れている実態がある場合には、校務をつかさどる校長とその上司に当たる教育委員会は、その実態把握に努めるともに、業務の持ち帰りの縮減に向け、限られた時間の中でどの教育活動を優先するかを見定め、それを踏まえた適切な業務量の設定と校務分掌の分担を図るとともに、本指針の趣旨や学校における働き方改革の考え方を校内において十分に共有するといった管理監督上の責任を果たすことが求められます。

問14　土日や祝日などの業務の時間も、「在校等時間」に含まれるのか。

○　土日や祝日などの業務も、校務として行っている業務の時間については「在校等時間」に含まれます。具体的にどのような時間が「在校等時間」に含まれるかについては、問8から問13までを御参照ください。また、「上限時間」との関係については、問20及び問21を御参照ください。

問15　「在校等時間」には含まれない「休憩時間」とは、具体的に何を指すのか。

○　労働基準法の規定は、一部を除いて公立学校の教師を含む地方公務員にも適用され、公立学校の教師も、労働基準法上の「労働者」に含まれます。

○　公立学校の教職員の一日の所定勤務時間は条例（県費負担教職員の場合は都道府県の条例）で通常は7時間45分と定められていますが、労働基準法第34条においては、使用者は、労働時間が6時間を超える場合においては少なくとも45分、8時間を超える場合においては少なくとも1時間の休憩時間を労働時間の途中に与えなければならないとされています。休憩時間とは、単に作業に従事しないいわゆる手待時間は含まず、労働者が権利として労働から離れることを保障されている時間を指し、労働者に自由に利用させることが必要です。

○　各学校においては、労働基準法に定められた少なくとも45分又は1時間の休憩時間を確実に確保した上で、「在校等時間」には、実際に休憩した分の時間を含まないこととなります。

資料
7

問 16　「在校等時間」が８時間を超える場合、労働基準法上与えなければならないとされる休憩時間は１時間となるのか。

○　所定の勤務時間と超過勤務命令に基づき勤務を行った時間の合計が８時間を超える場合には、労働基準法上、最低１時間の休憩時間を与えなければなりません。

　　上記の場合以外で、「在校等時間」が８時間を超える場合に、休憩時間を直ちに１時間与えなければならないことにはなりません。

問 17　「在校等時間」の管理・計測に当たっては、具体的にどのような事項について記録をするべきなのか。

○　「在校等時間」とは、教育職員が校務として学校教育に必要な業務を行っている時間として外形的に把握することができる時間であり、その時間を算定するに当たり必要な時間（本指針の「第２章第１節　業務を行う時間の上限（１）」に規定する「在校している時間」及びイからニに規定する時間）を分単位で記録する必要があると考えられます。また、それら時間の計測に当たっては、本指針の「第２章第２節　服務監督教育委員会が講ずべき措置（２）」に規定するとおり、できる限り客観的な方法により計測することが必要です。

問 18　「在校等時間」の計測結果について、公文書として管理及び保存を行う期間はどのくらいの期間か。

○　「在校等時間」の計測結果は、基本的には行政文書に該当するものと考えられることから、その行政文書の保存年限については、各地方公共団体の公文書管理に関する条例等において規定されているものと考えられますが、当該計測結果は公務災害が生じた場合等において重要な記録となることから、一定期間の保存が必要です。

　　具体的な保存期間については、以下の法律の規定も参考にしながら、各地

方公共団体における公文書管理に関する条例等の規定などを踏まえ、各地方公共団体において適切に定められるものとなります。

〈地方公務員災害補償法〉
（時効）
第六十三条　補償を受ける権利は、これを行使することができる時から二年間（障害補償及び遺族補償については、五年間）行使しないときは、時効によって消滅する。

〈労働基準法〉
（記録の保存）
第百九条　使用者は、労働者名簿、賃金台帳及び雇入れ、解雇、災害補償、賃金その他労働関係に関する重要な書類を五年間保存しなければならない。
附　　則
第百四十三条　第百九条の規定の適用については、当分の間、同条中「五年間」とあるのは、「三年間」とする。
2・3略

【「上限時間」について】

問19　「在校等時間」に関する上限時間について、校長や服務監督権者である教育委員会の責任はどのようなものになるのか。

○　地方公務員については、国の人事院規則を踏まえ、各地方公共団体において、超過勤務命令の上限時間を条例や規則等で定めていますが、このとき、任命権者等により、特例（災害対応等重要であって特に緊急に処理することを要する場合）に該当しないにもかかわらずこの上限を超えて超過勤務命令が発せられた場合には、態様等によっては上限を超えて当該超過勤務命令を

発したこと自体に責任が生じる可能性があります。

○　一方で、本指針においては「超勤４項目」以外の業務を行う時間も含めて「在校等時間」として上限を示していますが、「超勤４項目」以外の業務については上司からの超過勤務命令に基づくものではないことから、一般の地方公務員の場合とはおのずとその責任の性質が異なることとなります。

○　校務をつかさどる校長とその上司に当たる教育委員会は、学校の管理運営一切において責任を有するものであり、業務分担の見直しや適正化、必要な執務環境の整備に加え、教職員の勤務時間管理及び健康管理についても責任を有しています。「在校等時間」の上限時間を踏まえた教師等の適切な働き方についての校長・教育委員会の責任は、こうした学校の管理運営に係る責任であり、その責任に基づき具体的に何をすべきかは、校務分掌の在り方も含めた校務の運営状況や各教職員の職務遂行の様態等の個別具体の状況に応じて判断されることとなります。

○　文部科学省が平成 28 年度に実施した教員勤務実態調査の結果から、現状としては、多くの学校において、「在校等時間」が本指針で定めた上限時間を上回る実態となっているものと認識しています。この場合、まずは各学校において、校長・教育委員会が、児童生徒等の資質・能力を育む上で、限られた時間の中でどの教育活動を優先するかを見定め、それを踏まえた適正な業務量の設定と校務分掌の分担を図るとともに、このような本指針の趣旨や学校における働き方改革の考え方を校内において十分に共有し、「在校等時間」の縮減に向けた取組を進めることが必要になると考えられます。こうした中で、縮減に向けた努力を行わないまま、引き続き「在校等時間」が上限時間を大幅に超えるような場合には、校長・教育委員会は、こうした学校の管理運営に係る責任を果たしているとは言えないと考えられます。

○　学校の管理運営に係る責任を果たす上では、例えば、社会通念上明らかに特定の教師に校務分掌が集中して過重負担となっている場合には、校長は校務分掌の適正化を図ることが必要です。また、学校内の多くの教師が「在校等時間」の上限を超えている場合には、校長・教育委員会は業務削減等の取組を積極的に進めることが求められ、このように働き方改革に粘り強く取り組んでいるにもかかわらず教師の「在校等時間」が減少しない、又は増加す

るような場合には、校長・教育委員会は、その背景や構造を分析の上明らかにし、それを踏まえた改善方策を策定し、改善に向けて更に取り組むことが必要です。

○ なお、あってはならず、また、容易には想像し難い事態ではありますが、仮に教職員が虚偽の記録を残している場合には、校長等はこうした管理運営に係る責任から適正な記録を残すように指導する必要があり、また、万が一校長等が虚偽の記録を残させるようなことがあった場合には、求められている責任を果たしているとは言えない上、状況によっては信用失墜行為として懲戒処分等の対象ともなり得るものと考えられます。

○ 学校における働き方改革の推進に当たっては、学校における業務の適正化、明確化とともに、ICT環境を含めた条件整備や教育課程の見直し、教師の養成・免許・採用・研修全般にわたる改善なども重要であり、文部科学省としても積極的にこれらに取り組んでまいります。

問20 「在校等時間」から「所定の勤務時間（給特法第6条第3項各号に掲げる日（代休日が指定された日を除く。）以外の日における正規の勤務時間をいっ。）」を除くとされているが、具体的にはどのような時間を上限時間の算定対象として取り扱うべきか。

○ 上限時間の算定対象となる「1日の在校等時間から所定の勤務時間を除いた時間」とは、それぞれの日について、在校等時間のうち、割り振られた所定の勤務時間以外の時間を指すものであり、基本的には正規の勤務時間外に業務を行った時間を算定の対象とすることとなります。

○ 祝日は、正規の勤務時間が割り振られているものの勤務を要しない日とされていますが、本指針は、週休日や祝日のいわゆる休日も含めて教育職員の長時間勤務の実態があることを踏まえ、「超勤4項目」に関する業務以外の業務を行う時間を含めて「在校等時間」としてその上限を設けているものであり、祝日に業務を行った時間については、正規の勤務時間の内外にかかわらず「上限時間」の算定の対象としています。

○ なお、代休日が別に指定された場合の当初の祝日については通常の勤務を

要する日と同様、「在校等時間」のうち正規の勤務時間外に業務を行った時間のみを「上限時間」の算定対象としています。その際には、指定された代休日が祝日と同様に勤務を要さない日となりますので、仮に代休日にやむを得ず業務を行った時間については、当該代休日の正規の勤務時間の内外にかかわらず「上限時間」の算定の対象とすることになります。

○　週休日と祝日が重複した日については、正規の勤務時間が割り振られていない日であるため、通常の週休日と同様に、その日における「在校等時間」は全ての時間が「上限時間」の算定対象となります。

○　休暇については、割り振られた所定の勤務時間内において取得するものであり、所定の勤務時間以外の在校等時間に影響を与えるものではありません。このため、「上限時間」の算定においても影響を与えるものではなく、休暇を取得した分だけ他の日における所定の勤務時間外の在校等時間と相殺されることとはなりません。

〈参考：具体的な計算方法等〉

○　本指針において「所定の勤務時間」とは、「給特法第6条第3項各号に掲げる日（代休日が指定された日を除く。）以外の日における正規の勤務時間」をいうこととしていますが、「給特法第6条第3項各号に掲げる日」とは、具体的には、

①祝日法による休日及び年末年始の休日（給特法第6条第3項第1号及び第2号）

②祝日法による休日及び年末年始の休日（以下、「当初の休日」という。）に業務を行い代休日が別に指定された場合の代休日（給特法第6条第3項第2号）

に相当する日を指します。ここから

③当初の休日に業務を行い代休日が別に指定された場合の、業務を行った当該当初の休日

を除き、（①＋②ー③）の日以外の日の正規の勤務時間を「所定の勤務時間」としています。

○　このため、結果として、「上限時間」の算定対象となる時間と
　　　しては、基本的には、「在校等時間」のうち、
　　ア　勤務日（平日）の正規の勤務時間外の時間
　　イ　週休日（土日）の正規の勤務時間相当の時間
　　ウ　週休日（土日）の正規の勤務時間外相当の時間
　　エ　休日（祝日等）の正規の勤務時間相当の時間（ただし当初の
　　　休日に業務を行い代休日が別に指定された場合は含まない）
　　オ　休日（祝日等）の正規の勤務時間外相当の時間
　　カ　代休日が指定された場合の当該代休日の正規の勤務時間相当
　　　の時間
　　キ　代休日が指定された場合の当該代休日の正規の勤務時間外相
　　　当の時間
　　の合計時間となります。

**問21　週休日の振替や代休日の指定を行った場合、「上限時間」の取扱いや
　時間の算定方法に何らか変更が生じるのか。**

○　週休日の振替を行った場合、「上限時間」の取扱い自体に変更が生じるこ
　とはなく、振替を行った後に割り振られた正規の勤務時間を基準として算定
　を行うことになります。
　　休日に業務を行い代休日が指定された場合は、問20のとおり、業務を行
　った当初の休日における正規の勤務時間は「上限時間」の算定対象となる時
　間には含まないこととなります。

**問22　「児童生徒等に係る通常予見することのできない業務量の大幅な増加
　等に伴い、一時的又は突発的に所定の勤務時間外に業務を行わざるを得な
　い場合」とはどのような場合を指すのか。**

○　「児童生徒等に係る通常予見することのできない業務量の大幅な増加等に
　伴い、一時的又は突発的に所定の勤務時間外に業務を行わざるを得ない場

合」に具体的にどのような場合が該当するのかについては、具体の事案の内容に応じ、各教育委員会及び各学校で御判断いただくことになりますが、例えば、学校事故等が生じて対応を要する場合や、いじめやいわゆる学級崩壊等の指導上の重大事案が発生し児童生徒等に深刻な影響が生じている、また生じるおそれのある場合などが想定されます。なお、このような場合において、本指針の「第2章第1節　業務を行う時間の上限（2）上限時間の原則」に規定する上限時間を超えて特例的に扱うことができるのは、1年間に6か月以内に限ります。

問23　「児童生徒等に係る通常予見することのできない業務量の大幅な増加等に伴い、一時的又は突発的に所定の勤務時間外に業務を行わざるを得ない場合」に該当するか否かを判断するのは誰か。

○　本指針の「第2章第1節　業務を行う時間の上限（3）」に定める「児童生徒等に係る通常予見することのできない業務量の大幅な増加等に伴い、一時的又は突発的に所定の勤務時間外に業務を行わざるを得ない場合」に該当するか否かについては、服務監督権者である教育委員会や校長が、状況に応じて判断することとなります。

【「上限方針」について】

問24　「本指針を参考にしながら」とあるが、「上限方針」の内容について、具体的に何をどのように定めるべきか。また、教育委員会において今回の「上限方針」に当たるものが既に定められている場合、どのように取り扱えばよいか。

○　本指針の「第2章第2節　服務監督教育委員会が講ずべき措置（1）」に規定しているとおり、各教育委員会においては、その服務監督権者としての責務を果たすためにも、所管する学校の教育職員の「在校等時間」に係る上

資料
7

限等に関する方針を定めることが必要であると考えられます。

○　具体的には、

　　①「上限方針」の趣旨

　　②「上限方針」の対象の範囲

　　③業務を行う時間の上限（「上限方針」における「勤務時間」の考え方、「上限時間」の原則、児童生徒等に係る臨時的な特別の事情がある場合の上限時間等）

　　④教育委員会が講ずる措置

　　などを規定することが考えられます。特に上記④については、本指針の「第2章第2節　服務監督教育委員会が講ずべき措置」及び「第2章第3節　留意事項」の規定を参考に「上限方針」において規定することが考えられます。

○　また、既に今回の「上限方針」に当たるものが既に定められている場合においては、「指針」の内容を踏まえ、内容の見直し等を行っていただいた上で、教育委員会規則等として定めていただくことが考えられます。

○　なお、本指針を踏まえた条例・規則等については、別途文部科学省においてその例を作成し各教育委員会に送付しているところであり、その例も参考にしながら定めることが考えられます。

【国の人事院規則を考慮して定められる各地方公共団体における人事委員会規則等との関係について】

問25　国の人事院規則によれば、他律的業務の比重の高い部署に勤務する職員については、超過勤務を命じることのできる時間の上限を月100時間未満、年間720時間以下とすることとしているが、学校はこの「他律的業務の比重の高い部署」に該当するのか。

○　「他律的業務の比重が高い部署」の判断について、総務省から各都道府県総務部等宛てに発出された平成31年2月12日付事務連絡においては、「地方公共団体においては、例えば、地域住民との折衝等に従事するなど、業務

の量や時期が任命権者の枠を超えて他律的に決まる比重が高い部署が該当し得ると考えられますが、その範囲は必要最小限とし、部署の業務の状況を考慮して適切に判断する必要」があるとされています。

　また、同事務連絡において、国において、「部署」の単位は、原則として課室又はこれらに相当するものですが、大規模な課室等においては、班単位や係単位などより小さい単位とすることも可能と考えられるとされています。

○　学校における「他律的業務の比重が高い部署」の整理については、上記を踏まえた上で当該学校の業務の状況を考慮して各地方公共団体において適切に判断いただく必要がありますが、いずれにせよ、人事院規則を踏まえ地方公共団体の規則等で定めるのは超過勤務を命ずる時間の上限であり、教師についてこの対象となる時間は「超勤４項目」の業務に従事する時間となりますので、緊急時を除き、原則である 45 時間を上回ることは考えにくいと思われます。

　また、「他律的業務の比重が高い部署」と整理された場合であっても、当該部署の職員に対して 45 時間を超えて超過勤務を命ずる月数は１年で６か月以内に限られており、45 時間を超えることが常態として認められるわけではありません。

○　教師については、このような状況を踏まえ、<u>「他律的業務の比重の高い部署」とするか否かにかかわらず、本指針を踏まえて適切に対応いただきたい</u>と考えています。

問 26　国の人事院規則によれば、大規模災害等への対処等の重要な業務であって特に緊急に処理することを要する「特例業務」に従事する職員については上限時間の規定が適用されないが、地方公務員についてこれに準拠する場合、本指針との関係をどのように整理すべきか。

○　国の人事院規則では、国家公務員について、大規模災害等への対処等の重要な業務であって特に緊急に処理することを要する「特例業務」に従事する職員については、全体の奉仕者である公務員の職務の公共性から、上限時間の規定を適用しないこととされています。地方公務員においてもこれを踏ま

え超過勤務命令の上限時間を規則等で定めていると承知していますが、この
とき、大規模災害等への対処等の場合には、当該業務に従事する職員につい
ては、超過勤務を命じることのできる上限は適用しないこととなります。

○　教師については、平常時であれば、超過勤務命令に基づく「超勤4項目」
の業務のみで規則等で定める超過勤務命令の上限時間に達することは考えに
くいですが、非常災害等の緊急時においては、「超勤4項目」のうち「非常
災害の場合、児童又は生徒の指導に関し緊急の措置を必要とする場合その他
やむを得ない場合に必要な業務」として命じられる超過勤務が、規則等で定
められる超過勤務命令の上限時間に達することが想定されます。

○　このような緊急時においては、各地方公共団体の超過勤務命令の上限時間
を定める規則等に基づき、当該業務に従事する教師を「特例業務」に従事す
る職員とした上で、「超勤4項目」としても認められている災害対応等の業
務に従事させる場合には、時間の上限なく必要な勤務を命じることができる
こととなります。ただし、この場合でも、規則等に基づき、できる限り上限
時間の範囲内で超過勤務を命ずる必要があり、1年の末日の翌日から起算し
て6か月以内に当該超過勤務に係る要因の整理、分析及び検証を行わなけれ
ばならないこととなります。

○　一方、このような場合、本指針の観点からは、「第2章第1節　業務を行
う時間の上限（3）」で定める「児童生徒等に係る通常予見することのでき
ない業務量の大幅な増加等に伴い、一時的又は突発的に所定の勤務時間外に
業務を行わざるを得ない場合」に含まれ、条例等で定められた勤務時間から
超過した「在校等時間」について、1か月の合計が100時間未満、1年間
の合計が720時間以下となるようにすべき状況に該当します。

　　ただし、前述のとおり、本指針の上限時間を超えた場合に校長等が問われ
るのは、学校の管理運営に係る責任です。平常時の教師の勤務状況の管理監
督を踏まえ、こうした非常時においては、校長等は、全体の奉仕者である公
務員の職務の公共性からやむを得ず業務を命じた場合、例えば、学校が避難
所になり、その管理運営に教師が参画せざるを得ない場合であっても、速や
かに学校がすべき業務とそうでない業務を整理し、首長部局の職員の派遣を
求めるなど、教師の在校等時間の縮減をできる限り図るなどの形で自らの学

校の管理運営に係る責任を果たすことが求められます。

【休日の「まとめ取り」のための一年単位の変形労働時間制について】

問27　本制度の趣旨はどのようなものか。

○　本制度は、一年単位で考えたときに全体として休日の増加などが期待される場合に有効な制度であり、これを単に導入すること自体が日々の教師の業務や勤務時間を縮減するものではありませんが、学期中及び長期休業期間中の業務量を削減した上で活用することにより、客観的な勤務時間管理の徹底、教職員定数等の条件整備、業務の役割分担・明確化といった他の施策と相まって学校における働き方改革を進めるための一つの選択肢になり得る仕組みです。

○　その上で、本制度は、勤務時間を柔軟に設定することにより<u>長期休業期間において一定期間のまとまった休日を確保</u>し、<u>教師のリフレッシュの時間等</u>を確保することで、ひいては<u>子供たちに対して効果的な教育を行うこと</u>に資するとともに、<u>教職の魅力向上</u>につながることにより<u>意欲と能力のある人材が教師を目指すこと</u>を後押しすることになることを通じ、<u>教育の質の向上</u>につながるものであると考えています。

○　なお、現在でも、実際に、休日の確保のために夏季休暇や年次有給休暇の取得、週休日の振替によって長期間の学校閉庁日を実施している自治体の例もありますが、例えば、年次有給休暇は、特に初任者や臨時的任用の教師では日数も限られており、取得に当たっては教師の側から意思表示をしなければなりません。また、現行制度上、週休日の振替は一般的には1日単位又は半日単位で行われ、1時間単位での割り振りはできません。このため、1時間単位で勤務時間を積み上げ、休日の「まとめ取り」を行い得る選択肢を増やすため、本制度を活用することが考えられるところです。

問28　本指針で定める措置を講じなければ、本制度を活用することはでき

ないのか。

○　問2において記載しているとおり、給特法施行規則第6条第1項に基づき本制度を活用する場合に服務監督教育委員会が講ずべき措置が本指針に規定されており、同条第2項により、服務監督教育委員会は当該措置を講ずることとされています。また、本指針においては、本制度を適用するに当たって、本指針に定める上限時間を遵守することを含め、服務監督教育委員会及び校長は本指針において求められる措置を全て講じることとされています。

　このため、本指針で定める措置を講じなければ、本制度を活用することはできません。

　なお、このことは、第200回国会における給特法一部改正法の附帯決議（衆議院文部科学委員会（令和元年11月15日）及び参議院文教科学委員会（令和元年12月3日））においても明記されているところであり、これら附帯決議を踏まえ、本指針において、本制度を活用する場合に服務監督教育委員会及び校長が講ずべき措置を規定しているものです。

問29　本指針で定める措置が講じられているか否かについては、どの単位で判断するのか。教育委員会や学校単位か、それぞれの教育職員単位か。

○　本指針に規定される措置の内容に応じてそれぞれ判断されることとなります。本指針において教育職員について講ずべき措置として規定されるものについては対象となる職員それぞれについて、学校について講ずべき措置として規定されるものについては学校単位について、措置が講じられているか否かを判断することとなります。なお、学校について講ずべき措置が学校全体に講じられていない場合は、たとえ措置が講じられている教育職員がいたとしても、当該学校においては本制度を活用することはできません。

問30　本制度を導入した場合において、本指針で定める措置が講じられているか否かについては、どの時点で誰が判断するのか。

○　どの時点について判断するかについては、本指針に規定される措置については本制度を導入している対象期間中において常に講じられている状態を継続する必要があることから、導入しようとする前年度における上限時間の達成状況等の在校等時間や導入時における措置の状況だけでなく、導入中も適宜措置の対応状況について確認をすることが必要となります。

○　誰が判断するかについては、基本的には服務監督教育委員会がその責任において判断すべきものですが、本制度の運用が労働基準法に基づき適切になされているかについては人事委員会（人事委員会を置かない地方公共団体においてはその長）が確認を行うことになります（詳細は問44参照）。

○　なお、講ずべき措置のいずれであっても講ずることができなくなった場合には、以降の総勤務時間について、勤務時間の削減措置をすることが必要になりますのでご留意ください（詳細は問45参照）。

問31　本制度を活用する際の在校等時間に関する上限時間はどのようになるのか。

○　本指針第3章第2節（1）に定めているとおり、本制度を活用する際の上限時間は、原則として、1箇月時間外在校等時間は42時間、1年間時間外在校等時間は320時間が上限となります（本制度を活用しない場合は、それぞれ45時間、360時間）。

問32　本制度の適用の前提である上限時間について、同一学校内にその上限の範囲内となっている職員と範囲内となっていない職員が混在している場合に、本制度を適用する職員と適用しない職員が混在していても良いか。【新規】

○　問29の記載のとおり、本指針に定める措置については、その内容に応じて判断されることとなり、本制度の適用の前提である上限時間については、対象となる教育職員それぞれについて判断されることとなります。

○　このため、同一学校内において、本制度の対象となる職員と対象とならな

い職員が混在することも制度上は可能です。（このことは、既に本制度が導入されている民間企業においても同様の整理となっています。）

○　ただし、改正法や学校における働き方改革の趣旨を踏まえれば、学校閉庁日を設けるなど、なるべく多くの職員が一斉に勤務しない日をつくることが職員の休息等に資するものであることから、本制度を実施する学校においては、可能な限り多くの教育職員が本制度の対象となることが望ましいと考えられます。なお、上限時間は教育職員全てを対象とするものであり、校務をつかさどる校長及び服務監督権者である教育委員会は、上限時間を超えないようにするため、教育職員の業務量の適切な管理を行うことが求められることは指針等に既に記載しているとおりです。

問33　部活動の休養日及び活動時間について、「スポーツ庁及び文化庁が別に定める基準」とは具体的に何を指しているのか。

○　「スポーツ庁及び文化庁が別に定める基準」とは、それぞれ「運動部活動の在り方に関する総合的なガイドライン」（平成30年3月スポーツ庁）及び「文化部活動の在り方に関する総合的なガイドライン」（平成30年12月文化庁）が該当します。

　　このため、本制度を活用するに当たっては、上記ガイドラインに定める休養日及び活動時間を遵守する必要があります。

問34　本制度を適切に活用した場合、対象期間において、具体的にどのような勤務時間の割振りが想定されるか。

○　本指針第3章第2節（3）に定めているとおり、本制度の活用により所定の勤務時間を延長する日及び時間については、まず長期休業期間等の業務量の縮減によって確実に確保できる休日の日数を考慮し、確実に縮減できる時間の範囲内で、年度当初や学校行事等で業務量が多い時期に限定することが必要です。

　　例えば、教員勤務実態調査（平成28年度）等における学校の運営状況を

資料
7

踏まえれば、長期休業期間等においては、一般的に取得されている年次有給休暇等に加えて5日間程度の休日を確保することが限度であると考えられ、これを考慮すると、延長できる所定の勤務時間は40時間程度となります。

　なお、上記の休日の確保に当たっては、本制度により割振りにより勤務時間を減少させる日について、勤務時間を短くするのではなくそもそも勤務時間を割り振らない日とすることが必要となりますのでご留意ください。

○　また、祝日法による休日や年末年始の休日等については、正規の勤務時間は割り振られているが勤務することを要しない日とされていることから、本制度を適用する場合であっても、これらの休日においては、基本的に勤務することを要さず、本制度の導入時点であらかじめこれらの休日に業務を行うことを予定することはできません。ただし、勤務を要しないことを理由として、もともとこれらの休日に割り振られていた正規の勤務時間を別の勤務日に割り振ることは、働き方改革の趣旨に反し、また本制度の想定する割振りではありません。このため、本制度を活用する際に勤務時間を割り振るに当たっては、これらの休日には引き続き7時間45分の勤務時間を割り振ることが必要となりますので、ご留意ください。

問35　「長期休業期間等において休日を集中して確保することを目的とする場合に限り適用すべき」とあるが、設定する休日は、全て長期休業期間にまとめて設定しなければいけないのか。

○　本制度は、教師の業務については他の地方公務員と異なり、学校には法令に基づき児童生徒の長期休業期間等があるため年間を通じた業務の繁閑が見込まれ、実態としても学期中と長期休業期間等においては勤務する時間について違いがあることが明らかとなっていることを踏まえ、その長期休業期間等において休日の「まとめ取り」を可能にすることで、教師のリフレッシュの時間等を確保すること等を通じ、ひいては教育の質の向上を図ることを目的とするものです。このため、本制度を活用する場合は、長期休業期間等において休日の「まとめ取り」を行うことを目的とする場合に限って活用できることとしています。

資料
7

○　これは、本制度により新たに設ける休日について、必ずしも全ての日を一箇所に連続して設定することのみを認めるものではなく、例えば夏季休業期間と冬季休業期間においてそれぞれ3日間と2日間の休日を設定することなども可能であると考えられます。休日の「まとめ取り」という趣旨に鑑み、適切に割り振りを行っていただくようお願いします。

○　なお、この「長期休業期間等」とは、本指針において「学校教育法施行令（昭和28年政令第340号）第29条第1項の規定による夏季、冬季、学年末、農繁期等における休業日等の期間」としており、夏休みや年末年始の休業期間のほか、例えばいわゆるキッズウィークなどの一定期間学校の休業日が集中して設定されている期間が考えられるところです。

問36　週休日の振替は、本制度を活用してもこれまでどおり行うことは可能なのか。

○　週休日の振替については、本制度の勤務日・勤務時間の割振りを決める時点であらかじめ判明している場合は、基本的には本制度の中で週休日の振替に当たる勤務日・勤務時間の割振り変更を行うことになります。その際、週休日の振替については、通常どおり、長期休業期間等ではない期間においても行うことができます。

　　なお、週休日の振替を行う際には、教師の健康及び福祉の確保の観点や本制度の連続勤務日数の限度の趣旨も踏まえ、振り替える日は、振り替えられた日にできる限り近接した日とすることが望ましいと考えられます。

問37　対象期間の設定は、必ずしも一年間全体でなくともよいのか。

○　本制度の対象期間は、一箇月を超え一年以内の期間とされており、必ずしも一年間全体である必要はありません。

　　ただし、給特法施行規則第1条第1項に定められているとおり、対象期間には、長期休業期間等の一部又は全部を含む必要がありますので、対象期間の設定に当たってはご留意ください。

資料
7

問 38　1 年間のうち一部の期間のみを対象期間と設定した場合、残りの期間における上限時間は月 45 時間・年 360 時間か、それとも月 42 時間・年 320 時間か。【新規】

○　本制度は、業務の繁閑に応じて勤務時間を配分し、勤務時間を柔軟に設定することにより長期休業期間等において一定期間のまとまった休日を確保するものであり、勤務時間を延長する年度初めや学校行事が行われる時期等も含め、基本的には年度を通じて考えられるものです。

○　このため、対象期間が年度のうち一部の期間のみとして設定された場合であっても、当該年度の対象期間以外の期間においても、時間外在校等時間の上限時間は、本制度が適用される場合の原則月 42 時間・年 320 時間となります。

問 39　本制度は、一箇月単位の変形労働時間制と併用できるか。

○　一箇月単位の変形労働時間制については、現在も各地方公共団体の条例等に基づき活用されており、公立学校においては、修学旅行等の時期に活用されているものと考えています。

○　一箇月単位の変形労働時間制と一年単位の変形労働時間制について、重畳的に適用することは制度上想定されておらず、いずれか一方の制度のみを適用することとなりますが、職員ごとに異なる制度を適用したり、時期により異なる制度を適用したりすることは法律上差支えありません。

○　このため、例えば修学旅行が行われる期間など、これまでどおり一箇月単位の変形労働時間制において勤務日や勤務時間の割振りを行いたい期間がある場合には、当該期間は一箇月単位の変形労働時間制のみを活用し、当該期間を含まない対象期間において一年単位の変形労働時間制を活用することが考えられます。

　なお、一箇月単位の変形労働時間制を活用する場合においても、教育職員の健康及び福祉の確保が図られるよう、勤務時間の割振りや校務分掌の見直し等について適切に対応することが必要です。

資料
7

問40　本制度の対象期間中における年次有給休暇はどのように取り扱えばよいか。

○　労働基準法第39条に規定する年次有給休暇は、1労働日を単位とするものであるとされており、1日の正規の勤務時間の長さに関係なく、その勤務時間の全てを勤務しない場合には、1日の年次有給休暇として取り扱うこととされております。このため、本制度を適用しない場合の通常の勤務時間を超える勤務時間の割振りを行った日においても、教育職員が当該日の勤務時間全てについて年次有給休暇を取得した場合には、各地方公共団体の条例・規則等に基づき、1日の年次有給休暇として取り扱うこととなるものと考えられます。

○　なお、労働基準法はあくまで労働条件の最低基準を定めるものであり、また、特に必要があると認められるときは、時間を単位として年次有給休暇を与えることができることとされております（地方公務員法第58条第4項の規定により読み替えて適用される労働基準法第39条第4項）。このため、例えばいわゆる半日振替により、勤務時間が通常の勤務時間より短く設定された日については、教育職員が当該日の勤務時間全てについて年次有給休暇を取得した場合には、各地方公共団体の条例・規則等に基づき、時間単位で年次有給休暇を与えることも考えられます。

問41　休日の「まとめ取り」を例えば夏季休業期間の8月に行った場合、当該8月において勤務時間が割り振られていない日が増えることになるが、給与が下がってしまうのか。【新規】

○　公立学校の教育職員の給与は地方公務員一般と同様、各地方公共団体の条例等により、職務の級に応じた給料月額として、給料表により定められるものです。これは、月ごとの勤務時間数によって決定されるものではなく、あくまでも職務の内容と責任を考慮したうえで、級に応じて月ごとの給料月額が定められているものです。

○　このため、本制度を実施し、各月の所定の勤務時間が異なることとなる場

資料
7

合であっても、それに合わせて月ごとに給与を設定するのではなく、各月の所定の勤務時間にかかわらず、適用された対象期間を通じて条例等により定められた給料表等に従った給与が支払われることとなると考えられます。

問42 「育児等に必要な時間を確保できるよう配慮すること」とあるが、具体的にどのような「配慮」をすることが求められるのか。

○ 具体的な「配慮」としては、例えば、育児を行う者等については、校長が対話を行い個々の事情を斟酌し、育児等に必要な時間を確保できるよう、勤務日や勤務時間の割振りを工夫することや対象期間を短く設定すること、そもそも本制度の対象としないことなどが考えられます。

○ 問43も参照の上、教育委員会、校長及び教育職員が丁寧に話し合い、個々の事情を踏まえ適切に対応していただくことが重要です。

○ なお、「その他特別の配慮を要する者」については、どのような者を指すのかについては何か具体的な定義があるものではありませんが、本制度の適用に当たって配慮が必要と考えられるその他の教育職員についても、校長は対話を行い個々の事情を斟酌し、上記と同様の配慮を行うことが考えられます。

問43 対象期間よりも短い期間において任用されている職員は対象とすべきか。【更新】

○ 本制度を活用する場合は、長期休業期間等において休日の「まとめ取り」を行うことを目的とする場合に限って活用できることとしています。また、本制度の活用により所定の勤務時間を延長する日及び時間については、長期休業期間等の業務量の縮減によって確実に確保できる休日の日数を考慮し、確実に縮減できる時間の範囲内で、年度当初や学校行事等で業務量が多い時期に限定することが必要です。

○ このため、本制度の対象となる職員は、基本的には対象期間の最初の日から末日までの期間において任用される職員に限られるものと考えられ、その任用期間において、長期休業期間等や、年度当初や学校行事等で業務量が多

資料
7

い時期が含まれない職員については、本制度の対象とはならないものと考えられます。また、対象期間より短い期間において任用される職員であって長期休業期間等や業務量の多い期間の途中で退職することが明らかである者は当該対象期間の対象者とならないことはもとより、任期の定めがない教育職員であっても長期休業期間等や業務量の多い期間中に定年を迎える者は当該対象期間の対象者とならず、配置転換等により長期休業期間等や業務量の多い期間の途中からの適用もできないものと考えられます。なお、臨時的任用職員については、法令上６月を超えない期間で任用される（６月を超えない期間で１度更新することが可能である）職員ではあるものの、本制度を適用しようとする時点において、本制度の対象期間の末日以降まで当該職員の任期が更新されることが見込まれる場合には、<u>対象期間の最初の日から末日までの期間において任用される職員と考えられるため、本制度の対象とすることはできると考えられます。</u>

　なお、退職等の理由によりやむを得ず対象から外れることが、対象期間の途中で判明した職員については、対象から外れるまでの期間において、本制度を適用しない場合の通常の勤務時間に比して勤務時間が多くなると見込まれる場合には職務専念義務の免除等により当該職員が勤務する時間を可能な限り通常の勤務時間に近づけるようにするなど、当該職員の健康及び福祉の確保が図られるよう適切な配慮がなされることが望ましいと考えられます。

問44　「終業から始業までに一定時間以上の継続した休息時間を確保すること」とあるが、「一定時間」とは具体的には何時間か。【更新】

○　本指針第３章第２節（３）において、「終業から始業までに一定時間以上の継続した休息時間を確保すること」と定めています。本制度を適用する場合においても終業時刻から次の始業時刻の間に一定時間の休息を設定することにより、教育職員の生活時間や睡眠時間を確保し、健康な生活を送れるようにすることを目的とする措置となります。

○　この「一定時間」については、具体的な時間数は一律には定めていません。厚生労働省の勤務間インターバルに関する有識者会議報告書において

は、8時間、9時間、10時間、11時間及び12時間などの時間設定が考えられるとされていますが、地域や学校の実情や当該教育職員及び業務の状況を総合的に勘案し、教育職員の健康及び福祉の確保を図るために必要な時間数を確保していただきますようお願いします。

　なお、本制度の適用前と比較して、通常の正規の勤務時間を超えて勤務時間を割り振ったことを理由として、在校等時間を増加させることがないよう留意する必要があることは指針等に既に記載しているとおりです。

（参考）「勤務間インターバル制度普及促進のための有識者検討会」報告書
　　　　（平成30年12月厚生労働省）（抄）
　　　　（2）インターバル時間数（休息時間数）
　　　　　　インターバル時間数の設定に当たっては、労働者の睡眠時間、通勤時間及び生活時間に考慮することが重要です。
　　　　　　時間数の設定の方法には、8時間、9時間、10時間、11時間及び12時間など一律に時間数を設定する方法や職種によってインターバル時間数を設定する方法、義務とする時間数と健康管理のための努力義務とする時間数を分けて設定する場合などがあります。

問45　対象期間の途中で、対象者が育児短時間勤務職員となった場合に、どのように対応すべきか。また、本制度を活用していた育児短時間勤務職員が何らかの事情により対象期間の途中で、短時間勤務ではなくなった場合はどうか。【新規】

○　育児により勤務に関して配慮が必要となることが予想される職員については、そもそも本制度の適用対象とは基本的にしないなどの適切な運用が望ましいと考えられます。

○　そのような職員に本制度を適用しようとする場合には、本人の意思を十全に確認するなど、慎重に検討・判断した上で行うことが重要です。その上で、対象期間の途中で、対象職員が予期せずに地方公務員の育児休業等に関する法律第10条第3項の規定による任命権者の承認を受けて育児短時間勤

資料
7

務職員となった場合には、条例案第○条第2項の規定に基づき、当該対象職員が育児短時間勤務職員となった時点（以下「変更時点」という。）から、対象期間の残りの期間について、平均して38時間45分ではなく平均して育児短時間勤務の内容に従い任命権者が定めた時間（例えば週当たり19時間35分等）となるよう、改めて週休日及び勤務時間の割振りを定めることとなります。

○　この場合において、対象期間の残りの期間については、変更時点以前の期間において休日の「まとめ取り」が行われている場合には、改めて休日の「まとめ取り」の期間を設ける必要はありません。一方で、変更時点以前に「まとめ取り」のための休日が設けられていなかった場合には、もともと休日の「まとめ取り」を予定していた期間と同期間において休日の「まとめ取り」を行うことが必要です。

○　また、変更時点以前の期間については、当該期間を平均して38時間45分とならなくとも問題ありません。

　　育児短時間勤務職員となる手続きには時間を要すると考えられることから、変更時点までの期間を平均して38時間45分を超えることが見込まれる場合には、育児短時間勤務職員になる見込みが立った時点から変更時点までの期間において、本制度を適用しない場合の通常の勤務時間に比して勤務時間が多くなると見込まれる場合には職務専念義務の免除等により当該職員が勤務する時間を可能な限り通常の勤務時間に近づけるようにするなど、当該職員の健康及び福祉の確保が図られるよう適切な配慮がなされることが望ましいと考えられます。

○　なお、本制度を活用していた育児短時間勤務職員が何らかの事情により対象期間の途中で、予期せず短時間勤務ではなくなった場合についても、同様に条例案第○条第2項の規定に基づき、当該対象職員が育児短時間勤務職員ではなくなった時点から、対象期間の残りの期間について、平均して育児短時間勤務の内容に従い任命権者が定めた時間（例えば週当たり19時間35分等）ではなく平均して38時間45分となるよう、改めて週休日及び勤務時間の割振りを定めることとなります。その他の留意事項についても、上記と同様となります。

問46 教育職員が別の学校から異動してきた場合、どのように考えるか。【新規】

○ 教育職員が人事異動により別の学校から異動してきた場合、本制度の適用の前提である時間外在校等時間の上限時間の遵守に関しては、当該教育職員の異動前の学校における前年度の時間外在校等時間の状況や異動後の学校における具体的な担当職務や校務分掌等の状況に応じ、適切に判断することが望ましいと考えられます。

問47 条例や規則はどのように整備すればよいか。

○ 給特法第5条は、各地方公共団体の判断により条例で選択的に本制度を活用できることとしたものであり、各地方公共団体の実情に応じて本制度を活用しようとする場合には、各地方公共団体において条例等の整備が必要となります。

また、本制度は教育職員の勤務条件に当たるものであるため、県費負担教職員については、まず、各学校で検討の上、市町村教育委員会と相談し、市町村教育委員会の意向を踏まえた都道府県教育委員会において、給特法施行規則や本指針等を踏まえて条例等を整備することが考えられます。

○ 条例等の整備に当たっては、文部科学省において「休日の「まとめ取り」のための一年単位の変形労働時間制の活用に当たっての条例・規則等への反映について（例)」を作成し、通知していることから、各地方公共団体において参考としていただくようお願いします。

問48 本制度の活用について、教育職員等の意見をどのように踏まえていけばよいか。

○ 本制度の対象者の決定等に当たっては、校長が各教育職員と対話を行い個々の事情を斟酌し、必要に応じて文書等として記録に残すことが望ましいものであり、具体的な運用方法の決定の過程において<u>教育委員会、校長及び</u>

教育職員が丁寧に話し合い、共通認識を持って本制度を活用することが重要です。

　また、本制度を活用する場合における対象期間並びに対象期間の勤務日数及び勤務日ごとの勤務時間等については、事前に教育職員に明示する必要があります。

○　また、本制度の活用は、教育職員の勤務条件に当たるものであるため、地方公務員法第55条に基づく職員団体との交渉や協定の対象となり得るものであり、適法な交渉の申入れが職員団体からなされた場合においては、地方公共団体の当局はその申入れに応ずべき地位にあります。

問49　本指針に定める措置が講じられているか等、本制度の趣旨に沿った適切な運用がなされているかについて、どのように判断していけばよいのか。

○　本制度の活用に当たっては、本指針において、教育職員の健康及び福祉の確保を図るために講ずべき措置を定めており、これらの措置を講ずることが本制度の活用の要件となっていることから、まずは各服務監督教育委員会や校長において、学校においてこれらの措置が講じられているかについて十全に確認を行うことが必要です。

○　また、教育職員の勤務条件に関する労働基準監督機関の職権は人事委員会又はその委任を受けた人事委員会の委員（人事委員会を置かない地方公共団体においては、地方公共団体の長）（以下「人事委員会等」という。）が行うものであることから、本制度の運用に当たっては、運用状況について人事委員会等と認識を共有し、専門的な助言を求めるなど連携を図ることが重要です。

○　さらに、地方公務員法に基づき、教育職員から人事委員会又は公平委員会に対して、いわゆる措置要求や苦情の申し立てを行うことができることとされていますが、教師等の長時間勤務の是正やメンタルヘルス不調等の健康障害の防止のため、各教育委員会内の学校における働き方改革の担当課や教師等の福利厚生を担当する課等において、長時間勤務等の勤務条件やメンタル

ヘルス不調等の健康障害に関する相談窓口を設置することについては、別途「公立学校の教師等の勤務条件、健康障害及び公務災害認定に係る相談窓口の設置状況に関する調査結果に係る留意事項について（通知）」（令和２年１月17日元文科初第1336号初等中等教育局長通知）として通知しているところであり、本制度の適切な運用を確保する観点からも、相談窓口を設けることが重要です。

問50　本指針に定める措置を講ずることができなくなった場合、どのように対応すればよいのか。

○　本制度の対象期間中に、指針に定める措置を講ずることが困難とならないよう、まずは服務監督教育委員会や学校において講ずべき措置を確実に実施することが必要です。それでもなお指針に定める措置を講ずることができなくなった場合又は講ずることができなくなることが明白となった場合には、服務監督教育委員会において、以降の総勤務時間について、勤務時間の削減措置をすることとなります。

○　その際、本制度は、使用者が業務の都合によって任意に労働時間を変更することがないことを前提とした制度であり、対象期間中に適用関係そのものは変更することはできないことから、勤務時間の削減措置としては、指針に定める措置を講ずることができなくなった場合又は講ずることができなくなることが明白となった時点以降の総勤務時間の一部を、勤務することを要しない時間として指定することとなります。その具体的な運用については、「休日の「まとめ取り」のための一年単位の変形労働時間制の活用に当たっての条例・規則等への反映について（例）」の条例第●条第１項及び第２項並びに人事委員会規則第▲条第１項から第３項までの規定を参考に、適切に対応することが必要となります。この場合において、条例第●条第２項の規定のとおり、勤務することを要しない時間を指定したときの当該時間中に教育職員に勤務を命ずる場合は、いわゆる「超勤４項目」に該当する業務に従事する場合で臨時又は緊急にやむを得ない必要があるときに限るものとすることとなります。

資料7

問 51　指針に定める措置を講ずることができなくなった場合において、条例案第●条の規定に基づき勤務することを要しない時間を指定する際は、具体的にどのように指定するのか。【新規】

○　指針に定める措置を講ずることができなくなった場合は、問 50 に記載のとおり、「休日の「まとめ取り」のための一年単位の変形労働時間制の活用に当たっての条例・規則等への反映について（例）」の条例第●条等を参考に、各地方公共団体において整備した条例・規則等に基づき、適切に対応することが必要です。その際、措置を講ずることができなくなった時点の日又は講ずることができなくなることが明らかとなった時点の日以降において、4 週間を超えない期間につき 1 週間あたり 38 時間 45 分等を超える勤務時間が割り振られた期間が存在するときには、当該期間において、割り振られていた勤務時間の一部を勤務することを要しない時間として指定することとなります。

○　この場合、勤務することを要しない時間は、基本的には本制度を適用しない場合の正規の勤務時間を超えた部分を指定することを想定しています。なお、例えばどうしても中止ができない土曜授業が存在する場合等の特殊な事情がある場合には、本制度を適用しない場合の正規の勤務時間を超えた部分の土曜日を引き続き勤務時間としつつ、その場合であっても、4 週間を超えない期間（当該土曜日を含む 4 週間も含む）につき、正規の勤務時間を 1 週間あたり 38 時間 45 分とする必要があります。その際、教育職員の勤務時間が不安定となることや、他の教育職員との勤務時間の均衡等の観点を考慮すると、当該教育職員とよく対話し、個々の事情をよく踏まえるなど、丁寧に対応することが重要です。

出典：厚生労働省ホームページ
https://www.mhlw.go.jp/file/06-Seisakujouhou-11200000-Roudoukijunkyoku/0000149439.pdf

労働時間の適正な把握のために使用者が講ずべき措置に関するガイドライン

1　趣旨

　労働基準法においては、労働時間、休日、深夜業等について規定を設けていることから、使用者は、労働時間を適正に把握するなど労働時間を適切に管理する責務を有している。

　しかしながら、現状をみると、労働時間の把握に係る自己申告制（労働者が自己の労働時間を自主的に申告することにより労働時間を把握するもの。以下同じ。）の不適正な運用等に伴い、同法に違反する過重な長時間労働や割増賃金の未払いといった問題が生じているなど、使用者が労働時間を適切に管理していない状況もみられるところである。

　このため、本ガイドラインでは、労働時間の適正な把握のために使用者が講ずべき措置を具体的に明らかにする。

2　適用の範囲

　本ガイドラインの対象事業場は、労働基準法のうち労働時間に係る規定が適用される全ての事業場であること。

　また、本ガイドラインに基づき使用者（使用者から労働時間を管理する権限の委譲を受けた者を含む。以下同じ。）が労働時間の適正な把握を行うべき対象労働者は、労働基準法第41条に定める者及びみなし労働時間制が適用される労働者（事業場外労働を行う者にあっては、みなし労働時間制が適用される時間に限る。）を除く全ての者であること。

　なお、本ガイドラインが適用されない労働者についても、健康確保を図る必要があることから、使用者において適正な労働時間管理を行う責務があること。

資料
8

3　労働時間の考え方

　労働時間とは、使用者の指揮命令下に置かれている時間のことをいい、使用者の明示又は黙示の指示により労働者が業務に従事する時間は労働時間に当たる。そのため、次のアからウのような時間は、労働時間として扱わなければならないこと。

　ただし、これら以外の時間についても、使用者の指揮命令下に置かれていると評価される時間については労働時間として取り扱うこと。

　なお、労働時間に該当するか否かは、労働契約、就業規則、労働協約等の定めのいかんによらず、労働者の行為が使用者の指揮命令下に置かれたものと評価することができるか否かにより客観的に定まるものであること。また、客観的に見て使用者の指揮命令下に置かれていると評価されるかどうかは、労働者の行為が使用者から義務づけられ、又はこれを余儀なくされていた等の状況の有無等から、個別具体的に判断されるものであること。

　ア　使用者の指示により、就業を命じられた業務に必要な準備行為（着用を義務付けられた所定の服装への着替え等）や業務終了後の業務に関連した後始末（清掃等）を事業場内において行った時間

　イ　使用者の指示があった場合には即時に業務に従事することを求められており、労働から離れることが保障されていない状態で待機等している時間（いわゆる「手待時間」）

　ウ　参加することが業務上義務づけられている研修・教育訓練の受講や、使用者の指示により業務に必要な学習等を行っていた時間

4　労働時間の適正な把握のために使用者が講ずべき措置

（1）始業・終業時刻の確認及び記録

　　使用者は、労働時間を適正に把握するため、労働者の労働日ごとの始業・終業時刻を確認し、これを記録すること。

（2）始業・終業時刻の確認及び記録の原則的な方法

　　使用者が始業・終業時刻を確認し、記録する方法としては、原則として次

のいずれかの方法によること。

ア　使用者が、自ら現認することにより確認し、適正に記録すること。

イ　タイムカード、IC カード、パソコンの使用時間の記録等の客観的な記録を基礎として確認し、適正に記録すること。

（3）自己申告制により始業・終業時刻の確認及び記録を行う場合の措置

上記（2）の方法によることなく、自己申告制によりこれを行わざるを得ない場合、使用者は次の措置を講ずること。

ア　自己申告制の対象となる労働者に対して、本ガイドラインを踏まえ、労働時間の実態を正しく記録し、適正に自己申告を行うことなどについて十分な説明を行うこと。

イ　実際に労働時間を管理する者に対して、自己申告制の適正な運用を含め、本ガイドラインに従い講ずべき措置について十分な説明を行うこと。

ウ　自己申告により把握した労働時間が実際の労働時間と合致しているか否かについて、必要に応じて実態調査を実施し、所要の労働時間の補正をすること。

特に、入退場記録やパソコンの使用時間の記録など、事業場内にいた時間の分かるデータを有している場合に、労働者からの自己申告により把握した労働時間と当該データで分かった事業場内にいた時間との間に著しい乖離が生じているときには、実態調査を実施し、所要の労働時間の補正をすること。

エ　自己申告した労働時間を超えて事業場内にいる時間について、その理由等を労働者に報告させる場合には、当該報告が適正に行われているかについて確認すること。

その際、休憩や自主的な研修、教育訓練、学習等であるため労働時間ではないと報告されていても、実際には、使用者の指示により業務に従事しているなど使用者の指揮命令下に置かれていたと認められる時間については、労働時間として扱わなければならないこと。

オ　自己申告制は、労働者による適正な申告を前提として成り立つものである。このため、使用者は、労働者が自己申告できる時間外労働の時間数に上限を設け、上限を超える申告を認めない等、労働者による労働時間の適

資料
8

正な申告を阻害する措置を講じてはならないこと。

　また、時間外労働時間の削減のための社内通達や時間外労働手当の定額払等労働時間に係る事業場の措置が、労働者の労働時間の適正な申告を阻害する要因となっていないかについて確認するとともに、当該要因となっている場合においては、改善のための措置を講ずること。

　さらに、労働基準法の定める法定労働時間や時間外労働に関する労使協定（いわゆる 36 協定）により延長することができる時間数を遵守することは当然であるが、実際には延長することができる時間数を超えて労働しているにもかかわらず、記録上これを守っているようにすることが、実際に労働時間を管理する者や労働者等において、慣習的に行われていないかについても確認すること。

（4）賃金台帳の適正な調製

　使用者は、労働基準法第 108 条及び同法施行規則第 54 条により、労働者ごとに、労働日数、労働時間数、休日労働時間数、時間外労働時間数、深夜労働時間数といった事項を適正に記入しなければならないこと。

　また、賃金台帳にこれらの事項を記入していない場合や、故意に賃金台帳に虚偽の労働時間数を記入した場合は、同法第 120 条に基づき、30 万円以下の罰金に処されること。

（5）労働時間の記録に関する書類の保存

　使用者は、労働者名簿、賃金台帳のみならず、出勤簿やタイムカード等の労働時間の記録に関する書類について、労働基準法第 109 条に基づき、3 年間保存しなければならないこと。

（6）労働時間を管理する者の職務

　事業場において労務管理を行う部署の責任者は、当該事業場内における労働時間の適正な把握等労働時間管理の適正化に関する事項を管理し、労働時間管理上の問題点の把握及びその解消を図ること。

（7）労働時間等設定改善委員会等の活用

　使用者は、事業場の労働時間管理の状況を踏まえ、必要に応じ労働時間等設定改善委員会等の労使協議組織を活用し、労働時間管理の現状を把握の上、労働時間管理上の問題点及びその解消策等の検討を行うこと。

出典：文部科学省ホームページ

https://www.mext.go.jp/a_menu/shotou/hatarakikata/mext_00958.html

公立学校の教育職員の業務量の適切な管理及び「休日のまとめ取り」のための1年単位の変形労働時間制等における不適切な運用に関する相談窓口について

　各教育委員会及び公立学校において教育職員の業務量の適切な管理及び「休日のまとめ取り」のための1年単位の変形労働時間制が実施されている場合等において、その運用において不適切な対応が行われた場合の相談窓口を以下のとおり開設しています。

　公立学校における教育職員の勤務条件等については、各教育委員会の責任及び権限において適切に決定・運用等されるものであり、その内容に関する問合せ等については、一義的には各教育委員会において対応すべきものですが、本制度が適切に運用されることが担保されるためにも、文部科学省においても公立学校の教育職員の業務量の適切な管理及び「休日のまとめ取り」のための1年単位の変形労働時間制等における不適切な運用に関する相談窓口を設けました。

　本窓口にお問い合わせいただく場合は、対応を円滑に進めるため、
　1　学校名
　2　御相談の内容（※1）
　3　不適切な運用等が行われたと考える事柄・根拠等
　4　服務を監督する教育委員会への具体的な相談内容、時期及び結果（※2）
　5　任命権を有する教育委員会への具体的な相談内容、時期及び結果（※2）
を具体的に記載の上、御連絡ください。（様式等はございません。）

（※１）　御相談の内容については、以下の内容に限ります。
　・「公立学校の教育職員の業務量の適切な管理その他教育職員の服務を監督
　　する教育委員会が教育職員の健康及び福祉の確保を図るために講ずべき措
　　置に関する指針」（令和２年文部科学省告示第１号）の運用
　・「休日のまとめ取り」のための１年単位の変形労働時間制の運用
（※２）　本窓口への御相談は、当該相談内容について、まずは各教育委員会
　　へ御相談を行った上で、御連絡ください。また、例えば相談者が県費負担教
　　職員の場合は、上記の４は市町村教育委員会、５は都道府県教育委員会とな
　　ります。４と５が同一の教育委員会の場合は、まとめて記載いただいて構い
　　ません。

　　文部科学省においては、御連絡いただいた内容を確認した上で、上記１～５
　を全て満たし、対応が必要と認めるものにつき、当該内容を対象の教育委員会
　にお伝えし、対応を促します。文部科学省から対象の教育委員会にお伝えした
　場合には、その旨を当該相談者に御連絡します。
　　なお、その際、対象の教育委員会及び学校は、相談者が本相談窓口に連絡を
　したことを理由として、当該相談者に対して、懲戒等の不利益処分や平等取扱
　いの原則に反する処分等の不利益な取扱いをしてはなりません。この旨もあわ
　せて文部科学省から対象の教育委員会に対して伝達します。

【相談窓口】
文部科学省　公立学校の教育職員の業務量の適切な管理及び「休日のまとめ取
り」のための１年単位の変形労働時間制等における不適切な運用に関する相談
窓口

（郵送の場合）
　〒100-8959　東京都千代田区霞が関３－２－２
（メールの場合）
　電子メール　kinmu-soudan@mext.go.jp

資料
9

メールにて御連絡される場合は、件名を「【業務量の適切な管理・休日まとめ取り等相談】○○学校について」としてください。

　なお、電子メールにてお問合せいただく場合は、御連絡の内容について、教育委員会や学校から相談者のメールアドレスに直接、連絡される場合があります。電子メールにてお問合せいただく際は、教育委員会や学校にお伝えしても差し支えないメールアドレスからお送りください。

※本窓口は、公立学校の教育職員の業務量の適切な管理及び「休日のまとめ取り」のための1年単位の変形労働時間制等における不適切な運用についての相談窓口です。

※御連絡の内容を対象の教育委員会に転送し、対応を促すことから、相談者が特定される可能性があるため、その旨を御了承いただいた上で、御連絡ください。

※本相談窓口への相談の他、地方公務員法の関係規定に基づき、人事委員会又は公平委員会に対する苦情相談や措置要求をすることもできます。

お問合せ先
初等中等教育局初等中等教育企画課
電話番号：03-5253-4111（代表）　内線 2588

資料
9

Q&A 新 教職員の勤務時間

～改正労基法・改正給特法対応～

発 行 日	2021 年 11 月 15 日　初版 1 刷
	2022 年 1 月 31 日　　　2 刷
編　著	日本教職員組合
発 行 者	則松佳子
発　行	㈱アドバンテージサーバー
	〒 101-0003　東京都千代田区一ツ橋 2-6-2　日本教育会館
	TEL03-5210-9171　FAX03-5210-9173
	URL https://www.adosava.co.jp/
印刷・製本	モリモト印刷株式会社